Y0-BDC-356

Handbuch zum Neuen Testament

Begründet von Hans Lietzmann
Fortgeführt von Günther Bornkamm
Herausgegeben von Andreas Lindemann

15 / III

François Vouga

Die
Johannesbriefe

J. C. B. Mohr (Paul Siebeck) Tübingen

BS
2805.3
.V68
1990

CIP-Kurztitelaufnahme der Deutschen Bibliothek

Handbuch zum Neuen Testament / begr. von Hans Lietzmann.
Fortgef. von Günther Bornkamm. Hrsg. von Andreas Lindemann. – Tübingen: Mohr.
  Teilw. hrsg. von Günther Bornkamm
NE: Lietzmann, Hans [Begr.]; Bornkamm, Günther [Hrsg.];
  Lindemann, Andreas [Hrsg.]

15,3. Vouga, François: Die Johannesbriefe. – 1990

Vouga, François:
Die Johannesbriefe / François Vouga. – Tübingen: Mohr, 1990
  (Handbuch zum Neuen Testament; 15,3)
  ISSN 0932-9706
  ISBN 3-16-145650-5

© 1990 J.C.B. Mohr (Paul Siebeck) Tübingen.

Das Werk einschließlich aller seiner Teile ist urheberrechtlich geschützt. Jede Verwertung außerhalb der engen Grenzen des Urheberrechtsgesetzes ist ohne Zustimmung des Verlags unzulässig und strafbar. Das gilt insbesondere für Vervielfältigungen, Übersetzungen, Mikroverfilmungen und die Einspeicherung und Verarbeitung in elektronischen Systemen.

Das Buch wurde von Gulde-Druck in Tübingen aus der Bembo-Antiqua gesetzt, auf säurefreies Papier der Papierfabrik Niefern gedruckt und von der Großbuchbinderei Heinr. Koch in Tübingen gebunden.

Heinz Liebing
zum 70. Geburtstag

Vorwort

Dieser Kommentar soll der Nachfolger von H. Windisch – H. Preisker, 1951[3] sein: In der Tradition des Handbuchs ist die Diskussion der Sekundärliteratur auf das Nötigste reduziert worden, um Material für die Auslegung zu bieten und eine theologische Interpretation vorzulegen. Um Wiederholungen zu vermeiden, sind Grundfragen des Textes und seines Verständnisses (u.a. die Sündenproblematik, das Gebot der Bruderliebe, die Eschatologie) in Exkursen dargestellt. Dem Kommentar liegt die methodische Hypothese zugrunde, daß die Entwicklung der joh Theologie von der Argumentation der Briefe her und nicht von einer Rekonstruktion der vermeintlichen Gegner her verstanden werden muß. Die innere Logik des joh Christentums, wie es in den Briefen belegt ist, sollte auch seine parallele und kontroverse Rezeptionsgeschichte in der Gnosis und in der antiketzerischen Polemik einigermaßen erklären.

Für regelmäßige und anregende Gespräche habe ich Hartwig Thyen, Gerd Theißen und den Kollegen der johanneischen Treffen in Heidelberg, aber auch Alan Culpepper in Louisville und Jean-Daniel Dubois in Paris zu danken. Für Verbesserungsvorschläge der Darstellung der Textgeschichte gilt Frau Barbara Aland mein herzlicher Dank. Bärbel Bosenius hat das Manuskript mehrfach durchgelesen und den Text nicht nur in sprachlicher Hinsicht verbessert. Besonders erwähnen möchte ich den ständigen Dialog mit Wolf-Lüder Liebermann und Andreas Lindemann.

Aus praktischen Gründen sind die Texte von Nag Hammadi nach J. M. Robinson (Hg), The Nag Hammadi Library in English, Third, Completely Revised Edition, 1988 unter Verwendung der dortigen Abkürzungen zitiert.

Bethel (Bielefeld), im Februar 1990   François Vouga

Inhalt

Der erste Johannesbrief

Der zweite Johannesbrief

Der dritte Johannesbrief

Exkurse

Einleitung

1. Der Text der Briefe und ihre Rezeption in der frühchristlichen Literatur

Literatur: P. KATZ, The Johannine Epistles in the Muratorian Canon, JTS 8 (1957) 273–274. – W. THIELE, Wortschatzuntersuchungen zu den lateinischen Texten der Johannesbriefe, 1958. – DERS., Beobachtungen zum Comma Johanneum (1Joh 5,7f), ZNW 50 (1959) 61–73. – J. DUPLACY, „Le texte occidental" des Epîtres catholiques, NTS 16 (1969–70) 397–399. – W. L. RICHARDS, The Classification of the Greek Manuscripts of the Johannine Epistles, SBLDS 35, 1977. – CHR.-B. AMPHOUX, Note sur le classement des manuscrits grecs de 1 Jean, RHPhR 61 (1981) 125–135. – B. ALAND, A. JUCKEL, Das Neue Testament in syrischer Überlieferung I. Die Großen Katholischen Briefe, ANTT 7, 1986. – K. ALAND (Hg), Text und Textwert der griechischen Handschriften des Neuen Testaments, I; II,1; II,2; III, Arbeiten zur Neutestamentlichen Textforschung 9; 10,1; 10,2; 11, 1987. – B. D. EHRMAN, 1Joh 4,3 and the Orthodox Corruption of Scripture, ZNW 79 (1988) 221–243.

Der Text der joh Briefe ist gut überliefert, eine plausible Rekonstruktion seiner ursprünglichen Gestalt bietet keine großen Schwierigkeiten. Einzelne Stellen werden ad loc. im Kommentar besprochen. Den alexandrinischen Text vertreten u. a. P^{72}; ℵ01; A02; B03; C04; Ψ044; 33; 81; 323; 1241; 1243; 1739. Von ihnen bietet die 1739 den reinsten Vertreter dieser Gruppe überhaupt. Auch die 623 ist möglicherweise noch zu diesem Typ zu rechnen, bietet aber schon wie einige andere Minuskeln auch (614; 630; 2495 u. a.) einen größeren Teil an byzantinischem Einfluß. Den byzantinischen Text vertreten K018; L020 und die Mehrheit der Minuskeln. Umstritten ist, ob ein westlicher Text belegbar ist (vgl. dazu W. Thiele, Wortschatzuntersuchungen). Diesen versucht, in Anknüpfung an J. Duplacy, NTS 16 (1969–70) 397–399, Chr.–B. Amphoux, RHPhR 61 (1981) 125–135, durch die Minuskeln 206 u. 1799; 1611 u. 2138; 614 u. 2412 zu finden (Wegen einer Lücke von 67 Blättern enthält d nur 3Joh 11–15 und die subscriptio zum 3Joh). Diesen Zeugen sind u. a. καὶ πιστεύωμεν 1Joh 3,23 und die Hinzufügung καὶ πνεύματος 1Joh 5,6 gemeinsam. Im Zusammenhang mit der Rezeptionsgeschichte des Textes bieten zwei Stellen besondere Probleme, nämlich 1Joh 4,3 u. 5,7–8. Ihre Untersuchung fällt aber zunächst nicht der Textkritik zu (und 1Joh 4,3 ist zu Recht in K. Aland (Hg), Text und Textwert I, 11 u. III, 294 nicht behandelt; zu den 22 Varianten des griechischen Textes ad 1Joh 5,7f s. I,163–166), sondern der Wirkungsgeschichte (s. unten).

Der 1Joh ist problemlos anerkannt worden. Möglicherweise setzt PolPhil 7,1 πᾶς γὰρ ὃς ἂν μὴ ὁμολογῇ Ἰησοῦν Χριστὸν ἐν σαρκὶ ἐληλυθέναι, ἀντίχριστός ἐστιν 1Joh 4,2 (bzw. 2Joh 7) voraus, sicher aber zitiert Irenäus 1Joh 2,18f.21f (Adv. Haer. III,16,5) u. 1Joh 4,1f; 5,1 (Adv. Haer. III,16,8), und das muratorische Fragment Z. 29–31 verweist auf 1Joh 1,1.4 (*quae vidimus oculis nostris et auribus audivimus et manus nostrae palpaverunt, haec scripsimus vobis),* um Johannes, den Verfasser des JohEv, zu qualifizieren. Problematischer ist es mit der Rezeptionsgeschichte der 2 u. 3Joh. Dies hängt einerseits mit ihrer Kürze (vgl. Euseb, HE VI, 25,10: πλὴν οὔκ εἰσιν στίχων ἀμφότεραι ἑκατόν, s. unten), andererseits mit ihrem harmloseren theologischen Inhalt zusammen. Euseb, HE III,25,2f zählt 1Joh zu den anerkannten Schriften (ὁμολογούμενα), 2 u. 3Joh zu den bestrittenen (ἀμφιβαλλόμε-να). In der Peschitta (s. B. M. Metzger, The Early Versions of the New Testament, 1977, 48–69; die altsyrischen Zeugen enthalten die katholischen Briefe überhaupt nicht) fehlen sie zusammen mit 2Petr und Jud. Erst die Harklensis enthält die gesamten katholischen Briefe (vgl. dazu B. Aland, A. Juckel, Das Neue Testament in syrischer Überlieferung I). Entsprechend sind von Chrysostom nur Jak, 1Petr und 1Joh anerkannt (καὶ τῶν καθο-λικῶν ἐπιστολαὶ τρεῖς, PG 56 313–314). Irenäus zitiert aber 2Joh 7 (Adv. Haer. III,16,8) und 2Joh 11 (Adv. Haer. I,16,3: *Joannes enim, Domini discipulus, superextendit damnationem in eos, neque Ave a nobis eis dici volens: Qui enim dicit, inquit, eis Ave, communicat operibus ipsorum nequissimis).* Clemens von Alexandria kennt mehr als einen Johannesbrief (Stro-mata II,66: φαίνεται δὲ καὶ Ἰωάννης ἐν τῇ μείζονι ἐπιστολῇ τὰς διαφορὰς τῶν ἁμαρτιῶν ἐκδιδάσκων ἐν τούτοις· [Zitat 1Joh 5,16f]) und hat laut Euseb, HE VI,14,1 (Ἐν δὲ ταῖς Ὑποτυπώσεσιν ... πάσης τῆς ἐνδιαθήκου γραφῆς ἐπιτετμημένας πεποίηται διηγήσεις, μηδὲ τὰς ἀντιλεγομένας παρελθών. τὴν Ἰούδα λέγω καὶ τὰς λοιπὰς καθολικὰς ἐπιστολάς) alle katholischen Briefe kommentiert. Ob das muratorische Fragment nur 2Joh oder die beiden kleinen Briefe Z. 68–69 erwähnt *(epistula sane Iudae et superscripti Iohannis duae in catholica habentur),* hängt u. a. von der Interpretation von *in catholica* ab, wodurch nach C. F. D. Moule, The Birth of the New Testament, 1962, 206 A 1 πρὸς τὴν καθολικήν übersetzt worden ist: Zusätzlich zu 1Joh sind *epistulae Iohannis duae.* Andere Hypothese: P. Katz, JTS 8 (1957) 273–274: *in catholica* entspreche einer fehlerhaften Abschreibung von σὺν καθολικῇ. Ein direkter Hinweis auf 3Joh ist meines Wissens erst bei Origenes zu finden (Euseb, HE VI,25,10: [Ἰωάννης] καταλέλοιπεν καὶ ἐπιστολὴν πάνυ ὀλίγων στίχων, ἔστω δὲ καὶ δευτέραν καὶ τρίτην· ἐπεὶ οὐ πάντες φασὶν γνησίους εἶναι ταύτας). A. v. Harnack, Zur Revision, Beiträge VII, 61f; T. W. Manson, JTS 48 (1947) 32–33 weisen auf Unterschiede in der lateinischen Übersetzung von 1 u. 2Joh einerseits und 3Joh andererseits hin, um zu belegen, daß letzterer erst später rezipiert worden ist. Sowohl Can. 59 des Konzils von Laodizea (Ἰωάννου αʹ. βʹ. γʹ) als auch Can. 39 des Konzils von Karthago *(Iohannis [apostoli] tres)* und der Codex Claromontanus *(Pr. Iohanni Epist. [versus:] CCXX – Iohanni Epistula II. XX – Iohanni Epistula III. XX)* zählen aber die drei joh Briefe zu den kanonischen Schriften.

Wie das JohEv, so sind auch 1 u. 2Joh in den gnostischen Schriften verwendet: Die Bekenntnisformel von 1Joh 4,2 bzw. 2Joh 7 ist zur Bezeichnung des herabgestiegenen Offenbarers weiterentwickelt worden (Gos. Truth, NHC I,3 31,4–6: *For he came by means of fleshly form;* Tri. Trac., NHC I,5 113,38, s. ad 1Joh 4,2), und diejenige von 1Joh 5,5–6 (vgl. Joh 19,34) ist in der sakramentalen Initiation des Gos. Phil. (s. NHC II,3 75,14–16: *The cup of prayer contains wine and water)* im Zusammenhang mit dem χρῖσμα (1Joh 2,20.27; vgl. NHC II,3 67,28; 74,12ff; 75,1 usw.; Gos. Truth, NHC I,3 36,17–28) entfaltet. Die gnostische Weiterentwicklung der joh Vorstellungswelt hat das gesamte Corpus des JohEv und der Briefe zu ihrem Gegenstand, wodurch sich ihre breite und kontroverse Wirkungsgeschichte erklärt: Insbesondere die beiden Stellen 1Joh 4,2 und 5,6–7 sind von den Kirchenvätern bearbeitet worden. Das sog. *Comma Johanneum* (1Joh 5,7–8) gehört mit anderen Zusätzen (1Joh 2,5: + *si in ipso perfecti fuerimus* bzw. *si et in ipso consummati inveniamur* und andere Varianten, 54★; Augustinus, Spec. 47; 1Joh 1,9 usw. bzw. C X Δ^B τ^68 vgl. Σ^{A★} Ω° u. Ψ; 1Joh 2,17: + *quomodo et deus* [bzw. *et ipse* und andere Varianten] *manet in aeternum*, I C Σ^{TCAO} X 54★ 91 94 95; Cyprian, Test 3,11.19; Hab 7; Mort 24; Orat 14; Lucifer, Zeno, Pelagius, Augustinus usw.; 1Joh 2,26: + *ut sciatis quoniam unctionem habetis a sancto et scitis omnia* bzw. *ut sciatis quia unctionem habetis*, Σ^A, vgl. Δ^B u. Λ^{L(mg)} bzw. Augustinus 1Jo 3,12; 1Joh 5,9: + *quem misit salvatorem super terram et filius testimonium perhibuit in terra scripturas perficiens et nos testimonium perhibemus quoniam vidimus eum et adnuntiamus vobis ut credatis et ideo*, Σ^{TCO} Δ^B; Beatus [PL 96,909] mit Varianten; 1Joh 5,20: + *et carnem induit nostri causa et passus est et resurrexit a mortuis adsumpsit nos*, C Σ X τ 91 94 95 54★ Q usw., *et concarnatus est propter nos et passus est et resurgens de mortuis adsumpsit nos*, Hilarius [PL 10,192 A]; Faustinus [PL 13,59C]; 2Joh 11: *ecce praedixi vobis ne* [bzw. *ut ... non*] *in diem domini* [bzw. *dei*] *nostri* [bzw. + *Iesu Christi*] *condemnemini* [bzw. *confundamini*], Θ Σ^{A²} P² 54² A^{H²} Ω°) zu einem alten Bestandteil der lateinischen patristischen Überlieferung und der lateinischen Bibel; es ist für 1Joh 2,17 u. 5,7–8 bereits von Cyprian (zu 1Joh 5,7–8: De catholicae ecclesiae unitate 6; Epistula 73,12) belegt (so W. Thiele, ZNW 50 [1959] 61–73, der auch auf ähnliche Zusätze ad Jak 1,1; 2,16.25; 4,1; 1Petr 1,16.19; 2,23; 3,22; 5,4.14 u. Jud 11 verweist). In der griechischen Textüberlieferung ist das Comma Johanneum vor dem 14./15. Jhdt nicht zu finden (61 629 918 2318 88^{vl} 221^{vl} 429^{vl} 636^{vl}), dort, wo es vorhanden ist, ist es von der lateinischen Tradition abhängig. Die Tendenz der Rezeption besteht jeweils darin, die christologischen und soteriologischen bzw. eschatologischen Vorstellungen der joh Briefe in die Richtung einer späteren, westlichen Orthodoxie zu lenken (vgl. H. Greeven, Art. Comma Johanneum, RGG³ I, 1854: „Das C. J. muß also als eine frühestens im 3. Jhdt in Nordafrika oder Spanien aufgenommene dogmatische Ergänzung des Bibeltextes gelten, die sich dann im Westen durchgesetzt hat"). Noch profilierter ist die am Rande der Minuskel 1739 erwähnte Korrektur von μὴ ὁμολογεῖ 1Joh 4,3 durch *solvit(Jesum)* bzw. λύει. Zu λύειν s. 1Joh 3,8. Die Bekenntnisformel der joh Sendungschristologie ist zum polemischen Satz gegen die Ketzerei umgeschrieben worden: so Irenäus, Adv. Haer. III,16.8 *et omnis spiritus qui solvit Jesum, non est ex Deo, sed de Antichristo est* gegen Valentinus, Tertullian, Adv. Marc. V,16,4 *ut Joannes apostolus, qui jam antichristos dicit processisse in mundum, praecursores Antichristi spiritus, negantes Christum in carne venisse, et solventes Jesum, scilicet in Deo Creatore* gegen Marcion, Sokrates, Hist. Eccl. VII,32 gegen Nestorius (cf. dazu B. F. Westcott, 163f). Origenes belegt die beiden Texte, Exod. Hom 3,2 bzw. 1Kor 12,3. Vgl. H. Balz, 189f; B. D. Ehrman, ZNW 79 (1988) 221–243: Die durch λύει konstruierten ‚Gegner' vertreten Vorstellungen, die ihr Äquivalent in der Theologiegeschichte erst durch die Trennung des Erlösers vom Josephssohn bzw. vom Gekreuzigten finden (Gos. Phil., NHC II,3 55,23–24: *Some said: Mary conceived by the holy spirit. They are in error* bzw. Treat. Seth, NHC VII,2 56,6–19: *It was another, their father, who drank the gall and the vinegar; it was not I. They struck me with the reed; it was another, Simon, who bore the cross on his shoulder. I was another upon whom they placed the crown of thorns. But I was rejoicing in the height over all the wealth of the archons and the offspring of their error, of their empty glory. And I was laughing at their ignorance*; Apoc. Peter, NHC VII,3 82,18–83,3: *Be strong, for you are the one to whom these mysteries have been given, to know them through revelation, that he whom they crucified is the first-born, and the home of demons, and the stony vessel (?) in which they dwell, of Elohim, of the cross which is under the Law. But he who stands near him is the living Savior, the first in him, whom they seized and released, who stands joyfully looking at those who did him violence, while they are divided among themselves. Therefore, he laughs at their lack of perception, knowing that they are born blind).*

2. Form

Literatur: H. Koskenniemi, Studien zur Idee und Phraseologie des Griechischen Briefes bis 400 n. Chr., 1956. – R. W. Funk, The Form and Structure of 2 and 3John, JBL 86 (1967) 424–428. – K. Thraede, Grundzüge griechisch–römischer Brieftopik, Zetemata 48, 1970. – F. O. Francis, The Form and Function of the Opening and Closing Paragraphs of James and 1John, ZNW 61 (1970) 110–126. – J. L. White, The Body of the Greek Letter, SBLDS 2, 1972. – Ders., Light from Ancient Letters, Foundations & Facets, 1986. – K. Berger, Apostelbrief und apostolische Rede. Zum Formular frühchristlicher Briefe, ZNW 65 (1974) 190–231. – J. A. du Rand, Structure and message of 2John, Neotestamentica 13 (1979) 101–120. – Ders., The Structure of 3John, ebd. 121–131. – P. Cugusi, Evoluzione e forme dell'epistolografia latina nella tarda repubblica e nei primi due secoli dell'imperio con cenni sull'epistolografia preciceroniana, 1983. – A. J. Malherbe, Ancient Epistolary Theorists, SBL Sources for Biblical Study 19, 1988.

2 u. 3Joh sind eindeutig Briefe. Ihr Präskript entspricht seiner Form nach dem der Apostelbriefe (2Joh 1–3 u. 3Joh 1). Das hellenistische Präskriptformular besteht aus: Absender, Adressat, Gruß (üblicherweise: χαίρειν, vgl. Apg 15,23; 23,26). Im Urchristentum wird das Präskript in eine neue Gattung transformiert, die erst nach 1Thess 1,1 belegt ist. Ein Segensspruch tritt an die Stelle des Grußes, der Absender wird durch seinen Auftrag autorisiert (ὁ πρεσβύτερος, 2Joh 1; 3Joh 1), und die Adressaten werden durch die Heilstaten Gottes qualifiziert (2Joh 1b–2). Die Schlußgrüße der beiden Briefe sind parallel gebaut (2Joh 12–13; 3Joh 13–15, vgl. z. St.). Sie enthalten die stereotypen Elemente der hellenistischen Privatbriefe, welche allerdings theologisch weiterentwickelt sind: das Motiv der apostolischen παρουσία (2Joh 12; 3Joh 13–14; vgl. J. L. White, Greek Documentary Letter Tradition, Semeia 22, 99), direkte (3Joh 15) bzw. indirekte Grüße (2Joh 13; 3Joh 15).

3Joh ist ein Empfehlungsbrief. Parallelen: Cicero, ad fam. 13; Horaz, ep. I,9. V. 2 ist eine brieftypische formula valetudinis. Die Danksagung hat die Funktion einer captatio benevolentiae (vgl. K. Berger, ZNW 65 [1974] 223), die der ‚Bitte' (mit dem geläufigen καλῶς ποιήσεις, V. 6b, vgl. J. L. White, Light, 22) vorausgeht. Der Grund für die persönliche Bitte an Gaius ist in den V. 9–10 erklärt: Den Brief und die Vertreter des Ältesten wollte Diotrephes in der Kirche nicht empfangen. Mit der grundsätzlichen Ermahnung des V. 11 und der autorisierten Empfehlung des Demetrius (V. 12) wird die Dringlichkeit der Bitte noch verstärkt.

2Joh ist ein Bittbrief. Der Danksagung (V. 4) folgt die Bitte (V. 5–6, mit der in den hellenistischen Briefen üblichen ἐρωτῶ σε – Formulierung), die in den V. 7–11 argumentativ begründet und erläutert wird. Gegenstand der Bitte ist: ἵνα ἀγαπῶμεν ἀλλήλους. Ihren Hintergrund (mit ὅτι eingeleitet, V. 7) bildet die Konkurrenz der vermeintlichen Verführer.

Die Bestimmung der Gattung des 1Joh ist dagegen umstritten, vermißt wird das Briefformular, auch wenn Elemente der Briefform mit den Anreden an die Leser (τεκνία μου, 2,1; τεκνία, 2,12.28; 3,7.18; 4,4; 5,21, vgl. Joh 13,33, immer als Anrede und als Ausdruck des Autoritätsanspruchs der Offenbarungstradition; τέκνα, 3,1.2.10.10; 5,2 kommt nie als Anrede vor und gehört zur Familienmetaphorik, die die eschatologische joh Gemeinschaft bezeichnet; ἀγαπητοί, 2,7; 3,2.21; 4,1.7.11, immer als Anrede; παιδία, 2,14.18, immer als Anrede; ἀδελφοί, 3,13) und mit den typisch brieflichen Formen γράφομεν (1,4), γράφω (2,1.7.8.12.13.13) und ἔγραψα (2,14.14.14.21.26; 5,13; vgl. J. L. White, Body, 12–17) in auffälliger Weise vorhanden sind. Was den Briefschluß betrifft: Eine Grußformel am Ende des Schreibens ist in der hellenistischen Welt üblich, wenn auch nicht immer vorhanden. 5,21 ist weder ein Gruß noch ein Segenswunsch. 5,14–21 ist seiner Form nach ein Anhang (vgl. R. Bultmann, Die kirchliche Redaktion, 190f; s. z. St.). 5,13 bietet ein johanneisches Äquivalent des Abschiedssegens, der in den Apostelbriefen an die Stelle des sonst üblichen Briefschlusses getreten ist (zur Form vgl. K. Berger, ZNW 65 [1974] 204–206). Was den Briefbeginn betrifft: Das hellenistische Briefformular ist in keinem neutestamentlichen Brief zu finden. Das Präskript (1,1–4) ist eine joh Entwicklung der Segenswünsche, die in den urchristlichen Briefen das hellenistische χαίρειν ersetzen. Der V. 4 ist ein Segenswunsch (R. Bultmann, 190; K. Berger, 198). Das Thema der V. 1–3 ist, wie im paulinischen Briefformular, die Übermittlung von Empfangenem, so daß der Kommunikationszusammenhang theologisch durchreflektiert wird (H. Conzelmann, „Was von Anfang war", 199), und die Funktion des brieflichen Präskriptes besteht in der Bezeichnung des Absenders als Zeuge und der der Leser (ὑμῖν, V. 3) als Empfänger der legitimierten Offenbarung (vgl. K. Berger, 203). 1Joh ist daher als Brief zu bezeichnen, der zur Gattung des paränetischen oder symbuleutischen Briefes gehört (vgl. J. L. White, Light, 202–203).

Zur Funktion der brieflichen Gattung überhaupt vgl. Seneca, ep. mor. 75: Der Brief ist ein sermo, d. h. der Ersatz für ein Gespräch (75,1; vgl. Cicero, ad fam. 12,30,1: *Aut quid mi iucundius quam, cum coram tecum loqui non possim, aut scribere ad te aut tuas legere litteras?*), was mit einem Wahrheitsanspruch verbunden ist und die Aufrichtigkeit des Schreibers verlangt (*Si fieri posset, quid sentiam, ostendere quam loqui mallem, 75,2; Haec sit propositi nostri summa: quod sentimus loquamur, quod loquimur sentiamus: concordet sermo cum vita. Ille promissum suum implevit, qui, et cum videas illum et cum audias, idem est, 75,4*); 38: Im sermo, der als adressatenbezogenes halbiertes Gespräch (vgl. Ps. Demetrius, De elocutione 223: Ἀρτέμων μὲν οὖν ὁ τὰς Ἀριστοτέλους ἀναγράψας ἐπιστολάς φησιν, ὅτι δεῖ ἐν τῷ αὐτῷ τρόπῳ διάλογόν τε γράφειν καὶ ἐπιστολάς· εἶναι γὰρ τὴν ἐπιστολὴν οἷον τὸ ἕτερον μέρος τοῦ διαλόγου) die Vertrautheit (familiaritas) voraussetzt, geht es um die Effizienz (*Merito exigis, ut hoc inter nos epistularum commercium frequentemus. Plurimum proficit sermo, quia minutatim inrepit animo: disputationes praeparatae et effusae audiente populo plus habent strepitus, minus familiaritatis. Philosophia bonum consilium est: consilium nemo clare dat [. . .]: ubi uero non hoc agendum est, ut uelit discere, sed ut discat, ad haec submissiora uerba ueniendum est. Facilius intrant et haerent: nec enim multis opus est, sed efficacibus, 38,1*), vgl. 75,5 *(sit talis, ut res potius quam se ostendat)* u. bes. 118 gegen Cicero, ad Att. 7,9,1; 8,14,1; 9,10,1; 12,53; vgl. ad fam. 2,4; Plinius, ep. IX,2.

3. Aufbau

Literatur: W. M. L. DE WETTE, Kurze Erklärung, 350–352. – E. LOHMEYER, Über Aufbau und Gliederung des ersten Johannesbriefes, ZNW 27 (1928) 225–263. – R. BULTMANN, Die kirchliche Redaktion, in: Exegetica, 191–192. – J. C. O'NEILL, The Puzzle of 1John. A New Examination of

Origins, 1966. – P. R. Jones, A Structural Analysis of 1 John, RExp 67 (1970) 433–444. – G. Guirisato, Struttura della prima lettera di Giovanni, RivBib 21 (1973) 361–381. – J. A. du Rand, A discourse analysis of 1 John, Neotestamentica 13 (1979) 1–42. – D. F. Watson, A Rhetorical Analysis of 3 John: A Study in Epistolary Rhetoric, CBQ 51 (1989) 479–501.

Zu 2 u. 3 Joh: s. unter Form.

Der Versuch einer genauen Gliederung von 1 Joh wird meistens aufgegeben oder orientiert sich an thematischen Kriterien (so auch R. Schnackenburg, 138–140 u. 216–218: 1 Joh 1,5–2,17 u. 2,18–3,24 sind mit einer Auseinandersetzung mit der sog. Irrlehre, einer Darstellung der Heilserwartung und einer paränetischen Mahnrede parallel gebaut; in der Form A – B – A entwickelt 4,1–5,12 die Polemik weiter; anders R. E. Brown, 122–129: Die Struktur des 1 Joh entspricht dem Aufbau des JohEv: 1 Joh 1,1–4 vgl. Joh 1,1–18 = Prolog; 1 Joh 1,5–3,10 vgl. Joh 1–12 = die Offenbarung bzw. die Verkündigung des Lichtes und die Empfehlung, im Lichte zu wandeln; 1 Joh 3,11–5,12 vgl. Joh 13–20,29 = die Offenbarung bzw. die Verkündigung der Liebe und die Aufforderung zur gegenseitigen Liebe; 1 Joh 5,13–21 vgl. Joh 20,30f = Absichtserklärung des Verfassers; die Redaktion von Joh 21 ist von 1 Joh 5,13ff abhängig). Die briefliche Kommunikation impliziert aber keine systematische Darstellung: *Minus tibi accuratas a me epistulas mitti quereris. Quis enim accurate loquitur, nisi qui uult putide loqui? qualis sermo meus esset, si una desideremus aut ambularemus, inlaboratus et facilis, tales esse epistulas meas uolo, quae nihil habent accersitum nec fictum* (Seneca, ep. mor. 75,1). Die Argumentation läßt aber einen logischen Gedankengang erkennen.

1,5–10 trägt die überlieferte Offenbarung vor, deren Vermittlung im Präskript angekündigt worden ist: καὶ ἔστιν αὕτη ἡ ἀγγελία ἣν ἀκηκόαμεν (V. 5a), es schließt sich die Darstellung ihrer Konsequenz für das Selbstverständnis der Leser an (V. 6–10). Die drei Antithesen innerhalb der Konditionalsätze (ἐὰν εἴπωμεν ὅτι κτλ., V. 6f.8f.10) verdeutlichen die Situation der Entscheidung, in welche die Adressaten durch die Verkündigung gestellt werden. Warum dem Leser die Offenbarung vermittelt ist, wird in einer ersten metalinguistischen Erläuterung erklärt, die durch eine erste Anrede und die Wendung ταῦτα γράφω ὑμῖν ἵνα eingeleitet ist: Der Zeuge schreibt, damit seine Adressaten nicht sündigen (2,1–6). Die Situation, in der sich die Leser befinden, wird zuerst christologisch erklärt (V. 1b–2), um dann in einer neuen Antithese als durch die Entscheidung bedingt dargestellt zu werden (V. 4–5). Beide Erklärungen werden mit einer axiomatischen Aussage (ἐν τούτῳ γινώσκομεν ὅτι κτλ.) untermauert (V. 3 u. 5). Eine zweite metalinguistische Erläuterung (ἀγαπητοί, γράφω, V. 7–11) behauptet die Übereinstimmung der im Brief vermittelten Offenbarung mit der bekannten Überlieferung, indem sie die Gegenwart der Adressaten als eschatologische Zeit bezeichnet und das Gebot der Bruderliebe in der antithetischen Formulierung (V. 9f) wiederholt. Die dritte metalinguistische Erläuterung stellt aber fest, daß die Adressaten, die die Erkenntnis haben, bereits von der Sünde befreit worden sind und die Welt besiegt haben (γράφω, τεκνία, V. 12–17). Dies ist der Grund dafür, warum ihnen die Offenbarung vermittelt wird, und darum sollen sie sich auch von der Welt fernhalten. Der erste Teil der Argumentation ist damit abgeschlossen, in welchem die briefliche Mitteilung als Wiederholung der schon bekannten Verkündigung dargestellt ist und den Adressaten das Bewußtsein vermittelt wird, in der Welt eine Sonderstellung einzunehmen. Die Funktion dieses Abschnittes ist die einer *captatio*: Die Übereinstimmung des vom Absender vermittelten Zeugnisses mit dem Überzeugungssystem der impliziten Leser wird festgestellt, somit ist die Voraussetzung für das Folgende gegeben.

2,18 bringt durch die Einführung einer neuen Fragestellung das erste neue Element: Antichristen sind erschienen. Damit kann das Selbstbewußtsein der Adressaten bestätigt werden, wie es eine neue axiomatische Aussage (V. 18b) und die durch das χρῖσμα bezeugte Erkenntnis zeigen (V. 20, der eine neue, metalinguistische Zwischenerläuterung, vgl. 2,7ff.12ff, fordert: V. 21). Die Bekenntnisformel des V. 22 (ὁ ἀρνούμενος κτλ.) gibt das Kriterium des πατέρα ἔχειν, das die antithetische Form der Entscheidung wieder aufnimmt (V. 23–25). Eine neue metalinguistische Erläuterung (ἔγραψα, V. 26–27) schließt den Abschnitt ab, indem die Erkenntnis und das χρῖσμα der Adressaten nochmals betont werden – Gegebenheiten, die sie belehren und die als Voraussetzung für den Imperativ des μένετε ἐν αὐτῷ gelten. Damit hat die Argumentation das Thema eingeführt, um das es eigentlich geht. Von seinem eigenen Überzeugungssystem her hat der Zeuge den Fall dargestellt. Die impliziten Leser sollen sich, wie es die antithetischen Formulierungen anzeigen, zwischen der Wahrheit und dem ψεῦδος entscheiden. Tatsächlich haben sie sich aber schon entschieden, indem sie nämlich die Erkenntnis haben und keines weiteren Unterrichts mehr bedürfen. Die Funktion dieses Briefabschnittes entspricht der einer *narratio*.

Καὶ νῦν, die Anrede τεκνία und die Wiederholung des Imperativs μένετε ἐν αὐτῷ leiten die These des Briefes ein (V. 28–29): Die Adressaten werden ermahnt, in dem durch das χρῖσμα Bezeugten zu bleiben. Unterstützt wird diese *propositio* durch die Entgegensetzung zweier eschatologischer Zugehörigkeiten, in welche die jeweiligen Entscheidungen führen werden (ἵνα, V. 28b).

Die Beweisführung *(probatio)* besteht aus einer Kette von grundsätzlichen Empfehlungen (3,1.7.13.18), die sich nacheinander gegenseitig erläutern (3, 1–6; 3,7–12 vgl. 3,3–6; 3,13–17 vgl. 3,11f; 3,18–24); das Thema der probatio besteht im Entweder–Oder der beiden eschatologischen Größen. Wie in der narratio ist aber das Moment der Entscheidung bereits dadurch vorweggenommen, daß die impliziten Leser schon τέκνα θεοῦ sind: 3,1–2. Die axiomatische Aussage des V. 1b macht ihre Gotteskindschaft zum Auslegungsprinzip ihres Selbstverständnisses in der Welt, wobei das eschatologische Selbstbewußtsein, das der Zeuge mit seinen Adressaten teilt, in der autoritativen Tradition gründet (οἴδαμεν κτλ.). Durch ihre Erkenntnis und ihre Hoffnung sind sie von der Sünde befreit (3,3–6): Das autoritative christologisch-soteriologische Bekenntnis (οἴδατε, V. 5) ist die Grundlage der antithetischen Vorstellung, nach der das ἐν αὐτῷ μένειν und das ἁμαρτάνειν sich gegenseitig ausschließen (V. 6). In ihrer (wiederum antithetischen) empiristischen Form (V. 7–9, auf der axiomatischen Aussage des V. 8b gründend) bietet sie das Kriterium an, nach welchem sich die Unterscheidungsfähigkeit der impliziten Leser ausrichten soll (μηδεὶς πλανάτω ὑμᾶς, 3,12–17). Diese neu gewonnene Perspektive wird durch die Neuformulierung der Antithese (V. 9.10b) und die axiomatische Aussage im V. 10 entwickelt. Die Umformulierungen und die Begründungen (ὅτι, V. 8.9.11f) erklären die dargestellte Alternative durch die Entgegensetzung ἐκ τοῦ διαβόλου / ἐκ τοῦ θεοῦ (V. 8ff) und erläutern – in Übereinstimmung mit der angenommenen Tradition – den Begriff der Reinheit (V. 3) bzw. der Gerechtigkeit (V. 7) durch die Bruderliebe (ὅτι αὕτη ἐστὶν ἡ ἀγγελία ἣν ἠκούσατε ἀπ' ἀρχῆς κτλ., V. 11a mit der Kainsgeschichte illustriert). Durch den dritten Imperativ (μὴ θαυμάζετε, vgl. ἴδετε, V. 1 und μηδεὶς πλανάτω ὑμᾶς, V. 7) werden die beiden Themen miteinander verknüpft: Der Haß der Welt hat seine Ursache in der Bruderliebe, die ihrerseits ihre axiomatische Begründung (V. 16) und ihr Vorbild (V. 16b–17) in der christologischen Offenbarung hat. V. 18 enthält die vierte Aufforderung.

Das Doppelgebot des Glaubens und der gegenseitigen Liebe wird nachdrücklich wieder-holt und durch die beiden axiomatischen Aussagen (V. 19 u. 24b) begründet. Damit hat die probatio a) das in der captatio vorausgesetzte Überzeugungssystem bestätigt und b) aus ihm heraus eine Interpretation der gegenwärtigen Situation der Adressaten entwik-kelt, welche die Bitte der propositio als gerechtfertigt erscheinen läßt.

Der paränetische Abschnitt bezieht das entfaltete Überzeugungssystem auf die in 2,18ff geschilderte Situation. Der Verfasser fordert seine Adressaten auf, sich von den Konkur-renten zu distanzieren (4,1–6) und ihre Gemeinschaft mit Gott durch das eschatologische Band der Bruderliebe zu bewahren (4,7–21). Die Imperative und Empfehlungen enthalten zunächst eine Erläuterung hinsichtlich des den impliziten Lesern gegebenen Geistes, indem darauf verwiesen wird, daß zwischen den Geistern unterschieden werden muß (ἐκ τοῦ πνεύματος / μὴ παντὶ πνεύματι κτλ., 3,24 u. 4,1). Der Verfasser knüpft an die in 2,18–27 beschriebene Situation an: Das Auftreten von falschen Propheten zeigt, daß eine Entscheidung unmittelbar bevorsteht. Die axiomatische Aussage der Bekenntnisformel macht deutlich, vor welche Alternative die Adressaten durch die Antithese gestellt werden (V. 2–3). Daß die sogenannten Antichristen den Zeugen nicht hören, sie selbst hingegen aber von der Welt wahrgenommen werden, bestätigt die Tatsache, daß sie zur Welt gehören, während die Adressaten offensichtlich aus Gott sind und die Welt besiegt haben. Die Vorstellung, daß das Bewußtsein der geistigen Einheit mit dem Zeugen als Unter-scheidungskriterium zwischen Wahrheit und Verführung fungiert, wird durch die ab-schließende axiomatische Aussage nachdrücklich erklärt (V. 6) und dann im zweiten Abschnitt der Paränese mit der Begründung des Imperativs (V. 7a u. 19) und der Empfehlung (V. 11) des gegenseitigen Liebesgebotes theologisch entwickelt (4,7–10.11–16a.16b–18.19–21). Das zweite Unterscheidungskriterium zwischen dem Erkennen und dem Nicht-Erkennen Gottes wird in der antithetischen Formulierung der V. 7b–8a aufgestellt, welche durch die beiden axiomatischen christologisch-soteriologi-schen Aussagen der V. 9–10 begründet sind. Sie bilden den Hintergrund der Ermahnun-gen zum gegenseitigen Liebesgebot, die in V. 13 axiomatisch-theologisch, in V. 15 bekenntnismäßig soteriologisch-christologisch und in V. 17 axiomatisch eschatologisch untermauert werden. Durch diese konkreten Anweisungen wird die Bitte des Verfassers (2,28–29) erläutert und erklärt.

5,1–12 ist eine *peroratio*. Das Christusbekenntnis und das Gebot der Liebe für die von Gott gezeugten Gotteskinder gelten als Kriterien für die Zugehörigkeit zu Gott. Wie das Liebesgebot zu verstehen ist, wird axiomatisch erläutert (V. 2). Wie es erfüllbar ist, wird dadurch erklärt, daß jeder, der von Gott gezeugt ist, d. h. der glaubt, daß Jesus der durch die joh Tradition interpretierte Gottessohn ist, die Welt besiegt hat. Für dieses christologi-sche Verständnis und für das entsprechende eschatologische Selbstbewußtsein der joh Tradition (V. 11f) steht der Geist als Zeuge, und der Glaube und der Unglaube sind antithetisch (V. 10) als jeweiliges Zeugnis für bzw. gegen den Geist zu verstehen. Die letzte Antithese faßt mit dem Entweder-Oder den dargestellten Sachverhalt zusammen (V. 12).

Der Anhang (5,13 // Joh 20,30f; 5,14–21 // Joh 21), dessen Skopus in der Warnung vor den Götzen besteht (V. 21), greift auf 3,21f zurück: καὶ αὕτη ἐστὶν ἡ παρρησία. Dieser Appell wird durch eine in den joh Schriften sonst unbekannte Unterscheidung zwischen den Sünden zum Tode bzw. nicht zum Tode und durch eine Zusammenfassung des eschatologischen Überzeugungssystems unterstützt. Der Epilog erfüllt die Funktion, die

Leser vor den konkurrierenden Bewegungen zu warnen, indem er die Themen der captatio (1,5–2,17) aufgreift (5,16–18 vgl. 1,6–10; 5,19 vgl. 2,12–17), und wiederholt damit die Bitte des Briefes (2,28f).

4. Argumentation

Literatur: O. PIPER, 1 John and the Didache of the Primitive Church, JBL 66 (1947) 437–451. – W. NAUCK, Tradition und Charakter, 29–36. 67–98. – H. M. SCHENKE, Determination und Ethik im ersten Johannesbrief, ZThK 60 (1963) 203–215. – K. WEISS, Orthodoxie und Heterodoxie im 1. Johannesbrief, ZNW 58 (1967) 247–255. – W. A. MEEKS, The Man from Heaven in Johannine Sectarianism, JBL 91 (1972) 44–72. – B. A. DU TOIT, The role and meaning of statements of „certainty" in the structural composition of 1 John, Neotestamentica 13 (1979) 84–100. – C. C. BLACK II, The Johannine Epistles and the Question of Early Catholicism, NT 28 (1986) 131–158. – H. KÖSTER, Tradition apostolique et origines du gnosticisme, RThPh 119 (1987) 1–16. – J. KÜGLER, Die Belehrung des Unbelehrbaren. Zur Funktion des Traditionsarguments in 1 Joh, BZ 32 (1988) 249–254.

Die in 1,1–4 angekündigte Verkündigung von 1,5, daß Gott Licht ist und keine Finsternis in ihm ist, und die entsprechende Bitte, in ihm zu bleiben (2,28f), konstruieren eine Vorstellung der Realität, in welcher die Adressaten vor einer Entscheidung stehen, die die Form einer unvermeidbaren Alternative hat, wobei nur eine der beiden Möglichkeiten sinnvoll sein kann. Die antithetischen Formulierungen sind kein Indiz dafür, daß der Verfasser eine Vorlage benutzt hat (so die These von E. von Dobschütz, Johanneische Studien I, ZNW 8 [1907] 1–8; R. Bultmann, Analyse), sondern Ausdruck der theologischen Logik seiner Argumentation. Die richtige Erkenntnis, das Gebot der gegenseitigen Liebe und die Freiheit von der Sünde, die durch Jesus bewirkt worden ist, unterscheiden das Aus-Gott-Sein vom Aus-der-Welt-Sein. Diese theologische Auffassung wird argumentativ bzw. hermeneutisch einerseits durch die Autorität des Zeugen, andererseits durch axiomatische Aussagen, durch die anerkannte Offenbarungstradition und durch Bekenntnisformeln begründet.

Die axiomatischen Aussagen haben folgende Form: ἐν τούτῳ (ἐκ τούτου, ἐὰν bzw. ὅθεν) + γινώσκειν in der 1. Pers. Plur. Präs., Futur oder Perf. bzw. in der 2. Pers. Plur. Präs., ein Akkusativobjekt zu γινώσκειν + ein ὅτι-Satz, ein Akkusativobjekt oder eine Bekenntnisformel als Explikation des γινώσκειν: 2,3.18.29; 3,16.19.24; 4,2.6.13; 5,2. In veränderten Formen: 3,1 (mit διὰ τοῦτο und negativ formuliert); 3,8; 4,9 (mit ἐφανερώθη); 3,10 (mit φανερά ἐστιν); 4,10 (mit ἐστίν); 4,17 (mit τετελείωται). Γινώσκειν als Ausdruck der Gemeinschaft mit Gott, d. h. in der gleichen Bedeutung wie εἶναι ἐν, ist nicht nur im 1 Joh, sondern auch im JohEv belegt (2,4.13; 3,1.6; 4,6.7.8.16, vgl. Joh 8,55; 14,7.7.7.17.17; 17,3, so R. Bultmann, ThWNT I, 711). Diese Tatsache zeigt, daß die Unterscheidung zwischen richtigem und falschem Glauben (1 Joh) die Offenbarung des Glaubens und des Unglaubens nicht einfach ersetzt hat, was auch durch den Sprachgebrauch von φανεροῦν bestätigt wird. Nach dem joh Überzeugungssystem ist das Jesusereignis als Offenbarung verstanden (3,5 vgl. Joh 1,31; 2,11; 3,21; 7,4; 9,3; 17,6; anders in Joh 21,1.14, wo φανεροῦν die Ostererscheinungen bezeichnet). Von diesem Begriff her wird das Heil interpretiert (ἁμαρτίας ἄρῃ, 3,5), das der Zeuge in seinem Schreiben vermittelt (1,2). Durch die Offenbarung wird auch die Erkenntnis gegeben, die die

Antichristen und die Kinder Gottes als solche offenbar werden läßt (2,19 bzw. 2,28; 3,2). Die axiomatischen Aussagen sind nicht Ausdruck der Orthodoxie einer Tradition (so die These von H. Conzelmann, „Was von Anfang war", 200–201), sondern das Kennzeichen einer Bewegung, die durch die anerkannte Offenbarung zwischen der Wahrheit und der Finsternis zu unterscheiden weiß. Aus diesem Grund kann sich die Argumentation auf die Offenbarungstradition berufen, was stets unter Verwendung fester Formen geschieht: Der Zeuge erwähnt, was ἀπ' ἀρχῆς offenbart wurde (1,1; 2,7.13.14.24; 3,11; 2Joh 5f; anders 3,8, der direkt von Joh 8,44 abhängig ist), wobei der Vergleich von 2,7.24; 3,11 mit 2,13.14 zeigt, daß der Verfasser zwischen einem absoluten Beginn und dem Anfang der Kirche bzw. dem historischen Auftreten Jesu keinen sachlichen Unterschied macht (anders H. Conzelmann, „Was von Anfang war", 195–196). Das autoritative Wissen, das der Zeuge vermittelt, entspricht einem der Gemeinde schon bekannten: ὁ λόγος ὃν bzw. καθὼς bzw. ὃ ἠκούσατε (2,7.18.24; 3,11), ὃ ἀκηκόατε (4,3), οἴδαμεν (3,2.14; vgl. 5,18ff), οἴδατε (3,5.15). Der Verfasser will keine Rechtgläubigkeit festsetzen, sondern die Gemeinschaft einer gemeinsamen Erkenntnis bewahren: Die ἀγγελία, die er gehört hat, ist die ἀγγελία, die seine impliziten Leser von Anfang an auch schon gehört haben: 1,5 bzw. 3,11.

Der Gegenstand dieser Erkenntnis ist in den bekenntnisartigen Formulierungen erläutert, die mit ὁμολογεῖν bzw. πιστεύειν bzw. ἀρνεῖσθαι eingeführt werden (2,22f; 4,2f.15; 5,1.5f). 2,22f und 4,15 enthalten die grundlegende Aussage: Wer den Sohn bekennt, hat auch den Vater. Für das joh Denken typisch ist dieser Glaube als Prädestination erklärt (5,1 vgl. z. B. Joh 6,37.39.44). In 4,2f und 5,5f wird das christologische Bekenntnis näher spezifiziert: 4,2f kommentiert den allgemeinen Titel Ἰησοῦς Χριστός durch eine Zusammenfassung der christologischen Aussagen des JohEv: ἐληλυθότα nimmt auf ἐλήλυθα (Joh 16,28; 18,37 usw.) Bezug, und ἐν σαρκί ist eine Anspielung auf Joh 1,14 (parallel: Treat. Res., NHC I,4 44,15; Melch., NHC IX,1 5,1–10) bzw. Joh 6,51ff (Gos. Phil., NHC II,3 56f), wobei σάρξ und αἷμα weder auf Jesu zukünftiges Kommen noch auf sein Leidensschicksal bezogen sind (so Paulus und die synoptischen Einsetzungsworte), sondern seine Worte repräsentieren, die Leben schaffen (s. H. Köster, Einführung, 619; H. Leroy, Rätsel und Mißverständnis, BBB 30, 1968, 109–124) – keine antidoketische Formulierung, welche nämlich eine Infinitivkonstruktion erfordern würde (so J. Lieu, The Second and Third Epistles of John, 81–82; vgl. P. S. Minear, The Idea of Incarnation in First John, Int 24 [1970] 291–302). Eindeutig polemisch gemeint ist dagegen aber 5,5f, in dem auf Joh 19,34 Bezug genommen wird. Der ‚Sohn' des Bekenntnisses in 5,5 wird nicht mit der Taufe in Beziehung gesetzt, sondern mit einer im JohEv entwickelten Interpretation. Gegen Gemeinden, die sich auf die Taufe berufen, vermittelt die Bewegung des Verfassers und seiner Adressaten die Offenbarung des herabgestiegenen Gottessohnes, durch welche sie von der Welt abgesondert sind, um in Gemeinschaft mit Gott zu leben.

Den hermeneutischen Voraussetzungen der Argumentation entspricht das wiederholte Insistieren auf der Autorität des Zeugen bzw. des Trägers der Offenbarungstradition, die er vertritt (1,1–3.5; 4,6.14). Der Verfasser bzw. sein Kreis (vgl. Joh 1,14.16; 3,11; 9,4; 21,24) beruft sich auf eine unmittelbare Beziehung zum Ursprung der Überlieferung. Er steht damit in der direkten Tradition des JohEv, das sich auf die Verfasserschaft des Lieblingsjüngers beruft (21,24), unterscheidet sich aber stark von den übrigen apostolischen Briefen, deren Autorität in der Funktion ihres Verfassers gründet (Paulus, Ignatius). Der Verfasser des 1Joh schreibt jedoch auch nicht unter seiner eigenen Autorität: Seine

Verkündigung stellt sich vor als eine Vermittlung der Erkenntnis, die zum Leben führt (1,4.5). Dadurch, daß das Präskript (1,1–4) auf das Proömium des JohEv (Joh 1,1–18) verweist, nimmt sein Zeugnis die Form eines Kommentars der joh Jesusoffenbarung an. Seine Gemeinschaft mit seinen Adressaten ist durch ein gnostisches Selbstverständnis gekennzeichnet, welches zur Behauptung einer apostolischen Tradition führt, die ihre nächste Parallele in der Einleitung des ThEv (Gos. Thom., NHC II,2 32,12) findet.

5. Die Rezeptionsgeschichte des JohEv im 1 Joh

Literatur: F. C. BAUR, Das Verhältnis des ersten johanneischen Briefs zum johanneischen Evangelium, Theol. Jahrb. 16 (1857) 315–331. – DERS., Die johanneischen Briefe, 2954–313. – H. J. HOLTZMANN, Das Problem I. – W. SOLTAU, Die Verwandtschaft zwischen Evangelium Johannis und dem 1. Johannesbrief, ThStKr 89 (1916) 229–233. – C. H. DODD, The First Epistle of John and the Fourth Gospel, BJRL 21 (1937) 129–156. – PH. H. MENOUD, L'évangile de Jean d'après les recherches récentes, 1943, 61–63. – G. D. KILPATRICK, Two Johannine Idioms in the Johannine Epistles, JTS 12 (1961) 272–273. – H. CONZELMANN, „Was von Anfang war". – G. KLEIN, „Das wahre Licht scheint schon". – P. BONNARD, La première épître de Jean est-elle johannique?, in: M. DE JONGE (Hg), L'Évangile de Jean, EThL.B 44, 1977, 301–306. – F. VOUGA, La réception de la théologie johannique dans les épîtres, in: J.-D. KAESTLI (Hg), La communauté johannique et son histoire. La trajectoire de l'évangile de Jean aux deux premiers siècles, 1990, 283–302.

Mit seinen zwei Schlüssen Joh 20,30f u. 21,24f ist das JohEv vollständig und braucht keine Ergänzung mehr. Die Offenbarung des herabgestiegenen (Joh 1–12) und zurückgekehrten (Joh 13–21) Gottessohnes wird dem Leser durch die in 20,14ff vorbereitete und in 20,30f erläuterte Seligpreisung von 20,29 als Möglichkeit für sein Selbstverständnis angeboten und durch die bezeugte Autorität des Lieblingsjüngers autorisiert (21,20ff.24f), dessen Funktion als legitimierter Zeuge im Buch vollzogen wird. Somit wird der Anspruch erhoben, sich an die universale Hörerschaft zu richten, um die Leser – mindestens jene, die der Vater dafür prädestiniert hat (Joh 6,36–46) – zum Glauben zu führen (Joh 20,30f). Die Tatsache, daß die joh Schule in der Folgezeit zu ihrem Evangelium noch drei Briefe hinzugefügt hat, gibt sowohl über die Entwicklungsgeschichte als auch über das Selbstverständnis des Verbandes Aufschluß. Die Einführung einer neuen Gattung verdeutlicht zum einen den Willen, die Kontinuität der Offenbarungstradition zu bewahren, ist aber zum anderen ein Indiz für eine Verschiebung im Bewußtsein der Wir-Tradition (Joh 1,14.16; 3,11; 9,4; 21,24; 1 Joh 1,1–3.5; 4,6.14; zur Dialektik des Ichs des impliziten Autors Joh 21,25; 1 Joh 2,1ff und der Autorität des ‚Wirs', vgl. 1 Joh 1,1 u. Komm.) und ihrer Adressaten.

Die Frage, ob das JohEv vor 1 Joh verfaßt worden ist, ist im 19. Jhdt ausführlich untersucht worden. Die entscheidenden Argumente für die Priorität des JohEv sind: Nur durch den Aufbau des JohEv können die Assoziationen im Gedankengang des 1 Joh erklärt werden (so H. J. Holtzmann, Das Problem I; vgl. z. B. Joh 8f u. 1 Joh 1,5–10). Die Argumentation des Briefes setzt das JohEv voraus, d. h. zum vollen Verständnis des Brieftextes müssen dem Leser Kenntnisse zu Verfügung stehen, die im JohEv entfaltet sind (so F. C. Baur, Die johanneischen Briefe; vgl. z. B. Joh 1,1–14 u. 1 Joh 1,1–4; Joh 13,34 u. 1 Joh 2,7; Joh 7,38f; 19,34 u. 1 Joh 5,5f). In diesem Zusammenhang wird deutlich, daß die Bezugnahme auf eine Offenbarungstradition und ihren Anfang in 1 Joh als semantische Verschiebung der praesentia Christi der Dialoge und der Reden des JohEv zu verstehen ist (so H. Conzelmann; G. Klein; P. Bonnard usw.).

1 Joh beruft sich zwar stetig auf das JohEv, das JohEv wird aber im 1. Brief eigentlich nie zitiert oder in der Argumentation als Autoritätsargument verwendet. Vorausgesetzt wird beim Adressaten des 1 Joh lediglich, daß er mit dem JohEv vertraut ist, nicht aber, daß er es als formale Autorität anerkennt (vgl. die von H. J. Holtzmann, Das Problem III, 341f, erwähnte und von A. Loisy, 71–80, übernommene Auslegungstradition, 1 Joh als Begleitschreiben zum JohEv zu verstehen). Dieser dialektische Zusammenhang erklärt sich durch die Wandlung der Gattungen bzw. des Kommunikationsrahmens, sowie die Verschiedenheit der Gegenstände bzw. Ziele der Argumentation und der impliziten Situationen.

Der Übergang von der Gattung Evangelium bzw. Offenbarungsbuch zur Gattung Brief geht einher mit einer Verengung des Anspruches der Offenbarungstradition. Anders als in der narrativen Fiktion der Dialoge und Reden des JohEv ist nicht mehr der – wohl vom Lieblingsjünger und der Wir-Tradition bezeugte – Offenbarer der Sprecher, sondern die Offenbarungstradition selbst in der Funktion als Zeuge. Der Wahrheitsanspruch, den die Tradition für sich selbst schon im Präskript (1,1–4, anders als Joh 1,1–18) erhebt, entspricht der Aufrichtigkeit, die durch die Gattung Brief an sich vorausgesetzt bzw. gefordert wird (Seneca, ep. mor. 75; selbst-ironisch problematisiert: Horaz, ep. I, 20). Parallel zur Änderung der Perspektive des Verfassers erfolgt ein Wechsel der Adressaten. Der Brief gibt den Anspruch auf, an das universale Auditorium gerichtet zu sein. Den ‚Wir‘ der Augenzeugen entsprechen die ὑμεῖς, denen angeboten wird, an der eschatologischen Gemeinschaft teilzunehmen. Die Gegenüberstellung ἡμεῖς / ὑμεῖς (1 Joh 1,1–3.5; vgl. 4,14) ist aber schon in 1 Joh 1,4.6ff und dann durch den ganzen Brief hindurch zugunsten eines kommunikativen Wir (so A. v. Harnack, „Wir“, 99–105) aufgehoben, das die Gesamtheit der bekennenden Gemeinde der Erlösten umfaßt (vgl. 1 Joh 1,5 mit 3,11, aber auch die axiomatischen Aussagen 2,3.5.18; 3,1.16.19.24; 4,6; 5,2, wobei die 2. Pers. Plur. mit der 1. Pers. Plur. austauschbar ist, vgl. 2,29; 4,2). Durch das ‚Wir‘ beansprucht der Verfasser zum einen, die Autorität der ursprünglichen Offenbarungstradition zu besitzen, indem er aber zum anderen die Übereinstimmung der impliziten Leser behauptet und voraussetzt. Fazit: Der Kommunikationszusammenhang ist der einer esoterischen Unterweisung, die dem Überzeugungssystem – aber nicht dem argumentativen Anspruch – des JohEv entspricht. Die Verengung des Kreises der Adressaten, die mit der Anwendung der Gattung Brief einhergeht, bewirkt aber zugleich eine Zunahme an Effizienz, die für das protreptische Moment der brieflichen Kommunikation kennzeichnend ist (Seneca, ep. mor. 38. Anders G. Schunack, 8–11: Die Glaubensgemeinschaft ist die familiaritas, die die briefliche Kommunikation impliziert). Durch den Brief verpflichtet ist nicht nur der Absender, sondern auch der Adressat. Fazit: Die Gattung Brief erweist sich in der joh Literatur als ein geeignetes Mittel, die Einheit der Bewegung entgegen zentrifugalen Tendenzen zu bewahren. Das Vorhandensein der joh Briefliteratur läßt auf die Existenz einer esoterischen Gemeinde schließen, die auf dem Erfolg der Argumentation des JohEv beruht und sich faktisch auf die joh Offenbarungstradition beruft. 1 Joh beweist aber zugleich, daß ihre Einheit so gefährdet ist, daß die Offenbarungstradition sich auf diese familiäre Gemeinschaft zurückgezogen hat – ohne aber auf ihr eschatologisches Selbstbewußtsein zu verzichten.

Die eigentliche Bitte des 1. Briefes – wie die des 2. u. indirekt auch die des 3. – betrifft die zum Problem gewordene Einheit der eschatologischen joh Gemeinde. Christologisch begründet werden diese Bitten durch den Verweis auf die Selbstoffenbarung des Offenbarers (2,22f; 4,15; 5,1, vgl. Komm.; R. Bultmann, Theol. NT, 387–392) und auf das joh Verständnis der Sakramente als Initiation (4,2, vgl. Joh 1,14; 6,51–58; 1 Joh 5,5f, vgl. Joh 19,34). Ihre Begrifflichkeit ist bereits in der zweiten Abschiedsrede des JohEv entwickelt worden (vgl. Joh 15,1ff, wo das μένειν, 1 Joh 2,28f, und das in Joh 13,34 instituierte eschatologische Gebot aufeinander bezogen sind). Die Tatsache, daß die Hälfte der Parallelen zwischen dem Brief und dem JohEv die Kap. 13–17 betreffen (so H. J. Holtzmann, Das Problem I, 704), ist dadurch zu erklären, daß ihnen das Thema der Existenz der Erlösten in der Welt und die direkte bzw. briefliche Form des vertraulichen Gesprächs gemeinsam sind. Der Hintergrund der in der zweiten Abschiedsrede betonten Imperative, die Einheit der eschatologischen Schar zu bewahren (Joh 15,1–17, cf. Exkurs: Das Gebot der gegenseitigen Liebe, ad 1 Joh 2,7–11; Joh 17), ist in Joh 6,60ff zu finden. 1 Joh 2,18ff läßt vermuten, daß weitere Kreise aus den joh Gemeinden ausgetreten sind. Mit 1 Joh wird versucht, was mit dem JohEv bzw. der zweiten Abschiedsrede nicht gelungen ist: die restlichen Gemeindeglieder auf die Offenbarungstradition festzulegen. Die durch das JohEv bzw. durch den 1. Brief implizierte Situation läßt verstehen, warum das JohEv nie als Autorität im 1 Joh verwendet wird, sondern daß es im Gegenteil zum argumentativen Ziel des Briefes gehört, die Autorität der Offenbarungstradition – und des unter ihrer Verantwortung herausgegebenen JohEv (vgl. Joh 21,24; 1 Joh 1,1–3.5; 4,6.14) – durch den Bezug auf ihren Ursprung (1,1; 2,7.13.14 usw., vgl. Einleitung: Argumentation) zu verstärken.

6. Zur Theologie des 1 Joh

Literatur: E. Käsemann, Ketzer und Zeuge. – H. Conzelmann, „Was von Anfang war“. – Suitbertus a S. Joanne a Cruce, Die Vollkommenheitslehre des ersten Johannesbriefes, Bib 39 (1958) 319–333. 449–470. – E. Haenchen, Neuere Literatur, in: Bibel, 267–282. – H. M. Schenke, Determination und Ethik im ersten Johannesbrief, ZThK 60 (1963) 203–215. – P. S. Minear, The Idea of Incarnation in First John, Int 24 (1970) 291–302. – H. Thyen, „... denn wir lieben die Brüder“ (1 Joh 3,14), in: Rechtfertigung (Fs E. Käsemann), 1976, 527–542. – E. Malatesta, Interiority and Convenant, A Study of εἶναι ἐν and μένειν ἐν in the First Letter of Saint John, AnBibl 69, 1978. – H. Balz, Johanneische Theologie und Ethik im Licht der „letzten Stunde“, in: Studien zum Text und zur Ethik des Neuen Testaments (Fs H. Greeven), BZNW 47, 1986, 35–56. – C. C. Black II, The Johannine Epistles and the Question of Early Catholicism, NT 28 (1986) 131-158. – F. Vouga, The Johannine School: A Gnostic Tradition in Primitive Christianity? Bib 69 (1988) 371–385. – J. Beutler, Die Johannesbriefe in der neuesten Literatur (1978–1985), in: ANRW II, 25,5, 3773–3790, bes. 3780–3783.

Die Hauptvoraussetzung für das Verständnis der christlichen Existenz besteht in der Anerkennung der Verbindlichkeit der Offenbarungstradition. Der Zeuge verschafft sich seine Autorität, indem er keinen anderen Anspruch erhebt als den: Was von Anfang an war, zu wiederholen (1,1ff; 2,7ff). Zu den Grundlagen der joh Hermeneutik gehört aber auch, daß die Adressaten die entsprechende Erkenntnis bereits von Anfang an haben (2,20ff; 3,11f usw.). Sie werden auf keine amtliche Überlieferung zurückgewiesen (so 1 Tim 6,3ff; vgl. dazu H.-J. Klauck, Gemeinde ohne Amt? Erfahrungen mit der Kirche in den johanneischen Schriften, BZ 29 [1985] 193–220), sondern besitzen selber die nötige

Erkenntnis, um die Wahrheit der vermittelten Tradition beurteilen zu können. In den axiomatischen Aussagen (der Form ἐν τούτῳ γινώσκομεν: 2,3.18.29; 3,16.19.24; 4,2.6.13; 5,2, vgl. 3,1.8.10; 4,9f.17) kann der Indikativ der Gnosis sowohl in der 1. wie auch in der 2. Pers. Plur. ausgedrückt werden; entsprechend sind οἴδαμεν und οἴδατε in bezug auf die Offenbarungstradition austauschbar (3,2.14 bzw. 3,5.15). Auch wenn die mit ὁμολογεῖν bzw. πιστεύειν bzw. ἀρνεῖσθαι eingeleiteten Bekenntnisformeln den Anspruch erheben, die christologischen Aussagen seien objektive Kriterien, ist die Erkenntnis konsequent als ein Sich-vor-der-Offenbarung-Verstehen gedacht. Objekt der axiomatischen Aussagen und der Offenbarungstradition ist das Selbstverständnis bzw. das Selbstbewußtsein der Erlösten: Ihr Glaube wird durch das unmittelbare Verhältnis zur Offenbarung und deswegen durch den schon gegenwärtigen Zustand ihrer Erlösung, durch ihre eschatologische Freiheit und durch die ihnen mögliche Unterscheidung zwischen den Geistern qualifiziert (2,3.5.29; 3,19.24 bzw. 2,18; 3,8.16; 4,9f bzw. 4,17 bzw. 3,10; 4,2.6). Das theologische Thema des Briefes besteht darin, jeden Adressaten darauf zu verpflichten, die Erkenntnis der Offenbarung zu bewahren, um sich als erlöster Mensch in der Zeit und in der Welt freimütig verstehen zu können.

Diese Erfahrung der eschatologischen Existenz ist dadurch ermöglicht, daß die Liebe Gottes erschienen ist, indem er seinen Sohn gesandt hat, um die Erlösten zu reinigen, sie von den Sünden zu befreien und ihnen das Leben zu gewähren (1,7ff; 3,3ff; 4,9f). Durch die Erkenntnis der Offenbarung sind die Erlösten bereits vom Tod ins Leben hinübergeschritten (2,25; 3,14f; 5,11.13) und von den Sünden befreit worden (2,12ff; 3,3ff). Das eschatologische Selbstbewußtsein des Kreises des Verfassers und seiner Adressaten bleibt aber durch eine Dialektik bestimmt, die durch die an sie gerichteten Warnungen 1,6ff erzeugt wird. Der Grund dafür, warum derjenige lügen würde, der behauptete, nicht zu sündigen (1,6–10), liegt in 2,1ff: Erst durch die Vergebung, die in der Erkenntnis erfahren wird, sind die Sünden vergeben. Die christliche Existenz bleibt unter der Paradoxie des simul iustus ac peccator – so wie auch die Erfahrung der gegenwärtigen eschatologischen Erlösung noch auf ihre eigentliche Erfüllung wartet (2,28; 3,2; 4,17).

Die Teilhabe an der Erlösung hängt allerdings von der Zugehörigkeit zur eschatologischen Gemeinschaft der Offenbarungstradition (1,3 u. 6; 4,6 usw.) ab. Aus dem Anspruch der vom Verfasser vertretenen Vorstellungen ergibt sich, daß kein Unterschied zwischen dem empirischen Kreis und der Gemeinde Gottes besteht, abgesehen von den Erlösten, die noch abfallen könnten (vgl. die Bitte des Briefes 2,28f). Die Behauptung dieser Identität findet ihren stärksten Ausdruck in der joh Form des Liebesgebotes. Dem eschatologischen, objektiven Kriterium der Bruderliebe entspricht der Imperativ der gegenseitigen Liebe (2,10; 3,10; 4,20f bzw. 3,11.23; 4,7.11.12), der als ‚das neue Gebot' des Offenbarers (Joh 13,34) die Grenzen des eschatologischen Kreises markiert. Dieser Ausschließlichkeitsanspruch beruht auf dem Selbstverständnis, eine Alternativbewegung der Solidarität zu sein. Der joh Glaube bezeichnet sich selbst als ἀγάπη schlechthin (4,16ff), und die gegenseitige Liebe der Brüder, die die Form der Güterteilung annehmen kann (3,17), gilt als Prüfstein und Voraussetzung des Aus-Gott-Seins, d.h. der Befreiung von der Welt (3,7–12; 5,2ff usw.).

7. Die Rezeptionsgeschichte des JohEv und des 1Joh in 2 und 3Joh

Literatur: R. A. Culpepper, The Johannine School, 279–286. – R. E. Brown, The Community of the Beloved Disciple, 1979, 93–144. – G. Strecker, Die Anfänge der johanneischen Schule, NTS 32 (1986) 31–47. – J. Lieu, The Second and Third Epistles of John, 125–165. – B. Bonsack, Der Presbyteros des dritten Briefs und der geliebte Jünger des Evangeliums nach Johannes, ZNW 79 (1988) 45–62.

Die Rekonstruktion historischer Verhältnisse aufgrund literarischer Zusammenhänge ist eine Sache der Plausibilität. So verhält es sich auch mit der Bestimmung der Reihenfolge der joh Briefe. Folgende Hypothesen sind möglich und werden in der Forschung auch vertreten: Die kleinen Briefe sind vor 1Joh und dem JohEv verfaßt worden (H. Lüdemann, Zur Erklärung des Papiasfragments bei Euseb. hist. eccl. III, 39, 3.4 [Schluß], JPTh 5 [1879] 537–576, bes. 568f.572); sie sind zur gleichen Zeit wie 1Joh geschrieben, aber an andere Adressaten geschickt worden (R. A. Culpepper, School, 284–286); sie sind nach 1Joh entstanden (Euseb. HE III,24,17f: Das JohEv und 1Joh sind echte Schriften des Apostels Johannes, während die kleinen Briefe umstritten sind; Erasmus, Grotius usw: 2 u. 3Joh sind Johannes, dem Presbyter, zuzuschreiben, vgl. die Papias-Tradition, Euseb, HE III,39,4; zu weiteren Hypothesen: H. J. Holtzmann, Lehrbuch der historisch-kritischen Einleitung in das Neue Testament 1892³, 482ff). Jedes Erklärungsmodell beruht auf Vorstellungen davon, wie sich die joh Offenbarungstradition historisch bzw. theologisch entwickelt hat; jedoch bleibt die Identifikation der Verfasser für die Interpretation irrelevant und methodisch unentscheidbar. Immerhin führt noch die doppelte Frage a) nach dem impliziten Verfasser bzw. den impliziten Adressaten, b) nach den Voraussetzungen der Argumentation der jeweiligen Schriften weiter.

Zu den Voraussetzungen der Argumentation in 2 u. 3Joh: Abgesehen davon, daß sie die formale Autorität des Presbyters anerkennen müssen (2Joh 1; 3Joh 1; anders das ‚Ich‘ Joh 21,25; 1Joh 2,1ff, das sich auf die Tradition der ‚Wir‘ beruft, s. ad 1Joh 1,1), zeichnen sich die konstruierten Adressaten (vgl. Ch. Perelman / L. Olbrechts-Tyteca, Traité de l'Argumentation, 25ff) dadurch aus, daß ihnen die in 1Joh bzw. im JohEv entwickelten Begriffe vertraut sind. Wendungen, deren Bedeutung zu kennen für das Verständnis der beiden Briefe entscheidend ist, werden ganz selbstverständlich verwendet und bleiben unerklärt: τὴν ἀλήθειαν γινώσκειν (2Joh 1 bzw. 1Joh 2,21, vgl. 3,19; 4,6 als Feststellungen; Joh 8,32 als Verheißung), ἡ ἀλήθεια μενοῦσα (2Joh 2 bzw. 1Joh 1,8; 2,4), ἡ ἐντολὴ παρὰ τοῦ πατρός (2Joh 4, Kombination von Joh 10,18 mit Joh 13,34; 15,12; 1Joh 2,7; 3,23; 4,21), ἀπ' ἀρχῆς (2 Joh 5f bzw. Joh 1,1; 15,27; 1Joh 1,1; 2,7), ἀγαπᾶν ἀλλήλους (2Joh 5 bzw. Joh 13,34; 15,9ff; 1Joh 3,11.23; 4,7.11), ἀντίχριστος (2Joh 7 bzw. 1Joh 2,18; 4,3), ἡ διδαχή τοῦ Χριστοῦ (2Joh 9 bzw. Joh 7,16f; 18,19), τὰ ἔργα πονηρά (2Joh 11 bzw. Joh 3,19; 7,7; 1Joh 3,12), μαρτυρεῖν τῇ ἀληθείᾳ (3Joh 3 vgl. 12 bzw. Joh 5,33; 18,37) sind als dem Leser bekannt vorausgesetzt. Ferner gehören alle unerklärten Ausdrücke, die weder im JohEv noch im 1Joh erläutert sind, zu den Selbstverständlichkeiten der brieflichen Kommunikation (κυρία, 2Joh 1; briefliche Formulare 2Joh 12–13 / 3Joh 13–15). Daß jede in 2 u. 3Joh fehlende bzw. vorausgesetzte Information im Corpus des JohEv und des 1Joh zu finden ist, läßt sich am einfachsten dadurch erklären, daß das JohEv und der 1Joh sowohl dem Verfasser der beiden kleinen Briefe als auch den Adressaten bekannt sind – daß diese genaue Überschneidung auf einem gemeinsamen mündlichen Erbgut beruhe, ist ein wenig plausibler Erklärungsansatz.

15

Dieses Ergebnis wird weiterhin durch die Beobachtung bestätigt, daß Schlüsselwendungen in 2 u. 3Joh aus der Kombination von Formulierungen des JohEv und des 1Joh resultieren, z. B. ἐντολὴ παρὰ τοῦ πατρός (2Joh 4, s. oben), ἐρχόμενον ἐν σαρκί (2Joh 7 bzw. 1Joh 4,2 u. Joh 1,9.15.27; 3,31; 6,14; 11,27; 12,13), χαρὰ πεπληρωμένη (Joh 15,11; 16,24 zur Grußform in 1Joh 1,4 umgeformt). 3Joh 12 ist zwar nur als Anspielung auf Joh 21,24 zu verstehen, das JohEv und 1Joh werden aber in 2 u. 3Joh ebensowenig ausdrücklich zitiert wie das JohEv in 1Joh. D. h.: Das Verhältnis zwischen 1Joh und dem JohEv entspricht dem zwischen 2 u. 3Joh und dem JohEv u. 1Joh: Die früher verfaßten Schriften werden als bekannt vorausgesetzt, gelten jedoch nicht als unumstrittene Autoritäten. So setzt der Presbyter vielmehr seine eigene Autorität ein, um die Bitte des 1Joh zu wiederholen und zu unterstützen (2Joh 5, vgl. 3Joh 6 bzw. 1Joh 2,28f). Daß er keine neue Argumentation entwickelt, sondern das vorhandene Erbe verwaltet und daß er seine persönliche Autorität als πρεσβύτερος verwendet (2 Joh 1; 3Joh 1 und ἐὰν ἔλθω 3Joh 10), spricht für die Plausibilität der klassischen Hypothese: 2 u. 3Joh sind von einer im Rahmen des joh Kreises bereits anerkannten Gestalt verfaßt worden, die die Offenbarungstradition des JohEv u. 1Joh zu bewahren versucht.

8. Das Verhältnis zwischen 2 und 3Joh

Literatur: F. C. BAUR, Die johanneischen Briefe, 328–337. – A. v. HARNACK, Über den 3. Johannesbrief. – J. CHAPMAN, The Historical Setting of the Second and Third Epistles of St John, JTS 5 (1904) 357–368. 517–534. – V. BARTLET, The Historical Setting of the Second and Third Epistles of St John, JTS 6 (1905) 204–216. – B. BRESKY, Das Verhältnis des zweiten Johannesbriefes zum dritten, 1906. – J. MARTY, Contribution à l'étude des problèmes johanniques: Les petites épîtres „2 et 3 Jean", RHR 91 (1925) 200–211. – W. BAUER, Rechtgläubigkeit und Ketzerei im ältesten Christentum, BHTh 10, 1934, 95–98. – E. KÄSEMANN, Ketzer und Zeuge. – E. HAENCHEN, Neuere Literatur, in: Bibel, 283–311. – H. THYEN, Entwicklungen innerhalb der johanneischen Theologie und Kirche im Spiegel von Joh 21 und der Lieblingsjüngertexte des Evangeliums, in: M. DE JONGE (Hg), L'Évangile de Jean, EThL.B 44, 1977, 259–299. – A. J. MALHERBE, Social Aspects of Early Christianity, 1983[2], 103–112. – M. RESE, Das Gebot der Bruderliebe in den Johannesbriefen, ThZ 41 (1985) 44–58, bes. 54ff. – J. LIEU, The Second and Third Epistles of John, 148–165. – J.-W. TAEGER, Der konservative Rebell. Zum Widerstand des Diotrephes gegen den Presbyter, ZNW 78 (1987) 267–287.

Die beiden Briefe des πρεσβύτερος berufen sich in ähnlicher Weise auf die Autorität der durch das JohEv und den 1Joh bezeugten joh Offenbarungstradition. Die jeweilige Bitte um die Bewahrung der Einheit der eschatologischen Gemeinschaft (2Joh 5f) und um weitere Unterstützung (3Joh 5f.11f) ist auf dem Hintergrund von Joh 6,60ff bzw. 1Joh 2,18ff zu verstehen. Für die Soziologie des joh Kreises bedeutet dies: Die Selbsterläuterung der joh Offenbarungstradition im JohEv und später im 1Joh läßt auf den Widerstand des Verbandes gegen bedrohliche zentrifugale Tendenzen schließen. Auf der literarischen Ebene argumentiert das JohEv mit der Weiterentwicklung der Selbstdarstellung des Offenbarers unter der Autorität des Lieblingsjüngers, der 1. Brief mit der Erinnerung an die von dem impliziten Leser anerkannte und vom impliziten Absender bezeugte Ursprungs-Erkenntnis, der 2. u. 3. Brief mit der Wiederholung der vom πρεσβύτερος garantierten Offenbarungswahrheit. Als Voraussetzung der Argumentation gilt für den impliziten Autor wie für den impliziten Leser: die Anerkennung der Autorität der joh Offenbarungstradition, des Presbyters (s. 2Joh 1 u. Komm.) oder beider zusammen.

Gemeinsam sind dem 2. u. 3. Brief nicht nur die argumentative Situation, sondern auch die Gattung, die Form und die brieflichen Formalien (s. 2Joh 1 u. 3Joh 1; 2Joh 12f u. 3Joh 13ff), insbesondere aber auch das Thema. Um der Treue zur Wahrheit willen sollen Wandermissionare abgewiesen (2Joh 10f) bzw. empfangen werden (3Joh 5f), und Diotrephes wird offensichtlich deswegen getadelt, weil er die Unterweisung des Presbyters 2Joh 10f befolgt hat. Der Versuch, ein Erklärungsmodell für das Verhältnis vom 2. zum 3. Joh zu entwickeln, soll bei der Interpretation des 3. Briefes ansetzen – will man der radikalen literarkritischen Lösung nicht folgen, die 2Joh für eine fiktive Nachahmung von 1 u. 3Joh hält (so R. Bultmann, 10). Bezeichnend ist die Tatsache, daß jede theologische Deutung des Konfliktes mit Diotrephes fehlt. Der Verfasser erkennt sowohl seine Gemeinde als ἐκκλησία wie auch seine Stellung innerhalb dieser Gemeinde grundsätzlich an. Allenfalls die Art und Weise, wie er seine Autorität durchzusetzen versucht, wird in dem Moment fraglich, wo er die vom πρεσβύτερος gesandten Boten nicht empfängt und gegen den Presbyter selbst polemisiert (3Joh 9f). Die einfachste Interpretation wäre es, die Streitigkeiten auf der persönlichen Ebene zu deuten: 3Joh dokumentiert die Schwierigkeiten, in die die urchristlichen Kirchen als Hausgemeinden geraten konnten. Diotrephes, dem Gastgeber der Gemeindeversammlung, wird eine faktische Autorität verliehen, die er in dem Augenblick ausspielt, da er sich weigert, die Leute des Presbyters bei sich aufzunehmen. Unerklärt bleibt bei dieser Hypothese der theologische Charakter der captatio (3Joh 2ff; vgl. noch 6a und 8b) und der Empfehlung (3Joh 11f). Sowohl im 3. als auch im 2. Brief ist die Argumentation durch die beiden joh Hauptbegriffe ἀλήθεια und ἀγάπη geprägt (2Joh 1–4; 3Joh 1.3f.8.12 u. 2Joh 3.6; 3Joh 6), die – neben der in 3Joh 12c reflektierten besonderen Stellung des Presbyters in der Offenbarungstradition – die Dringlichkeit der beiden Bitten unterstreichen sollen. Insofern ist das Interpretationsmodell von A. von Harnack weitgehend überzeugend: In 2 u. 3Joh spiegelt sich die Konkurrenzsituation wider, die nach der Entwicklung des Gemeindeepiskopats zwischen den autonom gewordenen Einzelgemeinden und der patriarchalischen Tradition der Wandermissionare entstanden ist. Diotrephes wäre dann der erste namentlich bekannte Bischof, während der Presbyter als Vertreter einer Autorität einzuordnen wäre, die sich selbst – mit Visitationen, Briefen und Gesandten – in der Kontinuität der Apostel verstanden hätte. Eine Variante dieser Rekonstruktion erklärt die Situation durch eine Verselbständigung der Einzelgemeinden nach der Auflösung der ursprünglichen joh κοινωνία (so P. Perkins, Koinōnia in 1Joh 1,3–7: The Social Context of Division in the Johannine Letters, CBQ 45 [1983] 639–641). Jedoch zeigt die Art der Argumentation, die sich konsequent auf die theologische Autorität beruft, daß es nicht nur um eine Organisationsfrage geht. W. Bauer hat ein drittes Interpretationsmodell entwickelt, in welchem er den Konflikt im Zusammenhang mit der Fragestellung ,Rechtgläubigkeit und Ketzerei' erklärt. Das Phänomen der nachapostolischen Verhärtung der urchristlichen Entwicklungslinien, das dann zum Kampf gegen die Häresie geführt hat, ist auch in den joh Kreisen zu spüren. Diotrephes ist der Vertreter einer gnostischen Gemeinde, die sich der orthodoxen Autorität des Presbyters verweigert.

Richtig an dieser Hypothese ist, daß der Presbyter eine Orthodoxie verteidigt. Unerklärt bleibt aber durch dieses Interpretationsmodell, warum das Verhältnis zwischen dem Presbyter und Diotrephes als das einer relativen gegenseitigen Anerkennung charakterisiert werden muß (s. 3Joh 9–10 u. Komm.: Diotrephes wird als Leiter einer Kirche grundsätzlich anerkannt, der Presbyter erhebt allerdings den Anspruch, diese letztlich kontrollieren zu dürfen) und warum bei der Darstellung der Konkurrenzsituation jedes theologische Argument vermieden wird. Wird jedoch die Hypothese W. Bauers umgedreht, wird also an der ‚Orthodoxie der Orthodoxie‘ des Presbyters gezweifelt, so ergibt sich ein neues Modell, das das Problem löst: Nach E. Käsemann ist Diotrephes kein Gnostiker, sondern im Gegenteil der monarchische Episkopos, der die Orthodoxie der rechtgläubigen Gemeinde, die den Presbyter exkommuniziert hat (s. 2 Tim 2,18), bewahren will. Der Presbyter hingegen ist ein Einzelgänger, der als christlicher Gnostiker vom Kollegium ausgeschlossen wurde, ein Konventikel mit seinen ‚Freunden‘ begründet hat und zwischen die beiden Fronten des Doketismus (2 Joh 7ff) und der Großkirche der Pastoralbriefe und des lukanischen Doppelwerkes geraten ist.

Die Erklärung überzeugt zum großen Teil, da sie sowohl das gnostische Selbstverständnis der joh Offenbarungstradition, auf welche sich der Presbyter beruft, als auch die notwendige Anerkennung der Kirche des Diotrephes als faktische Größe miteinander vereinbaren kann. Daß die gnostische joh Interpretation des Christentums keine doketische ist, läßt sich durch 1 Joh 4,2; 2 Joh 7 zeigen. Die Tatsache aber, daß sich die Argumentation auf eine Autoritätstradition (‚Was von Anfang war‘, 1 Joh 1,1; 2,7.13f.24; 3,8.11; 2 Joh 5f, usw.; s. Einleitung: 4. Argumentation) beruft, legt eine andere historische Rekonstruktion nahe: Eine Figur, die für sich eine gewisse Autorität beanspruchen darf, tritt gegen Diotrephes an. Ein solches Interpretationsmodell wurde von F. C. Baur vertreten: Der Absender von 2 u. 3 Joh beruft sich mit dem Titel πρεσβύτερος auf die asiatische joh Tradition, um an seine Parteigenossen, d. h. an den montanistisch gesinnten Teil der Gemeinde in Rom zu schreiben. Das Anliegen der beiden Briefe ist ein Protest gegen die Anmaßungen des römischen Episkopats. Diotrephes ist ein symbolischer Name, und der in 3 Joh 9 erwähnte Brief ist 2 Joh. – Auch wenn die historische Konstruktion fragwürdig ist, bleibt das Modell, in dem die joh Gemeinden die Rolle der Protestbewegung einer Minorität in der verbleibenden Vielfalt der Urchristentümer spielen, einleuchtend.

Die hier vertretene Hypothese geht vom Modell Baurs aus: 2 u. 3 Joh wurden zwar nicht an dieselbe Gemeinde geschickt, 2 Joh ist aber der in 3 Joh 9 erwähnte Brief (so B. Bresky, Verhältnis, 31–47; H. Thyen, Entwicklungen, 297f; G. Strecker, 357f.368). Aus den beiden Schreiben wird deutlich, daß sich das gnostische Urchristentum der joh Offenbarungstradition mit dem immer akuter werdenden Problem der Zerstreuung auseinanderzusetzen hat. Der Presbyter, der bewußt in der Kontinuität des Lieblingsjüngers die Autorität des Zeugen übernommen hat (s. 2 Joh 1 bzw. 3 Joh 12c u. Komm.), versucht, das joh Selbstverständnis vor der Auflösung in die hellenistische nach-paulinische Großkirche zu bewahren. Der paradoxale Charakter seiner Argumentation, die autoritativ das eigenständige Bewußtsein der Erlösten bestätigen möchte, ist auf dem Hintergrund der schon in Joh 6,60ff u. 1 Joh 2,18ff erwähnten Gemeindeaustritte zu verstehen. In 2 Joh richtet er sich an die τέχνα der ἐχχλησία (so F. C. Baur, 330), um sie vor dem Einfluß der kirchlichen ‚Orthodoxie‘ zu warnen. Die Charakterisierung der πλάνοι in 2 Joh 7ff zeigt, daß sie Ἰησοῦς Χριστός wohl bekennen, aber nicht im Sinne einer Offenbarungstradition und Sakramentalinitiation, die die Erkenntnis und somit das Heil bringt. Aus 3 Joh wird deutlich, daß sein Brief als apostolisches Kommunikationsmittel nicht mehr stark genug war, da die Partei der kirchlichen Mehrheit hinter Diotrephes inzwischen die Kontrolle über die Gemeinde übernommen hat. Der Presbyter kann nur noch hoffen, daß der Einsatz der ganzen Autorität seiner historischen Person Erfolg haben werde: ἐὰν ἔλθω 3 Joh 10. Parallel schreibt er an Gaius, um zu verhindern, daß der Abfall der Kirche des Diotrephes auch diese andere joh Gemeinde in Bewegung setzen wird, wogegen er die folgenden drei Argumente anführt: Das Zeugnis der Gemeinde des Presbyters, die der joh Offenbarungstradition treu bleibt (πάντες 3 Joh 12, vgl. 2 Joh 1), die eigene Wahrheitskohärenz des Gaius (seine ἀλήθεια 3 Joh 3, vgl. das Argument der Richtung, 2 Joh 8) und die durch den Nachfolger des Lieblingsjüngers garantierte Offenbarungstradition (3 Joh 12c, s. Komm.).

9. Abfassungszeit und -ort und die Problematik des Verfassers

Literatur: E. Schwartz, Johannes und Kerinthos, ZNW 15 (1914) 210–219. – B. W. Bacon, Marcion, Papias and „the Elders", JTS 23 (1922) 134–160. – J. Marty, Contribution à l'étude des problèmes johanniques: Les petites épîtres „2 et 3 Jean", RHR 91 (1925) 200–211. – E. Haenchen, Neuere Literatur, in: Bibel, 282–311. – H. Thyen, Entwicklungen innerhalb der johanneischen Theologie und Kirche im Spiegel von Joh 21 und der Lieblingsjüngertexte des Evangeliums, in: M. de Jonge (Hg), L'Evangile de Jean, EThL. B 44, 1977, 259–299. – J. J. Gunther, The Alexandrian Gospel and Letters of John, CBQ 41 (1979) 581–603. – Ders., Early Identifications of Authorship in the Johannine Writings, JEH 31 (1980) 407–427. – G. Strecker, Die Anfänge der johanneischen Schule, NTS 32 (1986) 31–47. – J. Lieu, The Second and Third Epistles of John, 52–64. – B. Bonsack, Der Presbyter des dritten Briefs und der geliebte Jünger des Evangeliums nach Johannes, ZNW 79 (1988) 45–62.

Der Verfasser des 1 Joh tritt wie der des JohEv als ‚Ich' in seinem Text auf: 1 Joh 2, 1.7.8 usw., vgl. Joh 21,25. In beiden Schriften steht das Ich stellvertretend für eine Wir-Gruppe der Offenbarungstradition (1 Joh 1,1–5; 4,6.14; vgl. Joh 1,14.16; 3,11; 9,4) bzw. für die Garanten des Zeugnisses des Lieblingsjüngers (Joh 21,24). Die briefliche Kommunikation des 1 Joh setzt voraus, daß sowohl der Absender als auch die Empfänger das JohEv kennen (s. Einleitung: 5. Die Rezeptionsgeschichte des JohEv im 1 Joh). Damit ist aber noch nicht geklärt, ob es sich um denselben Verfasser oder um eine Weiterentwicklung bzw. Selbsterläuterung derselben Offenbarungstradition handelt. In 2 u. 3 Joh sind die beiden autoritativen Gestalten des JohEv und des 1 Joh verschwunden. An ihre Stelle tritt der Presbyter mit seiner privaten Korrespondenz, die ihrerseits bei Absender und Empfänger die gemeinsame Kenntnis des JohEv und des 1 Joh voraussetzt (s. Einleitung: 7. Die Rezeptionsgeschichte des JohEv und des 1 Joh in 2 und 3 Joh). Diese insgesamt vier Gänge der Kommunikation implizieren eine Verschiebung der Perspektiven, der literarischen Analyse fehlt jedoch jedes klare Kriterium, um verschiedene bzw. identische Verfasser identifizieren zu können.

Indizien für die Abfassungszeit des 1 Joh sind die Rezeption des JohEv (terminus a quo), die Rezeption des 1 Joh bei Papias (Euseb, HE III,39,17: κέχρηται δ' ὁ αὐτὸς [ὁ Παπίας] μαρτυρίαις ἀπὸ τῆς Ἰωάννου προτέρας ἐπιστολῆς καὶ ἀπὸ τῆς Πέτρου ὁμοίως) und, falls es sich um einen direkten Verweis – und nicht um die Verwendung einer gemeinsamen Tradition – handelt, PolPhil 7,1: Πᾶς γὰρ ὃς μὴ ὁμολογῇ Ἰησοῦν Χριστὸν ἐν σαρκὶ ἐληλυθέναι, ἀντίχριστός ἐστιν (terminus ad quem). Weitere Indizien für die Abfassungszeit der 2 u. 3 Joh gibt es nicht, so daß es geboten erscheint, an den vorsichtigen Überlegungen festzuhalten, die die Entstehung der drei Briefe zwischen 100 und 125/130 für wahrscheinlich halten (vgl., für 2 u. 3 Joh, J. Marty, RHR 91 [1925] 200–211). Die gesamte patristische Tradition plädiert für Ephesus bzw. Asien als Abfassungsort; damit verbunden sind die Legenden über Johannes, den Apostel bzw. den Presbyter (Papias, vgl. Euseb, HE III,39,14; Irenäus, Adv. Haer. II,22,5; III,1,18; 3,4; V,30,3; Clemens von Alexandria, vgl. Euseb, HE III, 23,5–19). Wegen der raschen Verbreitung der Schriften im Urchristentum (die z. B. durch das MkEv belegt ist) ist P[52] kein Argument dafür, daß die Entwicklung der joh Schule ihren Ursprung in Ägypten gehabt habe (gegen J. J. Gunther, CBQ 41 [1979] 593–594); und die entscheidenden Gründe, sie in Syrien anzusiedeln (die Strukturverwandtschaft der joh Offenbarungsreden mit den Dialogen des Erlösers, s. H. Köster, Einführung, 616–619, vgl. Ders., Gnostic Writings as Witnesses for the Development of the Sayings Tradition, in: B. Layton [Hg], The Rediscovery on Gnosticism 1, NumenSup 16, 1978, 238–261) beziehen sich nur auf ihre Anfänge. Die aus Mk 10,38–39 abgeleitete These, Johannes wäre im Jahre 44 mit Jakobus zusammen getötet worden, ist durch Gal 2,9 falsifiziert. Fazit: Wo auch immer die joh Schule ihre Wurzeln hat – für Asien als Abfassungsort der Briefe sprechen die plausibelsten Gründe.

Der erste Beleg für die Verbindung der sog. joh Offenbarungstradition mit dem Namen des Johannes ist die inscriptio des JohEv in P[66]: Das JohEv war am Ende (V. Martin, Papyrus Bodmer II. Evangile de Jean chap. 1–14, Bibliotheca Bodmeriana, 1956) oder eventuell bereits in der Mitte des 2. Jhdts (H. Hunger, Zur Datierung des Papyrus Bodmer II [P[66]], AnzAW.PH 1960, Nr. 4, 12–23; J. B. Bauer, Zur Datierung des Papyrus Bodmer II, BZ 12 [1968] 121–122) als Evangelium κατὰ Ἰωάννην überliefert. Papias unterscheidet den Presbyter vom Apostel (Euseb, HE III,39,14; vgl. dazu J. Munck, HTR 52 [1959] 223–243). Die synoptische Darstellung von Johannes, dem Jünger, (Mk 9,38ff; 10,35ff; Lk 9,52ff, mit kritischen Stellungnahmen zum Anspruch auf Ausschließlichkeit, vgl. in Mk 9,40 die inklusive Fassung des Logions Lk 11, 23 Q, und auf eine Sonderstellung gegenüber Jesus bzw. zur Gerichtstheologie) schließt eine Identifikation mit dem Lieblingsjünger nicht aus. Der Lieblingsjünger erscheint in Joh 21,20–25 in der 3. Person (als Verarbeitung von Mk 10,38f in Joh 21,22f; oder ist der Lieblingsjünger als bereits gestorben vorausgesetzt? vgl. H. Thyen, Entwicklungen, 261–273) und wird vom Verfasserkreis unterschieden; auch als Verfasser kommt er nicht in Frage. In der Papias-Tradition steht der Presbyter Johannes in keinerlei Zusammenhang mit den joh Briefen. Seine millenaristische Theologie (Irenäus, Adv. Haer. V,33,3f) läßt sich eher mit der Apk vereinbaren (gegen G. Strecker, NTS 32 [1986] 31–47). Die Entwicklungslinien der urchristlichen Theologie bzw. Christenheit dürfen nicht auf die Gestalten der späteren Geschichtsschreibung reduziert werden. Die Erwähnung von Presbytern bei Papias und Clemens von Alexandria (Euseb, HE III,39,3–4 bzw. Stromata VI, 106: ἔξεστιν οὖν καὶ ταῖς κυριακαῖς ἐνασκήσαντας ἐντολαῖς, κατὰ τὸ εὐαγγέλιον τελείως βιώσαντας καὶ γνωστικῶς, εἰς τὴν ἐκλογὴν τῶν ἀποστόλων ἐγγραφῆναι. Οὗτος πρεσβύτερός ἐστι τῷ ὄντι τῆς ἐκκλησίας καὶ διάκονος ἀληθὴς τῆς τοῦ θεοῦ βουλήσεως, ἐὰν ποιῇ καὶ διδάσκῃ τὰ τοῦ κυρίου, οὐχ ὑπ᾽ ἀνθρώπων χειροτονούμενος οὐδ᾽, ὅτι πρεσβύτερος, δίκαιος νομιζόμενος, ἀλλ᾽, ὅτι δίκαιος, ἐν πρεσβυτερίῳ καταλεγόμενος) bietet allerdings einen Vorstellungsrahmen für die Rekonstruktion der Entstehungsverhältnisse des 2 u. 3 Briefes: Der Alte (2Joh 1 u. 3Joh 1), eine anerkannte Gestalt der joh Gemeinden, versucht (nach dem Tod des Lieblingsjüngers? vgl. P. Perkins, CBQ 45 [1983] 631–641) die Gemeinschaft der Offenbarungstradition vor ihrer Auflösung zu bewahren.

Literaturverzeichnis

1. Quellen und Hilfsmittel

Zitierte Textübersetzungen

Nag-Hammadi-Texte: J. M. Robinson (Hg), The Nag Hammadi Library in English, Third, Completely Revised Edition, 1988
Od. Sal.: The Odes of Salomon. The Syriac Texts ed. with transl. and notes by J. H. Charlesworth, SBL Texts and Translations 13, Pseudepigrapha Series 7, 1977
Pistis Sophia: Pistis Sophia. Text ed. by C. Schmidt, Transl. and Notes by V. MacDermot, The Coptic Gnostic Library, NHS IX, 1978
Qumran-Texte: Die Texte aus Qumran, hg. von Eduard Lohse, 1971²
WeishKairGen: K. Berger, Die Weisheitsschrift aus der Kairoer Geniza. Erstedition, Kommentar und Übersetzung, TANZ I, 1988

Weitere durchgehend abgekürzt angeführte Werke

W. BAUER, Wb⁶: W. Bauer, Griechisch-deutsches Wörterbuch zu den Schriften des Neuen Testaments und der frühchristlichen Literatur, 6. völlig neu bearbeitete Auflage, hg. von K. Aland und B. Aland, 1988
BDR: F. BLASS, A. DEBRUNNER, F. REHKOPF, Grammatik des neutestamentlichen Griechisch, 1979¹⁵
ThWNT: Theologisches Wörterbuch zum Neuen Testament, hg. von G. Kittel, G. Friedrich, 10 Bde, 1933–1979

2. Kommentare

H. BALZ, Die Johannesbriefe, in: H. Balz u. W. Schrage, Die „Katholischen" Briefe. Die Briefe des Jakobus, Petrus, Johannes und Judas, NTD 10¹¹, 1973, 150–216
P. BONNARD, Les épîtres johanniques, CNT XIIIc, 1983
A. E. BROOKE, A Critical and Exegetical Commentary on the Johannine Epistles, ICC, 1912
R. E. BROWN, The Epistles of John, AncB 30, 1982
R. BULTMANN, Die drei Johannesbriefe, KEK 14⁷, 1967
R. A. CULPEPPER, 1John, 2John, 3John, Knox Preaching Guides, 1985
C. H. DODD, The Johannine Epistles, MNTC, 1961⁴
K. GRAYSTON, The Johannine Epistles, NCeB, 1984
A. LOISY, Le Quatrième évangile, deuxième édition refondue, Les épîtres de Jean, 1921
I. H. MARSHALL, The Epistles of John, NIC, 1984²
R. SCHNACKENBURG, Die Johannesbriefe, HThK XIII 3, 1965³
G. SCHUNACK, Die Briefe des Johannes, ZBK NT 17, 1982
S. S. SMALLEY, 1, 2, 3John, WBC 51, 1984
G. STRECKER, Die Johannesbriefe, KEK 14, 1989

K. Wengst, Der erste, zweite und dritte Brief des Johannes, ÖTK 16, 1978

B. F. Westcott, The Epistles of St. John, 1883 (hg. von F. F. Bruce, 1966)

W. M. L. de Wette, Kurze Erklärung des Evangeliums und der Briefe Johannis, Kurzgefasstes exegetisches Handbuch I 3, Fünfte Ausgabe bearbeitet von B. Brückner, 1863

H. Windisch – H. Preisker, Die katholischen Briefe, HNT 15, 1951[3]

3. Monographien und Aufsätze

H. Balz, Johanneische Theologie und Ethik im Licht der „letzten Stunde", in: Studien zum Text und zur Ethik des Neuen Testaments (Fs H. Greeven), BZNW 47, 1986, 35–56

F. C. Baur, Die johanneischen Briefe. Ein Beitrag zur Geschichte des Kanons, Theologische Jahrbücher 7 (1848) 293–337

Ders., Das Verhältniss des ersten johanneischen Briefs zum johanneischen Evangelium, Theologische Jahrbücher 16 (1857) 315–331

Ders., Vorlesungen über Neutestamentliche Theologie, hg. von F. F. Baur, 1864

K. Berger, Formgeschichte des Neuen Testaments, 1984

Ders., Einführung in die Formgeschichte, UTB 1444, 1987

J. Beutler, Die Johannesbriefe in der neuesten Literatur (1978–1985), ANRW II 25,5, 1988, 3773–3790

J. Bogart, Orthodox and Heretical Perfectionism in the Johannine Community as Evident in the First Epistle of John, SBLDS 33, 1977

H. Braun, Literar-Analyse und theologische Schichtung im ersten Johannesbrief, ZThK 48 (1951) 262–292 (= Ders., Gesammelte Studien zum Neuen Testament und seiner Umwelt, 1967[2], 210–242)

Ders., Qumran und das Neue Testament I–II, 1966

R. E. Brown, The Community of the Beloved Disciple. The Life, Loves, and Hates of an Individual Church in New Testament Times, 1979

R. Bultmann, Analyse des ersten Johannesbriefes, in: Festgabe für A. Jülicher zum 70. Geburtstag, 1927, 138–158 (= Ders., Exegetica. Aufsätze zur Erforschung des Neuen Testaments, 1967, 105–123)

Ders., Das Evangelium des Johannes , KEK 2[19], 1968

Ders., Theologie des Neuen Testaments, 1968[6] (hg. von O. Merk, UTB 630, 1980[8])

Ders., Die kirchliche Redaktion des ersten Johannesbriefes, in: In memoriam Ernst Lohmeyer, 1951, 189–201 (= Ders., Exegetica, 381–393)

Ders., Art. Johannesbriefe, RGG[3] III, 1959, 836–839

N. H. Cassem, A Grammatical and Contextual Inventory of the Use of Kosmos in the Johannine Corpus with some Implications for a Johannine Cosmic Theology, NTS 19 (1972) 81–91

H. Conzelmann, „Was von Anfang war", in: Neutestamentliche Studien für R. Bultmann, BZNW 21, 1957[2], 194–201 (= Ders., Theologie als Schriftauslegung. Aufsätze zum Neuen Testament, BevTh 65, 1974, 207–214)

R. A. Culpepper, The Johannine School, SBLDS 26, 1975

A. Deissmann, Bibelstudien. Beiträge, zumeist aus den Papyri und Inschriften, zur Geschichte der Sprache, des Schrifttums und der Religion des hellenistischen Judentums und des Urchristentums, 1895

Ders., Licht vom Osten. Das Neue Testament und die neuentdeckten Texte der hellenistisch-römischen Welt, 1923[4]

E. Haenchen, Neuere Literatur zu den Johannesbriefen, ThR 26 (1960) 1–43.267–291 (= Ders., Die Bibel und Wir. Gesammelte Aufsätze II, 1968, 235–311)

A. von Harnack, Über den 3. Johannesbrief, TU XV,3, 1897, 3–27

Ders., Zur Textkritik und Christologie der Schriften des Johannes. Zugleich ein Beitrag zur Würdigung der ältesten lateinischen Überlieferung und der Vulgata, SPAW. PH 1915, 534–573 (=

Ders., Studien zur Geschichte des Neuen Testaments und der Alten Kirche I. Zur neutestamentlichen Textkritik, AKG 19, 1931, 105–152)

Ders., Das „Wir" in den Johanneischen Schriften, SPAW. PH 1923, 96–113

H. J. Holtzmann, Das Problem des ersten johanneischen Briefes in seinem Verhältniss zum Evangelium, 1. Die Prioritätsfrage, JPTh 7 (1881) 690–712; 2. Die Frage nach der Identität des Verfassers, JPTh 8 (1882) 128–152; 3. Die Frage nach dem Zweck, JPTh 8 (1882) 316–342; 4. Die Frage nach der Echtheit, JPTh 8 (1882) 460–485

H. Jonas, Gnosis und spätantiker Geist I, FRLANT 51, 1934

E. Käsemann, Ketzer und Zeuge. Zum johanneischen Verfasserproblem, ZThK 48 (1951) 292–311 (= Ders., Exegetische Versuche und Besinnungen I, 1964², 168–187)

Ders., Jesu letzter Wille nach Johannes 17, 1966 (1971³)

H.-J. Klauck, Gemeinde ohne Amt? Erfahrungen mit der Kirche in den johanneischen Schriften, BZ 29 (1985) 193–220 (= Ders., Gemeinde – Amt – Sakrament. Neutestamentliche Perspektiven, 1989, 195–222)

G. Klein, „Das wahre Licht scheint schon". Beobachtungen zur Zeit- und Geschichtserfahrung einer urchristlichen Schule, ZThK 68 (1971) 261–326

H. Köster, Einführung in das Neue Testament im Rahmen der Religionsgeschichte und Kulturgeschichte der hellenistischen und römischen Zeit, 1980

K. Koschorke, Die Polemik der Gnostiker gegen das kirchliche Christentum. Unter besonderer Berücksichtigung der Nag-Hammadi-Traktate „Apokalypse des Petrus" (NHC VII,3) und „Testimonium Veritatis" (NHC IX,3), NHS XII, 1978

H. Leroy, Rätsel und Mißverständnis. Ein Beitrag zur Formgeschichte des Johannesevangeliums, BBB 30, 1968

J. Lieu, The Second and Third Epistles of John: History and Background, Studies of the New Testament and its World, 1986

W. A. Meeks, The Man from Heaven in Johannine Sectarianism, JBL 91 (1972) 44–72 (dt: Die Funktion des vom Himmel herabgestiegenen Offenbarers für das Selbstverständnis der johanneischen Gemeinde, in: Ders. [Hg], Zur Soziologie des Urchristentums. Ausgewählte Beiträge zum frühchristlichen Gemeinschaftleben in seiner gesellschaftlichen Umwelt, ThB 62, 1979, 245–283)

P. S. Minear, The Idea of Incarnation in First John, Int 24 (1970) 291–302

W. Nauck, Die Tradition und der Charakter des ersten Johannesbriefes, WUNT 3, 1957

P. Perkins, Koinōnia in 1 Joh 1,3–7: The Social Context of Division in the Johannine Letters, CBQ 45 (1983) 631–641

F. F. Segovia, Love Relationships in the Johannine Tradition. Agapē / Agapan in 1 John and the Fourth Gospel, SBLDS 58, 1982

M. Tardieu, Codex de Berlin, Ecrits gnostiques, Sources Gnostiques et Manichéennes 1, 1984

H. Thyen, Art. Johannesbriefe, TRE XVII, 186–200

F. Vouga, Le cadre historique et l'intention théologique de Jean, Beauchesne Religions, 1981²

K. Wengst, Häresie und Orthodoxie im Spiegel des ersten Johannesbriefes, 1976

W. M. L. de Wette, Lehrbuch der historisch-kritischen Einleitung in die kanonischen Bücher des Neuen Testaments, 1842⁴

R. A. Whitacre, Johannine Polemic. The Role of Tradition and Theology, SBLDS 67, 1982

A. Wurm, Die Irrlehrer im ersten Johannesbrief, 1903

Der erste Johannesbrief

1 Joh 1,1–4 Das Briefpräskript

¹Was von Anfang war, was wir gehört haben, was wir mit unseren Augen gesehen haben, was wir geschaut und unsere Hände betastet haben, von dem Worte des Lebens – ²und das Leben ist erschienen, und wir haben gesehen und bezeugen und verkündigen euch das ewige Leben, das beim Vater war und uns erschienen ist – ³was wir gesehen und gehört haben, verkündigen wir auch euch, damit auch ihr mit uns Gemeinschaft habt. Und unsere Gemeinschaft (ist) mit dem Vater und mit seinem Sohn Jesus Christus. ⁴Und dies schreiben wir, damit unsere Freude erfüllt sei.

Literatur: H. H. WENDT, Der „Anfang" am Beginn des 1. Johannesbriefes, ZNW 21 (1922) 38–42. – A. V. HARNACK, Das „Wir" in den johanneischen Schriften, SPAW. PH 1923, 96–113. – H. CONZELMANN, „Was von Anfang war". – M. DE JONGE, An Analysis of 1 John 1,1–4, BiTr 29 (1978) 322–330. – P. PERKINS, Koinōnia in 1 Joh 1,3–7: The Social Context of Division in the Johannine Letters, CBQ 45 (1983) 631–641. – H.-J. KLAUCK, Der „Rückgriff" auf Jesus im Prolog des ersten Johannesbriefes 1 Joh 1,1–4, in: Vom Urchristentum zu Jesus (Fs J. GNILKA), 1989, 433–451.

In Form und Funktion entspricht das Präskript dem eines Apostelbriefes (so K. Berger, ZNW 65 [1974] 203): Es gibt nicht nur Absender – hier durch die Relativsätze qualifiziert – und Adressaten an, sondern stellt darüber hinaus eine Durchreflexion des Kommunikationszusammenhanges dar. Gattungsgemäß ist der in den hellenistischen Briefen übliche Gruß durch einen Segensspruch ersetzt. Literarkritische Hypothesen (so K. Grayston: Den Basistext bilden V. 1aα.3aα; M. Theobald, Die Fleischwerdung des Logos, NTA NF 20, 1988, 422–427: V. 3 sei vielleicht ein älteres, joh Logion; kritisch dazu H.-J. Klauck, „Rückgriff", 434f) sind für die Erklärung der Konstruktion nicht nötig. Das Präskript zeigt folgenden Aufbau: Der Verfasser stellt sich als Vertreter der Augen- und Ohrenzeugen vor (V. 1), und als solcher vermittelt er mit dem Brief, was er gehört, gesehen und berührt hat (ἀπαγγέλλομεν, V. 3a, Hauptsatz des Proömiums). Nicht nur der Segensspruch ist johanneisch geprägt (V. 4), sondern auch die beiden ersten Elemente sind jeweils durch Erläuterungen unterbrochen, die sich auf das JohEv beziehen. V. 1bf stellt das Thema des Briefes vor: περὶ τοῦ λόγου τῆς ζωῆς, durch καὶ ἡ ζωὴ κτλ. kommentiert. V. 3b qualifiziert die Adressaten durch die Absicht der Zeugen, sie an ihrer Gemeinschaft teilhaben zu lassen (ἵνα καὶ ὑμεῖς κτλ., ebenfalls durch καὶ ἡ κοινωνία κτλ. kommentiert). Als Konsequenz dieser zweiten Erläuterung ist der V. 4 als metalinguistischer Kommentar formuliert.

1 Ὁ ἦν ἀπ' ἀρχῆς bezieht sich nicht unmittelbar auf Joh 1,1 bzw. 8,44 (vgl. 1 Joh 3,8), sondern dem Sinn nach auf Joh 15,27 (vgl. 1 Joh 2,7.13.14.24.24; 3,11, aber auch Joh 2,11, vgl. I. de la Potterie, La notion de „commencement" dans les écrits johanniques, in: Die Kirche des Anfangs [Fs H. Schürmann], 1978, 379–403, bes. 390f.397f). Gemeint ist ein Uranfang, und zwar der der Offenbarung (ἐφανερώθη), auf die die Relativsätze Bezug nehmen (s. Einleitung: 4. Argumentation). Die Wortverbindung ὁρᾶν — μαρτυρεῖν (Joh 3,11, 1. Pers. Plur.; 19,35, mit dem unbenannten Zeugen) bzw. ἀκούειν — ὁρᾶν — μαρτυρεῖν (Joh 3,32) sind Ausdruck der im JohEv bezeugten Vermittlung. So verhält es sich auch mit θεᾶσθαι (Joh 1,14: ἐθεασάμεθα τὴν δόξαν αὐτοῦ; vgl. 1 Joh 4,14, auch 1. Pers. Plur.). Ἡμεῖς gelten als Vertreter der Offenbarungstradition: Joh 1,14.16; 3,11; 9,4; 21,24; 1 Joh 4,6.14. Anders A. v. Harnack, „Wir": Joh 1,14.16; 1 Joh 4,6.14.16 sind kommunikative Plurale, Joh 3,11; 9,4; 21,24; 1 Joh 1,1–5 Plural auctoritatis, so daß der Verfasser keine Zeugengruppe einführt. Der Übergang von der 1. Pers. Plur. zum Sing. (2,1ff) läßt die theologische Funktion des Plur. erkennen. Vgl. parallel dazu Joh 21,24 (1. Pers. Plur.) u. 21,25 (1. Pers. Sg.), das Muster für 1 Joh 1,1ff bzw. 2,1ff. In beiden Fällen kommt durch den Wechsel das Selbstverständnis des impliziten Autors zur Sprache, als Vertreter eines autorisierten Kreises zu schreiben. Zur Problematik Hören-Sehen, vgl. Seneca, ep. mor. 6,5: *quia homines amplius oculis quam auribus credunt*; das Zitat Lucian, Hist. Conscrib. 29: „Ὦτα ὀφθαλμῶν ἀπιστότερα· γράφω τοίνυν ἃ εἶδον, οὐχ ἃ ἤκουσα"; Heraklit FVS 22 B 101a, zitiert bei Polybius XII,27,1: ... ἀκοῆς καὶ ὁράσεως, ἀληθινωτέρας δ'οὔσης οὐ μικρῷ τῆς ὁράσεως, vgl. dazu aber Diels/Kranz I, 173; Herodot I,8,2; II,99,1, parodistisch Lucian, Verae hist. 4; kritisch Strabo II,5,11. Zu καὶ αἱ χεῖρες κτλ., vgl. Philo, Mutat. 126: τὸ μὲν νόμους μεταγράφειν ἐπ' ὠφελείᾳ τῶν ἐντευξομένων ψηλαφῶντός ἐστι καὶ διὰ χειρὸς ἔχοντος ἀεὶ τὰ θεῖα; Corp. Herm. V,2; Lc 24,39; Apg 17,27; Hebr 12,18; IgnSm 3,2, aber zur Sache besonders Joh 20,17.25.27. Gos. Truth, NHC I,3 30,27–31: *For, when they had seen him and had heard him, he granted them to taste him and to smell him and to touch the beloved Son.* Was die ‚Wir' gesehen, gehört und berührt haben – die Sache (Neutrum!), die vermittelt wird –, wird in 1,1b–2 und in 1,5 (Καὶ ἔστιν αὕτη κτλ.) vorgestellt: Was das Wort des Lebens, welches vom herabgestiegenen Gottessohn offenbart wurde (ἐφανερώθη, vgl. 3,5), betrifft – daß Gott Licht ist (1,5), daß eine Entscheidung von den Menschen gefordert wird (vgl. die sich daraus entwickelten antithetischen Formulierungen, 1,6ff).

2 Das eschatologische Leben (R. Bultmann, ThWNT II, 871–874), das offenbart wurde (vgl. Joh 1,14a), haben die Zeugen gesehen (zur dreimaligen Betonung der Augen- bzw. Ohrenzeugenschaft s. Einleitung: 4. Argumentation) und verkündigen es jetzt den Adressaten. Anders als im JohEv bezeichnet φανεροῦσθαι nicht das Offenbarungswerk als solches, vgl. Joh 1,31; 2,11; 7,4; 9,3; 17,6, sondern die Sendung als Offenbarungsereignis, vgl. als Terminus technicus 1 Joh 3,5.8; 4,9 (außerdem noch 2,19 vgl. Joh 3,21 und 2,28; 3,2 vgl. Kol 3,4); als Begriff der Offenbarung, Paraph. Shem, NHC VII,1 1,31: *I reveal to you the truth about the powers*; 30,7: *And when Faith appears in the last likeness, then will her appearance become manifest*; 30,30; 31,19; 36,6: *To those who long for the best of life, and those who are worthy of the repose, he revealed them*; 49,6. Wie im JohEv bezeichnet jedoch ζωὴ αἰώνιος den gegenwärtigen Zustand der Erlösten (2,25; 3,15; 5,11.13), was aus den Perfekt- (3,14; 5,11) und aus den Präsensformen hervorgeht (3,15; 5,13.20; vgl. Exkurs: Eschatologie, ad 2,12–17).

Die Vermittlung der Offenbarung durch die Zeugen (ἀπαγγέλλομεν) entspricht der Offenbarung des Vaters durch den Sohn im JohEv (16,25). Gott als ὁ πατήρ 1,2f; 2,1.13.15f.22f.24; 3,1; 4,14; 2Joh 3f.9, vgl. Joh 1,14.18; 3,35 usw., B. F. Westcott, 27–34. Der Vater qualifiziert den Sohn als Offenbarer; durch die Offenbarung(stradition) wird er zum Vater schlechthin.

3 Daß der Verfasser κοινωνίαν μεθ᾽ ἡμῶν statt μετ᾽ αὐτοῦ schreibt, hängt mit seiner Vorstellung von der Offenbarung zusammen (4,6): Die Gemeinschaft mit Gott setzt die Zugehörigkeit zur eschatologischen Gemeinde der Zeugen voraus (s. Exkurs: Das Gebot der gegenseitigen Liebe, ad 2,7–11). Diese Gemeinschaft zu gewinnen (καὶ ὑμεῖς) bzw. eher zu behalten (5,13, vgl. 2,12.21 usw.) ist das Ziel des Briefes. Zum Begriff κοινωνία, der im JohEv nicht belegt ist, vgl. 1 Kor 1,9; 10,16; Phil 1,5; 2,1; 1 Joh 1,6.7; Philo, Mos. I,158: οὐχὶ καὶ μείζονος τῆς πρὸς τὸν πατέρα τῶν ὅλων καὶ ποιητὴν κοινωνίας ἀπέλαυσε προσρήσεως τῆς αὐτῆς ἀξιωθείς; Legat. 110; Epiktet, Diss. II,19,27. P. Perkins, CBQ 45 (1983) 632–636: 1 Joh und Paulus verwenden einen Terminus technicus der urchristlichen Mission, der die durch die Konkurrenten gebrochene Verbindlichkeit der societas voraussetzt. Zur Sache vgl. aber Joh 17,6ff. Κοινωνίαν ἔχειν (vgl. V. 6.7; ἁμαρτίαν 1,8 vgl. Joh 9,41 usw.; χρῖσμα 2,20; τὸν πατέρα 2,23; τὴν ἐλπίδα 3,3; ζωήν 3,15; 5,12.13 vgl. Joh 3,15f.36 usw.; παρρησίαν 3,21; 4,17; τὴν ἀγάπην 4,16 vgl. Joh 5,42 usw.; τὴν μαρτυρίαν 5,10; τὸν υἱόν 5,12), wobei ‚Haben‘ nach joh Sprachgebrauch (vgl. Joh 5,38; 6,68; 8,12; 12,35f; 16,21f.33; 17,5.13) Deutung der Existenz ist bzw. als vergewissertes und verstandenes ‚Haben‘ Seinssinn hat (so G. Schunack, 26f).

4 Der Segensspruch ist eine Vergegenwärtigung von Joh 16,24. Die 1. Pers. Plur. beruft sich nicht mehr auf die joh Tradition (so 1,1–3 u. 5), sondern behauptet pragmatisch die durch die briefliche Kommunikation geforderte Gemeinschaft der Absender mit den Adressaten. Zur 1. Pers. Plur. als Plur. communic.: 1,6–10; 2,1.3.5.18.19.25.28; 3,1.2.14.16.18.19–24; 4,7.9–13.16.17.19.21; 5,2–4.9.11.14.15. 18–20, vgl. A. v. Harnack, „Wir“, 99f.

1 Joh 1,5–10 Die vermittelte Verkündigung

⁵Und dies ist die Verkündigung, die wir von ihm gehört haben und euch verkündigen, daß Gott Licht ist und Finsternis in ihm nicht ist. ⁶Wenn wir sagen, daß wir mit ihm Gemeinschaft haben, und in der Finsternis wandeln, lügen wir und tun nicht die Wahrheit. ⁷Wenn wir aber im Licht wandeln, wie er im Licht ist, haben wir miteinander Gemeinschaft, und das Blut Jesu, seines Sohnes, reinigt uns von jeder Sünde. ⁸Wenn wir sagen, daß wir keine Sünde haben, täuschen wir uns selbst, und die Wahrheit ist nicht in uns. ⁹Wenn wir unsere Sünden bekennen, ist er treu und gerecht, daß er uns die Sünden vergibt und uns reinigt von jeder Ungerechtigkeit. ¹⁰Wenn wir sagen, daß wir nicht gesündigt haben, machen wir ihn zum Lügner und sein Wort ist nicht in uns.

Literatur: A. Wurm, Die Irrlehrer, 145–152. – R. Bultmann, Analyse. – Ders., Die kirchliche Redaktion, in: Exegetica, 391f. – E. Käsemann, Ketzer und Zeuge, in: EVB I, 182f. – G. Klein, „Das wahre Licht scheint schon“, ZThK 68 (1971) 261–326, bes. 284–290. – M. Conti, La riconciliazione in 1 Gv 1,9, Ant. 54 (1979) 163–224. – J. H. HOULDEN, Salvation Proclaimed II: 1 John 1,5–2,6: Belief and Growth, ET 93 (1981) 132–136. – K. STALDER, „In ihm ist keine Finsternis", IKZ 72 (1982) 191–206. – P. PERKINS, Koinōnia in 1 John 1,3–7: The Social Context of Division in the Johannine Letters, CBQ 45 (1983) 631–641.

Mit den Erläuterungen in V. 5 (καὶ ἔστιν αὕτη ἡ ἀγγελία κτλ.) ist sowohl der Inhalt des Zeugnisses (ὁ κτλ., V. 1ff) als auch das Thema des Briefes angekündigt. Der Gegensatz φῶς / σκοτία wird auf der existentialen Ebene mit 5 kasuistischen Sätzen kommentiert (ἐάν + Conj., V. 6.7.8.9.10). Die vier ersten sind antithetisch gebaut (V. 6f.8f). Dem Im-Licht-Wandeln (ἐὰν περιπατῶμεν, V. 7; ἐὰν ὁμολογῶμεν, V. 9) ist das In-der-Finsternis-Sein gegenübergestellt (ἐὰν εἴπωμεν, V. 6. 8.10). Die Asymmetrie des letzten Gliedes bereitet die metalinguistische Behandlung des Themas in 2,1–6 vor. Die Logik des Gedankenganges erklärt sich vom JohEv her. Der Verfasser, der das Briefpräskript (1,1–4) nach dem Vorbild des Prologs entwickelt hat (Joh 1,1–18), hat daraus auch die theologischen Themen der These des V. 5 entnommen (vgl. Joh 1,5ff, wobei φῶς im JohEv auf das Licht bzw. den Offenbarer und nicht auf den offenbarten Gott bezogen ist). Die Verbindung von ἁμαρτίαν ἔχειν mit der Antithese φῶς / σκοτία läßt sich durch ihren engen Zusammenhang im JohEv erklären (Joh 8,12; 9,5 bzw. 8,21; 9,41; so H. J. Holtzmann, Das Problem I, 705): Die Sünde par excellence besteht im Sich-Verweigern vor der Offenbarung.

5 Die Einleitungsformel καὶ κτλ. ist nach dem Muster von Joh 1,19 gebildet. Fast gleichlautende Wendungen sind in 2,25; 3,11; vgl. 5,11 zu finden, wobei die (ἐπ-) αγγελία in 2,25 u. 3,11 mit ἀπ' ἀρχῆς verbunden ist und mit αὐτός in 2,25 ausdrücklich der Gottessohn gemeint ist. Daß αὐτοῦ sich in 1,5 ohne weiteres mit dem Offenbarer identifizieren läßt, bezeugt die Vertrautheit der Adressaten mit Joh 1,1ff. Ἀπό statt παρά ist von 2,20.27 her zu erklären; es ist außerdem in der Kombination mit ἀκούειν häufig gebraucht. Gemeint ist damit die Übermittlung der joh Überlieferung, die durch den Brief wiederholt wird (ἀναγγέλλομεν, vgl. Test Levi 10,1: Νῦν οὖν φυλάξεσθε ὅσα ἐντέλλομαι ὑμῖν, τέκνα· ὅτι ὅσα ἤκουσα παρὰ τῶν πατέρων μου, ἀνήγγειλα ὑμῖν. Der Satz ὁ θεὸς φῶς ἐστιν (vgl. ὁ θεὸς ἀγάπη ἐστιν, 4,8.16; πνεῦμα ὁ θεός, Joh 4,24) ist keine Definition des Wesens Gottes, sondern besagt, was seine Offenbarung für den Menschen bedeutet (so R. Bultmann, 21; Trim. Prot., NHC XIII,1 36,22–33: *[It is a Light] dwelling in Light),* wie aus den antithetischen Formulierungen der V. 6ff hervorgeht. Die dualistische Denkform, die das Heil als φῶς bezeichnet und es der Finsternis entgegensetzt, ist sowohl im Hermetismus (ἐκ δὲ φωτὸς ... λόγος ἅγιος ἐπέβη τῇ φύσει, Corp.Herm.I,5; Φημὶ ἐγώ Ὅτι ἐκ φωτὸς καὶ ζωῆς συνέστηκεν ὁ πατὴρ τῶν ὅλων, ἐξ οὗ γέγονεν ὁ Ἄνθρωπος. – Εὖ φῂς λαλῶν· φῶς καὶ ζωή ἐστιν ὁ θεὸς καὶ πατήρ, I,21; s. J. Büchli, Der Poimandres. Ein paganisiertes Evangelium, WUNT 2. Reihe 27, 1987, 31–48) und in der Gnosis wie auch ganz allgemein im Hellenismus belegt (H. Conzelmann, ThWNT IX, 319–334; H. Balz, 166f). Im 1 Joh stammt es aus der im JohEv bezeugten christlichen Tradition. Das Licht bzw. die Wahrheit usw. als Sphäre des Göttlichen hat sich als Heil in der geschichtlichen Erscheinung des hinabgestiegenen Gottessohnes offenbart, der im JohEv als das Licht schlechthin bezeichnet wird (1,4ff; 3,19ff; 8,12; 9,5; 12,35f.46; vgl. 1 Joh 2,8). Im 1 Joh, in welchem sich der Kommunikationszusammenhang gegenüber dem JohEv verschoben hat, sind die christologischen Prädikate auf Gott übertragen worden, so daß die Perspektive nicht mehr die der Darstellung der Offenbarung in den Reden und Dialogen des Offenbarers ist, sondern deren rechtmäßige Bewahrung durch den in 1,1ff qualifizierten Zeugen. Zur sachlichen Verschiebung s. Exkurs: Christologie und Soteriologie im 1 Joh, ad 3,18–24. Diese Aussage wird durch die Negierung des Gegenteils untermauert (H. Conzelmann, ThWNT IX,345).

6f Die Verkündigung des V. 5 verlangt von den Adressaten eine Entweder-Oder-Entscheidung. Aus der konsequenten Verwendung der 1. Pers. Plur. wird deutlich: Die antithetische Formulierung ist nicht polemisch, sondern als Mahnung an den Kreis des Verfassers und seiner Adressaten gemeint (vgl. P. le Fort, Les structures de l'église militante selon Saint Jean, NSTh 25, 1970, 18–24; J. Lieu, Authority to become Children of God, NT 23 [1981] 210–228, bes. 222; G. Schunack, 26f). Ähnliche Auseinandersetzung: Philo, Fug. 160: παραπαίει δ' ὃς ἂν τοῦ ἀληθοῦς καταψευδόμενος ἔτ' ἀδικῶν μετανενοηκέναι φάσκῃ; Justin, Dialog 141,2. Zum ethischen Dualismus ἐν τῷ φωτί / ἐν τῷ σκότει περιπατεῖν vgl. Test Levi 19,1: Καὶ νῦν, τέκνα μου, πάντα ἠκούσατε· ἔλεσθε οὖν ἑαυτοῖς ἢ τὸ σκότος ἢ τὸ φῶς, ἢ νόμον κυρίου ἢ ἔργα Βελίαρ; Test Naph 2,7; I QS III,3: *Und Finsternis schaut er für Wege des Lichtes*; III,20; im JohEv: 8,12, vgl. 11,9f; 12,35, wobei φῶς unmittelbar christologisch verstanden ist (Joh 1,4ff; 8,12; 9,5; 12,35f.46; vgl. 3,19ff); im 1 Joh: 1,7; 2,9.10 (φῶς als himmlische Bestimmung der menschlichen Existenz), 1,5; 2,8 (φῶς = Gott bzw. der durch den Sohn offenbarte Gott), 1,6 bzw. 2,9.11.11 (σκότος bzw. σκοτία) u. 2,6 (nach dem Vorbild des Sohnes περιπατεῖν, vgl. 1,7). Ψεύδομαι ist nur an dieser Stelle für die joh Tradition belegt, ansonsten erscheint zweimal ψεῦδος (2,21.27, vgl. Joh 8,44) in bezug auf die Offenbarung und ihre Interpretation. Der Ausdruck ποιεῖν τὴν ἀλήθειαν, vgl. auch Joh 3,21, entspricht Tob 4,6; 13,6 usw. (s. R. Bultmann, ThWNT I, 243). Ἀλήθεια ist aber an den anderen Stellen im 1 Joh wie im JohEv die offenbarte – und von den Adressaten erkannte – Wirklichkeit des eschatologischen Heils (1,8; 2,4.21.21; 3,18.19; 4,6; 5,6).

7 Zwischen κοινωνίαν μετ' αὐτοῦ und μετ' ἀλλήλων besteht für den Verfasser kein Unterschied (s. μεθ' ἡμῶν, 1,3 u. Komm.). Was mit αἷμα Ἰησοῦ gemeint ist, ist von 5,6.6.8; Joh 6,53ff; 19,34 her klar. Das Heilsereignis, das mit Jesus erschienen ist, wird sakramental (Präsens, wie Joh 6,53ff u. 2 Joh 7) mit dem Blut, mit dem Wasser und mit der Salbung (2,20.27) verbunden. Durch das Mißverständnis, das die Handlung als symbolische interpretiert (Joh 13,9f), die Einsetzungsworte mit Wiederholungsbefehl (13,12–15, vgl. 1 Kor 11,25) und die Deutungsworte (13,16f) ist Joh 13,6ff als Initiationsritus gedeutet, der den Eingeweihten καθαρός macht. Der Begriff ist nur noch in Joh 15,3 zu finden, wobei Joh 13f vorausgesetzt wird. Zur Interpretation und geschichtlichen Einordnung s. unter 5,6ff. In der Pistis Sophia ist die Reinigung auf die Taufe bzw. den Weg zum Licht bezogen (Cap 116: *Thou will not remain in the world until the baptisms are completed and the perfect souls are purified* bzw. Cap 135: *Thou hast brought the keys of the mysteries of the Kingdom of the Light, which forgive sins to the souls and purify them, and make them to be pure light and take them to the light*). Weder rituell noch ethisch, sondern soteriologisch wird sie metaphorisch in Ap. John, NHC II,1 25,27 // III,1 33,8 // BG 2 65,9; Great. Pow., NHC VI,4 40,19; 45,28: *The cleansing of the souls will come, since wickedness is stronger than you*; Philo, Migr. 2: Βουληθεὶς ὁ θεὸς τὴν ἀνθρώπου ψυχὴν καθῆραι πρῶτον αὐτῇ δίδωσιν ἀφορμὴν εἰς σωτηρίαν (...); Somn. I,198: Τὰ δὲ ζῷα ταῦτα (cf. Gen 31,12) δυεῖν λόγων σύμβολα τελείων, ὧν ὁ μὲν ἕτερος καθαίρει καὶ κενοῖ ψυχὴν ἁμαρτημάτων, ὁ δὲ ἕτερος τρέφει καὶ πλήρη κατορθωμάτων ἐργάζεται;

II,25; 4Macc 6,29: Καθάρσιον αὐτῶν ποίησον τὸ ἐμὸν αἷμα (= das Blut der Märtyrer als Sühnemittel) verwendet. In Hebr. 9,14 wird καθαρίζειν wie in 1 Joh 1,7.9 allegorisiert und mit dem Blut Jesu in Verbindung gebracht. Zum Begriff und zur Metaphorik vgl. Lev 16,30; Jos 22,17; Ps 51,4; I QS III,7–8; I QH III,21; VII,30; XI,10; Hebr. 9,14; 10,22; H. Braun, HNT 14, 1984, 270 f; G. Röhser, Metaphorik und Personifikation der Sünde, WUNT 2. Reihe 25, 1987, 39–48.

8f Εἰπεῖν ὅτι ἁμαρτίαν οὐκ ἔχομεν nimmt Joh 9,41 auf (ἁμαρτίαν ἔχειν ist kein vom Verfasser geprägter Ausdruck): Wer meint, auf die Offenbarung verzichten zu können (vgl. 2,1f; 3,3ff und den Exkurs: Ἁμαρτία), verharrt im Irrtum und in der Nichtigkeit. Subjekt von πλανᾶν sind in 2,26 die Konkurrenten (vgl. 4,6: τὸ πνεῦμα τῆς πλάνης; 2 Joh 7: πλάνοι bzw. πλάνος); hier – wie in Joh 9,39–41 – handelt es sich um eine Selbsttäuschung. 3,7 zeigt: Der Skopus ist zunächst nicht die Auseinandersetzung mit sog. Gegnern, sondern die Bewahrung des eschatologischen Selbstverständnisses.

9 Akkusativobjekt von ὁμολογεῖν ist in den joh Schriften sonst immer der Sohn (2,23; 4,2.3.15; 2 Joh 7; Joh 1,20.20; 9,22; 12,42), deshalb ist ὁμολογεῖν τὰς ἁμαρτίας auch hier grundsätzlich als Bekenntnis zu verstehen: Gottesgemeinschaft und Sündenbekenntnis gehören in der Paradoxie eines simul iustus ac peccator zusammen (R. Bultmann, Die kirchliche Redaktion, 193; E. Käsemann, Ketzer und Zeuge, 182f). Die christologischen bzw. anthropologischen Begründungen dafür stehen in 2,1f bzw. 3,3ff. Zu πιστὸς καὶ δίκαιος s. W. Bauer, Wb⁶ 394 bzw. 1336. Πιστός ist in den joh Schriften nur hier christologisch verwendet (sonst: Joh 20,27; 3 Joh 5). Im JohEv bezeichnet δίκαιος den Vater (17,25) bzw. das eschatologische Gericht (5,30; 7,24). Im 1 Joh wird der Begriff zum christologischen, indem er den Offenbarer (2,29) als Erlöser (1,9; 2,1) und deswegen als Vorbild der Erlösten und ihrer Werke (3,7.12, vgl. 3,3; 2,6; 3,16; 4,17) qualifiziert. S. Exkurs: Christologie und Soteriologie im 1 Joh, ad 3,18–24. Ἵνα = ὥστε, BDR 391,5. Ἀφῇ τὰς ἁμαρτίας: Joh 20,23, vgl. 1 Joh 3,5.

10 = V.8. Ψεύστης bezeichnet die Verweigerung vor dem Offenbarer bzw. dem offenbarten Gott (2,22; Joh 8,44.55), woraus die Verleugnung der eschatologischen Gemeinschaft resultiert (2,4; 4,20) – ein Gedanke, der in zugespitzter Form in 1,10 u. 5,10 formuliert wird. Καὶ ὁ λόγος κτλ. ist zu καὶ ἡ ἀλήθεια κτλ. V.8b parallel. Λόγος: 1,1; 2,5.7.14; 3,18.

Ἁμαρτία

Literatur: F. C. Baur, Die johanneischen Briefe, 316–328. – R. Bultmann, Analyse, in: Exegetica, 139–143. – H. Braun, Literar-Analyse, in: Gesammelte Studien, 276–277. – E. Käsemann, Ketzer und Zeuge, in: EVB I, 182–184. – W. Nauck, Tradition und Charakter, 98–126. – E. Haenchen, Neuere Literatur, in: Bibel, 265. – E. J. Cooper, The Consciousness of Sin in 1 Joh, LTP 28 (1972) 237–248. – J. Bogart, Orthodox and Heretical Perfectionism, 39–49. – P. P. A. Kotzé, The meaning of 1 Joh 3,9 with reference to 1 Joh 1,8 and 10, Neotestamentica 13 (1979) 68–83. – G. Segalla, L'impeccabilità del credente in 1 Giov. 2,29–3,10 alla luce dell'analisi strutturale, RivBib 29 (1981) 331–341. – R. A. Whitacre, Johannine Polemic, 136–140. – H. C. Swadling, Sin and Sinlessness in 1 Joh, SJTh 35 (1982) 205–211. – K. Stalder, „In ihm ist keine Finsternis", IKZ 72 (1982) 191–206.

Folgende Probleme liegen vor: Wie lassen sich der Trost für den Sünder (2,1–2) mit der Warnung davor, sich sündlos zu fühlen (1,6–10), und wiederum diese Warnung mit der Behauptung des Verfassers, daß das Aus-Gott-Sein und das Sündigen sich gegenseitig ausschließen (3.6.9), miteinander vereinbaren? Es gibt keinen Grund, diese Spannung literarkritisch zu lösen (R. Bultmann: 1,5–10 ist eine Vorlage, die in 2,1–2 durch eine falsche Exegese homiletisch glossiert ist; H. Braun: 2,1–2 ist eine frühkatholische Abschwächung der Paradoxie in 1,5–10). Die Schwierigkeit ist vielmehr von 3,3ff her zu lösen, wo die eigenen Vorstellungen des Verfassers entwickelt sind. Seine Denkform ist explizit dualistisch. Jeder, der aus Gott geboren ist, tut keine Sünde und kann nicht sündigen (3,9). Daraus folgt: Im Sündigen bzw. Nicht-Sündigen offenbart sich der Unterschied zwischen den Kindern Gottes und den Kindern des Teufels (3,8ff). Das Selbstverständnis des Verfassers und seiner Adressaten besteht im wesentlichen im Bewußtsein der absoluten Freiheit von der Sünde (F. C. Baur, Die johanneischen Briefe, 317). Dieser Zustand hat seinen Grund darin, daß der Teufel einerseits von Anfang an sündigt (3,8), daß aber andererseits die Gemeinschaft des Verfassers und seiner Adressaten die Erkenntnis der Offenbarung besitzt (3,5f). Behauptet wird die soteriologische Funktion des Jesusereignisses: Das Blut Jesu reinigt uns von jeder Sünde (1,7.9: καθαρίζειν). Was unter αἷμα zu verstehen ist, wird in 5,5f erläutert. Im übrigen werden traditionell christliche Formulierungen übernommen: ἀφῇ ἡμῖν τὰς ἁμαρτίας (1,9, vgl. die passive Form in 2,12), ἱλασμός ἐστιν περὶ τῶν ἁμαρτιῶν ἡμῶν (2,2; 4,10). Innerhalb des dualistischen Kontexts der antithetischen Konstruktion (1,6f.8f.10; 2,4f) bzw. der gezielten Anrede (2,12) müssen das ἡμῖν bzw. ἡμῶν bzw. ὑμῖν als der engere Kreis der Adressaten bzw. der Gotteskinder verstanden werden. Mit dieser Umdeutung der Tradition einher geht nicht nur die im NT einzigartige Verwendung von καθαρίζειν im soteriologischen Sinn, sondern auch die eigene Interpretation des Heilsereignisses durch den Verfasser (3,5). Den Vorstellungen des JohEv entsprechend, ist die Erlösung nicht mit dem Tod, sondern mit der Offenbarung des herabgestiegenen Gottessohnes verbunden (ἐφανερώθη). Was mit ἵνα τὰς ἁμαρτίας ἄρῃ gemeint ist, ist von Joh 1,29 zu erklären, im JohEv selbst in 12,32 interpretiert. Im Brief wie im Evangelium ist das Heil einem Glauben versprochen, der als Erkenntnis gedeutet wird (οἴδατε, 1 Joh 3,5; πιστεύετε, 1 Joh 5,5; Joh 12,36 bzw. γνώσεσθε Joh 8,28). Daß die Erkenntnis des Offenbarers jeden, der ihn gesehen hat (3,6), von der Sünde befreit, hebt den scheinbaren Widerspruch von 1,6–10 und 2,1–2 auf. Das Ziel des Verfassers ist es, daß die Adressaten nicht sündigen (2,1), d. h. daß sie in Gott bleiben (2,28f), insofern das Aus-Gott-Sein das Nicht-Sündigen bedeutet (3,6ff). Nicht zu sündigen ist aber erst durch das Blut Jesu möglich (1,7.9), d. h. durch die Erkenntnis der joh Gnosis (5,5f, vgl. Joh 19,34) und durch die Versöhnung der Offenbarung (2,2). Aus diesem Grund gilt das Sündenbekenntnis als Voraussetzung des In-der-Wahrheit-Seins (1,8f); ὁμολογεῖν τὰς ἁμαρτίας heißt einfach: die Heilsbedeutung der Offenbarung erkennen. Die Behauptung, keine Sünde zu haben (1,8), entspricht der Vorstellung von einer Erlösung, die die Offenbarung der joh Tradition nicht brauchen würde.

In der exegetischen Literatur richtig erkannt ist, daß die antithetischen Formulierungen in 1,6–10 polemisch sind; zwei Perfektionismen sind einander entgegengesetzt (so J. Bogart, Orthodox and Heretical Perfectionism, 39ff; 132ff). Hinsichtlich der eigenen Argumentation des Verfassers ist aber die in der Forschung vertretene Interpretation nicht weiter haltbar, die Polemik sei gegen Gnostiker oder Doketen gerichtet. Das in 3.6.7ff eindeutig festgelegte Überzeugungssystem zeigt im Gegenteil, daß der Konflikt in die andere Richtung gedeutet werden muß. Der Verfasser argumentiert mit Denkformen, die mit den gnostischen Vorstellungen verwandt sind. Keiner – es sei denn, er gehört zur Gemeinde des herabgestiegenen Gottessohnes – kann behaupten, keine Sünde zu haben, ohne ein Lügner zu sein. Eine dieser Aussage entsprechende Auffassung ist in Treat. Seth, NHC VII,2 62,34; 63,3.11.17.25; 64,17.29 (*We are Innocent with respect to him* [= the Father], *since we have not sinned*) zu finden. Der Standpunkt der durch die Argumentation in 1,8 konstruierten Gegner wird z. B. im NT durch 1 Tim 5,23f; 2 Tim 3,6; Tit 3,11 vertreten.

Die Voraussetzungen dieser Entwicklung liegen im JohEv. Ἁμαρτία bezeichnet hier den Unglauben dem Offenbarer gegenüber (Sing.: 8,21.34.34.46; 15,22.22; 16,8.9; 19,11. Plur.: 8,24.24; 9,34). Folglich bedeutet ἁμαρτίαν ποιεῖν bzw. ἔχειν (1 Joh 1,8; 3,4.4.8.9, Sing.) Gesetzwidrigkeit tun bzw. Gerechtigkeit und Bruderliebe nicht üben (3,4.10), d. h. aus der eschatologischen Gemeinschaft heraustreten. Daß Jesus Gottes Lamm ist, das der Welt Sünde trägt (Joh 1,29), und daß die Jünger die

Vollmacht haben, die Sünden zu erlassen bzw. zu behalten (20,23), findet in den Bekenntnisformeln seinen Ausdruck (1 Joh 1,7.9; 2,2.12; 3,5; 4,10, vgl. 1,9, wobei der Plural aus der uminterpretierten allgemein christlichen Tradition stammt). Einzigartig ist der christologische Gebrauch in 3,5, der das Nicht-aus-der-Welt-Sein der Jünger begründet. Ἁμαρτάνειν behauptet antithetisch die Sünde des Teufels (3,8) und das Nicht-Sündigen jener, die aus Gott geboren sind (3.6.9, vgl. 1,10; 2,1).

Eine Unterscheidung zwischen der Sünde zum Tode und der Sünde nicht zum Tode kommt im Anhang neu hinzu (5,14–21: ἁμαρτία in 5,16.16.17.17; ἁμαρτάνειν in 5,16.16). Die Perspektive dieses Abschnittes ist nicht mehr das Selbstbewußtsein der eschatologischen Gemeinschaft, sondern die Warnung vor dem Abfall. Die neue Problematik ist als logische Konsequenz des joh Perfektionismus zu erklären. Sündlos sein heißt nicht mehr: die Erkenntnis des Offenbarers haben, sondern: der Offenbarungstradition bzw. dem Bekenntnis treu bleiben.

1 Joh 2,1–6 Das Ziel des Briefes

[1]Meine Kinder, das schreibe ich euch, damit ihr nicht sündigt. Und wenn jemand sündigt, dann haben wir einen Fürsprecher beim Vater, Jesus Christus, den Gerechten. [2]Und er ist die Versöhnung für unsere Sünden, doch nicht bloß für die unsrigen, sondern für die ganze Welt. [3]Und daran erkennen wir, daß wir ihn erkannt haben, daß wir seine Gebote halten. [4]Wer sagt, ich habe ihn erkannt, indem er seine Gebote nicht hält, ist ein Lügner, und in dem ist nicht die Wahrheit. [5]Wer aber sein Wort hält, in dem ist wahrhaft die Gottesliebe vollendet. Daran erkennen wir, daß wir in ihm sind: [6]Wer sagt, daß er in ihm bleibe, ist verpflichtet, wie jener gewandelt ist, ebenso zu wandeln.

Literatur: R. Bultmann, Analyse, in: Exegetica, 106–110. – Ders., Die kirchliche Redaktion, in: Exegetica, 393. – H. Clavier, Notes sur un mot-clef du johannisme et de la sotériologie biblique: ἱλασμός, NT 10 (1968) 287–304. – T. C. G. Thornton, Propitiation or Expiation? Ἱλαστήριον and Ἱλασμός in Romans and 1 Joh, ExpT 80 (1968–1969) 53–55. – K. Grayston, The Meaning of Parakletos, JSNT 13 (1981) 67–82.

Die Anrede τεκνία μου (s. Einleitung: 2. Form. Zum Übergang von der 1. Pers. Plur. zur 1. Pers. Sg. als Selbstbezeichnung des Absenders bzw. Absenderkreises vgl. Joh 21,24f u. Komm. ad 1 Joh 1,1.4) leitet eine metalinguistische Erläuterung der These von 1,5ff ein (ταῦτα γράφω ὑμῖν). Der V. 1a erklärt das Ziel des Briefes. In den V. 1b–2 wird christologisch-soteriologisch begründet, wie die Adressaten ohne Sünden sein können. Das Kriterium zur Prüfung der vorausgesetzten Erkenntnis ist durch die axiomatische Aussage des V. 3 gegeben. Der antithetisch formulierte Kommentar der V. 1–3 in den kasuistischen Sätzen in V.4 u. 5 versetzt die Adressaten wieder in die Situation der Entscheidung, die durch eine zweite axiomatische Aussage untermauert wird (V. 6). Der Gedankengang läßt sich folgendermaßen nachzeichnen: Das Nicht-Sündigen ist erst durch die Erkenntnis der Offenbarung möglich. Dieses In-Gott-Sein setzt die Bewahrung der Gebote (= den Glauben an den Sohn bzw. die gegenseitige Liebe, 3,23, = das Bleiben in der Offenbarung und die Teilhabe an der eschatologischen Gemeinde) voraus.

1 Ἵνα μὴ ἁμάρτητε ist auf der theologischen Ebene mit μένετε ἐν αὐτῷ (= die eigentliche Bitte des Briefes, 2,28) gleichbedeutend, insofern sich beide Aussagen gegenseitig bedingen (3,3ff). Καὶ ἐάν τις ἁμάρτῃ verweist auf den Weg, über den man in den Kreis des joh Perfektionismus gelangen kann. Παράκλητος stammt aus Joh 14,16.26; 15,26; 16,7 und ist als Bezeichnung für Christus (wie Acta Joh = POxy 850,10) durch 14,16 möglich geworden (ἄλλον παράκλητον). Man könnte diesen Begriff wie folgt verstehen: Jesus gilt als der Fürsprecher vor dem göttlichen Richter (Philo, Ios.239: Ἀμνηστίαν ἁπάντων παρέχω τῶν εἰς ἐμὲ πεπραγμένων, μηδενὸς ἑτέρου δεῖσθε παρακλήτου; Mos.II,134: Ἀναγκαῖον γὰρ ἦν τὸν ἱερωμένον τῷ τοῦ κόσμου πατρὶ παρακλήτῳ χρῆσθαι τελειοτάτῳ τὴν ἀρετὴν υἱῷ πρός τε ἀμνηστίαν ἁμαρτημάτων καὶ χορηγίαν ἀφθονωτάτων ἀγαθῶν; Spec.I,237: Ὅταν δὲ ἱλάσηται τὸν ἠδικημένον πρότερον ἴτω, φησί, μετὰ ταῦτα καὶ εἰς τὸ ἱερὸν αἰτησόμενος ὧν ἐξήμαρτεν ἄφεσιν, ἐπαγόμενος παράκλητον οὐ μεμπτόν; Exsecr. 166; Flacc.13; 22; Quaest. Gen. 3,44; vgl. Pirqe Aboth 4,11). Die Christologisierung des Begriffes entspricht andererseits aber der eigenen Entwicklung der joh Tradition. In der ersten Abschiedsrede (14,16.26) fällt die Sendung des Parakleten mit der Wiederkehr des Sohnes zu den Seinen zusammen. In der zweiten (15,26; 16,7) ist der Erhöhte zugleich der Sendende. Im 1 Joh ist er selbst der Paraklet geworden. Den Hintergrund der soteriologischen Vorstellung könnte Joh 1,29, vgl. slavHen 64,4, bilden (so G. Röhser, Metaphorik und Personifikation der Sünde, WUNT 2. Reihe 25, 1987, 64f). Zu δίκαιος vgl. ad 1,9.

2 Der abstrakte Begriff ἱλασμός (= die Besänftigung der Götter bzw. die Sühnehandlung; Plutarch, Moralia 560d; Camillus 7,5; Lv 25,9; Ps 129,4; Philo, Leg. III. 174: Ἡ κάκωσις αὕτη (= Dt 8,3) ἱλασμός ἐστι; vgl. Plant.61; Her.179; Congr.89; 107; im NT: 1 Joh 4,10, vgl. sonst ἱλαστήριον Röm 3,25; Hebr 9,5) in Verbindung mit der Funktion des Parakleten bezeichnet die Sendung des Sohnes als göttliche Entsündigung des Menschen (s. F. Büchsel, ThWNT III, 317f), wobei der Akzent auf ihrer dauerhaften Wirksamkeit liegt (so A. Loisy, 538). Wie ἱλασμός ἐστιν περὶ τῶν ἁμαρτιῶν ἡμῶν vom Verfasser interpretiert wird, wird in V. 3 deutlich: Die Versöhnung findet in der Erkenntnis (ἐγνώκαμεν) statt (ἐστιν, Präs.). Dem entspricht die sakramentale Deutung von καθαρίζειν, 1,7.9. Der Zusatz οὐ περὶ κτλ. ist erst nötig, weil ἡμῶν auf den engeren Kreis der 1. Pers. Plur. bezogen ist. Καὶ περὶ ὅλου τοῦ κόσμου steht in der Tradition von Joh 1,10; 3,16ff; 4,42 usw. (vgl. Gos.Phil., NHC II,3 53,1–14: *Christ came to ransom some, to save others, to redeem others. He ransomed those who were strangers and made them his own. . . . He redeemed the good people in the world as well as the evil*). Zur Interpretation s. 4,9. Mit Ausnahme des neutralen Sprachgebrauches in 3,17; 4,1.3.9.14.17, vgl. Joh 1,9; 3,19; 6,14; 11,27; 12,46; 16,28; 18,37; 2 Joh 7 ist κόσμος im 1 Joh zur Aufwertung der esoterischen Gemeinschaft (2,15ff; 3.1.13; 5,4f.19) immer negativ verwendet (zum Begriff in den joh Schriften, N. H. Cassem, NTS 19 [1972] 81–91; vgl. auch R. Schnackenburg, 133–137; L. Schottroff, Der Glaubende und die feindliche Welt, WMANT 37, 1970, 286–288).

3 Zur Form und zu den hermeneutischen Voraussetzungen der axiomatischen Aussagen s. Einleitung: 4. Argumentation. Prüfstein – und daher Implikation – der Erkenntnis ist τὰς ἐντολὰς τηρεῖν (vgl. Ap. Jas., NHC I,2 11,1–2: *Keep his will that you may be saved*). Der Ausdruck kommt in 2,3f; 3,22.24; 5,3; vgl. Joh 14,15.21; 15,10.10 vor; 5,2: mit ποιεῖν. Im JohEv gründet der eschatologische Auftrag des Offenbarers für die Jünger (13,34; 15,10.12: sich gegenseitig lieben als Merkmal des Jünger-Seins bzw. Bedingung des In-Gott-Bleibens; 14,21: den Offenbarer lieben, s. Exkurs: Das Gebot der gegenseitigen Liebe, ad 2,7–11) auf dem göttlichen Auftrag des Offenbarers (10,18; 12,49f; 14,31). Zur Dialektik des alten/neuen Gebotes im 1 Joh s. ad. 2,7f bzw. 2 Joh 5. Die Gebote bewahren heißt im Brief wie im JohEv: an den Sohn glauben (3,23.23) und sich gegenseitig bzw. den Bruder lieben (2,7f; 3,23; 4,21; 2 Joh 4f, immer Sing.) = die eschatologische Gemeinschaft bewahren.

4f Die kasuistischen Sätze der antithetischen Formulierung wiederholen die Begriffe aus 1,6f.8f.10: Im Zusammenhang der neuen Argumentation erscheint ὅτι ἔγνωκα κτλ., was direkt auf V. 3 Bezug nimmt, statt κοινωνίαν ἔχομεν, V. 6. Im übrigen stimmen überein: ὁ λέγων = ἐὰν εἴπωμεν, V. 6.8.10; ψεύστης = ψευδόμεθα V. 6; καὶ ἐν τούτῳ κτλ. = καὶ ἡ ἀλήθεια κτλ., V. 8; ὃς δ᾽ ἂν τηρῇ κτλ. = ἐὰν δὲ ἐν τῷ φωτὶ κτλ., V. 7, vgl. ἐὰν ὁμολογῶμεν κτλ., V. 9. Bezeichnend ist, daß λόγος an die Stelle der ἐντολαί tritt (so auch in 1,10 statt ἀλήθεια): Bei der Bewahrung der Gebote geht es um nichts anderes als darum, in der offenbarten Wirklichkeit zu bleiben. Ἀγάπη kommt 18mal im Brief vor. Gott ist ἀγάπη (4,8.16). Die Liebe Gottes (gen. subj., wie 3,17; 4,12, vgl. 4,11.16) hat sich darin erwiesen, daß er den Verfasser und den Kreis seiner Adressaten durch die Sendung seines Sohnes erlöst hat (3,1.16; 4,9.10.16). Ihr Selbstverständnis besteht nicht nur in ihrer Liebe zu Gott (als Entscheidung gegen die Welt, 2,15; 4,7), sondern auch in ihrer Existenzweise, die als Liebe schlechthin bezeichnet wird (4,16.17.18.18.18). Wie diese Liebe zu verstehen ist, wird in 3,17; 4,12 deutlich: Die Liebe Gottes vollendet sich in der Solidarität der eschatologischen Gemeinde der Brüder, die sich gegenseitig lieben. Τελειοῦσθαι, 4,12.17f ist im 1 Joh stets auf ἀγάπη bezogen (vgl. Joh 17,23).

5b–6 Die axiomatische Aussage (vgl. V. 3) untermauert die Alternative in der Weise, daß sich aus der Feststellung der Vollendung bzw. des In-Gott-Seins (V. 5b, Perf., bzw. γινώσκομεν, V. 6a) die Forderung der Bewährung ergibt. Ἐν αὐτῷ bezeichnet Gott, ἐκεῖνος den Sohn, wobei auf Joh 13,15 Bezug genommen wird. Das Motiv der Nachahmung (καθὼς ἐκεῖνος: vgl. Joh 13,34; 15,9ff; 17,2ff; καθὼς ἐκεῖνος als Indikativ 1 Joh 3,3.7; 4,17; ἐκεῖνος christologisch 3,5.16, vgl. Joh 1,18; 2,21; 3,28.30 usw.) begründet Werturteile (ὀφείλειν: 3,16; 4,11; Joh 13,14; zur logischen Struktur: R. M. Hare, The Language of Morals, 1952, dt. Die Sprache der Moral, 1972, Teil III,10; anders Joh 19,7) und beschreibt das joh Selbstverständnis bzw. legt das Fundament für entsprechende Entscheidungen. S. Exkurs: Christologie und Soteriologie im 1 Joh, ad 3,18–24.

1 Joh 2,7–11 Das schon erkannte Gebot

[7]Geliebte, nicht ein neues Gebot schreibe ich euch, sondern das alte Gebot, das ihr von Anfang an hattet; das alte Gebot ist das Wort, das ihr gehört habt. [8]Andererseits ein neues Gebot schreibe ich euch, welches wahr in ihm und in euch ist, nämlich daß die Finsternis vergeht und das wahre Licht schon scheint. [9]Wer sagt, daß er im Licht sei, und seinen Bruder haßt, der ist bis jetzt in der Finsternis. [10]Wer seinen Bruder liebt, der bleibt im Licht, und ein Anstoß ist nicht bei ihm. [11]Wer aber seinen Bruder haßt, der ist in der Finsternis und wandelt in der Finsternis, und er weiß nicht, wo er hingeht, weil die Finsternis seine Augen geblendet hat.

Literatur: A. Wurm, Die Irrlehrer, 103–108. – H. Conzelmann, „Was von Anfang war", 195f.198f. – H. Braun, Qumran und das Neue Testament I, 1966, 293–294. – G. Klein, „Das wahre Licht

scheint schon", ZThK 68 (1971) 261–326. – M. Rese, Das Gebot der Bruderliebe in den Johannesbriefen, ThZ 41 (1985) 44–58, bes. 47–49.

Mit ἀγαπητοί bzw. γράφω ὑμῖν wird eine zweite metalinguistische Erläuterung
eingeleitet. Die vorgeschriebene ἐντολή ist keine neue, sondern die alte (V. 7); als
solche ist sie aber die neue, nämlich die eschatologische (V. 8). In der Dialektik alt/neu
spiegelt sich das hermeneutische Selbstbewußtsein des Briefes wider. Der Verfasser
ist der Zeuge der Offenbarung, deren Selbstdarstellung im JohEv vorliegt. Gegenstand seiner Vermittlung ist aber die gegenwärtige Möglichkeit bzw. die Erkenntnis
der eschatologischen Erlösung. Die Verkündigung versteht sich als Wiederholung,
wodurch der Verfasser – auch in seiner Eigenschaft als Vermittler – das Selbstverständnis der joh Erkenntnis bewahrt. Seinem Überzeugungssystem entsprechend,
kann seine Entfaltung der Botschaft durch die Erkenntnis, die die Adressaten von
Anfang an haben, verifiziert werden. Folgender Aufbau liegt vor: Das Geschriebene
besteht nur aus Bekanntem (V. 7) und gilt eben als solches als eschatologische
Botschaft (V. 8a). Diese hermeneutische Betrachtung hat zum einen die Funktion
einer captatio (s. Einleitung: 3. Aufbau) und leitet zum anderen eine neue Variation
der These aus 1,5 ein: V. 8b. Die Konditionalsätze der V. 9–11 bringen einen
kasuistischen – vielleicht auf den in 2,18ff geschilderten Konflikt bezogenen – Kommentar, der seiner Form und seinem Inhalt nach parallel zu 1,6ff; 2,4f gestaltet ist. V. 9
u. 10 sind antithetisch gebaut. Als drittes Element ist der V. 11 antithetisch zu V. 10 –
und gleichzeitig parallel zu V. 9 – hinzugefügt. Mit drei verschiedenen Formulierungen wird behauptet: Die Bruderliebe gilt als Bedingung des Im-Lichte-Wandelns =
die Teilhabe am schon gegenwärtigen, eschatologischen Heil setzt die Zugehörigkeit
zur eschatologischen Gemeinde voraus.

7 Zur Anrede s. Einleitung: 2. Form. Die Paradoxie der Dialektik alt/neu spielt mit
der Doppeldeutigkeit von καινή, V. 7 u. 8a. Der Sinn ergibt sich hier aus dem
Gegensatz ἀλλ' ἐντολὴν κτλ.: Der Verfasser wiederholt die ἐντολὴ ἡ παλαιά = die joh
Urverkündigung. Ἀπ' ἀρχῆς: 1,1; 2,7.13f.24; 3,8.11; 2. Joh 5f ist von Joh 15,27 her zu
verstehen; vgl. auch Od. Sal. 23,3: *Love is for the elect ones. And who shall put it on but
they who possessed it from the beginning?* Der Grund dafür, warum λόγος schon in 2,5
durch ἐντολαί bzw. ἐντολή ersetzt werden konnte, liegt in V. 7b. Der eigentlich joh
Begriff ist ἐντολή, Sing. Im 1 u. 2Joh wie im JohEv kommt die Pluralform nur in der
Wendung τὰς ἐντολὰς τηρεῖν vor.

8 Die alte ἐντολή ist andererseits (πάλιν: s. W. Bauer, Wb[6], 1228) per definitionem
καινή, so die entsprechenden Einsetzungsworte Joh 13,34f. Die Erläuterung der V.
3ff durch die V. 7f zeigt: Die Bewahrung der Gebote ist nichts anderes als die
Wahrnehmung des offenbarten Heils. Das eschatologische Gebot besteht nicht in
einem Imperativ, sondern in der Feststellung, daß die Erlösung für die Adressaten wie
für Jesus eine gegenwärtige Wirklichkeit ist. Ὅ bezieht sich auf ὅτι κτλ., wobei ὅτι
explikativ gebraucht ist. Ὑμῖν ist gegenüber ἡμῖν die wahrscheinlichere Lesart. Mit
αὐτῷ ist Jesus gemeint. Der Übergang von V. 8a zu 8b ist durch den Hinweis des V. 8a
auf Joh 13,34 verständlich. Die soteriologische Vorstellung entspricht der in Joh
12,32, und das Zeitverständnis entspricht dem in Joh 8,12. Zum Begriff φῶς und
seiner Verwendung s. ad 1,5 (G. D. Kilpatrick, Two Johannine Idioms in the Johannine Epistles, JTS 12 [1961] 272–273, liest mit A 33 181 424[c] 623 1739 2401[c] und patr.

Bezeugungen τὸν ἀληθινὸν θεόν). Σκοτία/φῶς stehen nicht nur für den Gegensatz der weltlichen und der göttlichen Sphäre, sondern – wegen des Hintergrundes von Joh 1,9; zu den Verschiebungen s. Exkurs: Christologie und Soteriologie im 1 Joh, ad 3,18–24 – für den Gegensatz der Perioden, der durch die von der Offenbarung verliehene Erkenntnis bestimmt wird (so R. Bultmann, 33).

9ff Ὁ λέγων = V. 4. Das Entweder-Oder der Entscheidungssituation wird 1,6ff; 2,4f gegenüber durch den kasuistischen Kommentar der antithetischen Formulierungen weiter entfaltet, indem ἐν τῷ σκότει/ἐν τῷ φωτὶ περιπατεῖν bzw. τὰς ἐντολὰς τηρεῖν (1,6f bzw. 2,4f) durch τὸν ἀδελφὸν μισεῖν bzw. ἀγαπᾶν erläutert wird. Nicht der Mitmensch ist gemeint (so Lv 19,18LXX und seine hellenistische Auslegungstradition im Urchristentum Mk 12,28ffpar.; Röm 13,9; Ga 5,14; vgl. G. E. Lessing, Das Testament Johannis, 1777), sondern das Mitglied der religiösen Gemeinschaft (vgl. W. Bauer, Wb[6], 29). Ἀδελφός erscheint 15mal im 1 Joh: entweder τὸν ἀδελφὸν ἀγαπᾶν (2,10; 3,10; 4,20.21; 3,14 Plur.; vgl. 3,16f) oder τὸν ἀδελφὸν μισεῖν (2,9.11; 3,15; 4,20; vgl. 3,13, der Bezug auf die historische Befindlichkeit des Kreises des Senders und seiner Adressaten nimmt, s. Exkurs: Die Frage der vermeintlichen Gegner, ad 2,18–27; 3,12.12). Bezeichnend sind die Anrede ἀδελφοί in 3,13 und die Dialektik Bruderliebe/gegenseitige Liebe. Daß die erste als objektives Kriterium in kasuistischen Sätzen verwendet wird, die zweite aber als der an die Adressaten gerichtete Imperativ, kennzeichnet das Selbstbewußtsein der eschatologischen Gemeinde (s. Exkurs: Das Gebot der gegenseitigen Liebe). Ἕως ἄρτι vgl. Joh 2,10; 5,17; 16,24; Zum ‚noch nicht' s. 2,1b u. Komm. Ὁ ἀγαπῶν V. 10 = ὃς δ' ἂν τηρῇ κτλ. 2,5 = ἐὰν ἐν τῷ φωτὶ κτλ. 1,7, vgl. 1,9. Wegen des Parallelismus von V. 10b u. V. 9b ist ἐν αὐτῷ eher auf ὁ ἀγαπῶν als auf ἐν τῷ φωτί zu beziehen. Καὶ σκάνδαλον ist eine dem neuen Kontext angepaßte Umformulierung von Joh 11,9. Καὶ ἐν τῇ σκοτίᾳ κτλ. V. 11 = καὶ ὁ περιπατῶν ἐν τῇ σκοτίᾳ οὐκ οἶδεν ποῦ ὑπάγει Joh 12,35. Die Erklärung ὅτι ἡ σκοτία ἐτύφλωσεν ist eine Entwicklung aus 9,39ff (s. 1 Joh 1,6f u. Komm.) und eine Kombination von 12,35 u. 40 (so H. J. Holtzmann, Das Problem I, 707; anders J. M. Lieu, Blindness in the Johannine Tradition, NTS 34 [1988] 83–95: 1 Joh 2,11 sei innerhalb der joh Tradition eine von Joh 9 u. 12,39–43 unabhängige Exegese von Jes 6,9f, die nicht mehr christologisch, sondern ethisch orientiert sei). Zum Ausdruck vgl. Platon, Phaedo 99e; Philo, Ebr. 108: ὁ δὲ ἀπερίσκεπτος διάνοιαν τυφλωθείς; Test Sim. 2,7: ὁ ἄρχων τῆς πλάνης, ἀποστείλας τὸ πνεῦμα τοῦ ζήλου, ἐτύφλωσέ μου τὸν νοῦν. Eine Unterscheidung zwischen Interiorität und Exteriorität wird nicht vorgenommen. Aus der Gemeinschaft mit den Brüdern erweist sich die Erkenntnis der Offenbarung. Der Haß gegen die Brüder (s. dazu 3,13ff) bezeugt die Finsternis, in der bleibt, wer die Offenbarung nicht erkannt hat.

Das Gebot der gegenseitigen Liebe

Literatur: H. THYEN, „… denn wir lieben die Brüder" (1 Joh 3,14), in: Rechtfertigung (Fs E. Käsemann), 1976, 527–542. – F. VOUGA, Le cadre historique, 90–95. – F. F. SEGOVIA, Love Relationships in the Johannine Tradition, Agapē/Agapan in 1 John and the Fourth Gospel, SBLDS 58, 1982. – J. CHMIEL, Agape als Grundbegriff des christlichen Ethos. Biblisch-strukturelle Analyse, AnalCracov 14 (1982) 295–304. – H. BALZ, Johanneische Theologie und Ethik im Licht der „letzten Stunde", in: Studien zum Text und zur Ethik des Neuen Testaments (Fs H. Greeven), BZNW 47, 1986, 35–56.

In den Johannesbriefen läßt sich das Liebesgebot in drei nahezu stereotypen Formulierungen finden. a) Ἀγαπᾶν, mit ἀδελφόν als Akkusativobjekt, erscheint im Zusammenhang von Partizipialkonstruktionen (2,10; 3,10; 4,20.21; vgl. 5,1) bzw. in Konditionalsätzen (4,20; vgl. 5,2), die den Bruderliebe als Bedingung bzw. als nötige Folge des Im-Lichte-Bleibens bzw. des Aus-Gott-Seins bzw. des Gott-Liebens vorstellen. Die Bruderliebe ist das Gottesgebot (4,21), das der Verfasser und seine Adressaten haben. Sie beweist, daß sie vom Tod ins Leben hinübergeschritten sind (3,14, einmal ἀδελφούς in Plural). Wer die Brüder sind, die geliebt werden sollen, wird aus 5,1 f klar, wo τὸν γεγεννημένον bzw. τὰ τέκνα τοῦ θεοῦ an die Stelle der ἀδελφοί treten. b) Während τὸν ἀδελφὸν (αὐτοῦ) ἀγαπᾶν immer in der 3. Pers. Sg. steht (2,10; 3,10; 4,20.21), wird ἀλλήλους ἀγαπᾶν stets in der 1. Pers. Plur. gebraucht (3,11.23; 4,7.11.12). Im Gebot der gegenseitigen Liebe bestand die ἀγγελία, die von Anfang war (3,11). In dieser Formulierung wird das ἀγαπᾶν ἀλλήλους mit der Verkündigung Gottes gleichgestellt, die in 1,5 als Thema des Briefes angekündigt ist. Im 2 Joh bildet es sogar den eigentlichen Gegenstand der Bitte (2 Joh 5: ἵνα ἀγαπῶμεν ἀλλήλους), die dann begründet wird durch die Erwähnung der konkurrierenden Prediger, die in die Welt ausgezogen sind (2 Joh 7 ff). Im 1 Joh ist es zusammen mit dem Glauben der Inhalt der Gottes- ἐντολή (3,23). Wegen der Gottesliebe sind die Geliebten dazu aufgerufen, sich gegenseitig zu lieben (4,7.11); damit erfüllen sie die Voraussetzungen dafür, daß Gott in ihnen bleibt (4,12). c) Die absolute Form ἀγαπᾶν ohne Akkusativobjekt stellt keine Erweiterung des Gebotes, sondern im Gegenteil eine Verkürzung dar, z. B. in 3,14; 4,7 f, wo der Verfasser die ausführliche Formulierung nicht noch einmal wiederholen wollte. In der gekürzten Wendung wird das Gebot nicht nur nachdrücklich wiederholt (3,18), sondern auch theologisch begründet, so daß μὴ ἀγαπᾶν dem μένειν ἐν τῷ θανάτῳ gleichkommt. Gleichzeitig ist das Lieben aber insofern die Voraussetzung für das Aus-Gott-Sein und für die Gotteserkenntnis, als das Liebesgebot seinen Grund in der Gottesliebe hat (3,14 bzw. 4,7 und negativ 4,8 bzw. 4,19). Die Logik des Gedankenganges wird durch die Prädestinationsaussage in 4,10 klar: Nicht darin, daß wir Gott geliebt haben, sondern darin, daß er uns geliebt hat, besteht die Liebe, wobei fraglich bleibt, wer mit ἡμεῖς bzw. ἡμᾶς gemeint ist. Zugrunde liegt folgende Vorstellung: Die Liebe zu Gott setzt die Bruderliebe voraus; alle weiteren ἀγαπᾶν-Stellen mit Gott als Akkusativobjekt (4,20.20.21; 5,1.2) dienen zur Festlegung dieser logischen Beziehung. Die gegenseitige Liebe bzw. die Bruderliebe setzt aber gleichzeitig die Liebe Gottes zu uns voraus (4,10.11.19). Was dieser argumentative Kreis bedeutet, ist erst aus der joh Tradition, wie sie im JohEv bezeugt ist, zu verstehen.

Wie in 1 Joh beschreibt ἀγαπᾶν im JohEv die Entscheidungssituation des Menschen, der zwischen der Welt bzw. den Menschen (3,19; 1 Joh 2,15.15 bzw. 12,43) und der Offenbarung des herabgestiegenen Gottessohnes (14,15.21.23 und, negativ, 8,42; 14,24.28) zu wählen hat, was damit zusammenhängt, daß ἀγαπᾶν als Offenbarungsbegriff verstanden ist. Daß der Vater seinen Sohn liebt bzw. geliebt hat (3,35; 10,17; 15,9; 17,23.24.26) und daß der Sohn den Vater liebt (14,31), ist der Ausdruck ihrer Einheit, die den Sohn als Offenbarer qualifiziert, wodurch diese Einheit offenbart wird. In diese Offenbarung sind nicht nur der Vater und der Sohn miteinbezogen, sondern auch die Welt, indem der Vater seinen Sohn gesandt hat (3,16), und die Jünger, die Gott wie den Sohn geliebt hat (17,23), wie er jeden liebt, der den Sohn liebt (14,23). Jesus selbst hat die Jünger geliebt, indem er ihnen seine Einheit mit dem Vater offenbart hat (13,1.34; 14,21; 15,9.12). Der Lieblingsjünger ist dadurch als jener, den Jesus liebte, charakterisiert, daß er der Adressat einer besonderen Offenbarung ist (13,23; 19,26; 21,7.20); und die an Simon gerichtete Frage, ob er den Offenbarer liebe, ist auf diesem Hintergrund zu verstehen (21,15.16).

Zu betonen ist, daß das Liebesgebot aus joh Perspektive auf die gegenseitige Liebe des ἀλλήλους ἀγαπᾶν beschränkt ist (vgl. Test Gad 6,1 – 7,7: Καὶ νῦν τέκνα μου ἀγαπήσατε ἕκαστος τὸν ἀδελφὸν αὐτοῦ καὶ ἐξάρατε τὸ μῖσος ἀπὸ τῶν καρδιῶν ὑμῶν ἀγαπῶντες ἀλλήλους ἐν ἔργῳ καὶ λόγῳ καὶ διανοίᾳ ψυχῆς ...; Test Seb. 8,1.5: ... ἀγαπᾶτε ἀλλήλους καὶ μὴ λογίζεσθε ἕκαστος τὴν κακίαν τοῦ ἀδελφοῦ αὐτοῦ; Test Rub. 6,9; Test Sim. 4,7, wobei auch die Verstärkung der Kohäsion gegen zentrifugale Tendenzen im Blick ist; I QS I,8–11: *und alle Söhne des Lichtes zu lieben..., aber alle Söhne der Finsternis zu hassen...*; der Begriff der ‚Bruderliebe' kommt allerdings im JohEv nicht vor). Anders als in der hellenistischen Interpretation von Lv 19,18, die in den synoptischen Evangelien und bei Paulus belegt ist (Mk 12,31 par.; Mt 5,43; 19,19; Röm 13,9; Gal 5,14), hat das Liebesgebot nicht die Funktion der Charakterisierung der christlichen Ethik; es kennzeichnet vielmehr den joh Kreis als die eschatologische Gemeinde, die durch die Offenbarung des herabgestiegenen Gottessohnes konstituiert ist. Die ἐντολή wird in Joh 13,34–35 von Jesus, dem sein Aufstieg noch bevorsteht, als καινή gegeben. Die gegenseitige Liebe findet ihren Grund und ihr Vorbild in der Liebe des Offenbarers (καθὼς ἠγάπησα ὑμᾶς). Durch sie sollen sich die Jünger allen (πάντες) als Jünger zu erkennen geben. 15,9ff ist als erste Selbsterläuterung der Epiphanie und des an sie gebundenen Gebotes zu verstehen. Wie der Vater den Sohn geliebt hat und wie der Sohn seine Jünger geliebt hat, so sollen sich die Jünger gegenseitig lieben. Dann werden sie in der Liebe des Offenbarers bleiben, der seinerseits in der Liebe des Vaters bleibt, weil er seine Gebote gehalten hat. Das Liebesgebot ist wiederum nicht karitativ gemeint, sondern wird als Ausdruck der Offenbarungseinheit gedeutet. Eben diese Struktur ist noch klarer in der zweiten Selbsterläuterung zu finden (17,20ff); das Thema der Einheit hat hier sogar jenes der Liebe ersetzt. Wie der Vater und der Sohn eins sind, so sollen die Jünger eins sein. In der Einheit des Vaters und des Sohnes hat diese Einheit nicht nur ihr Vorbild, sondern auch ihren Grund: καθώς. Ihre Funktion besteht darin, der Welt zu beweisen, daß der Offenbarer eben der Gesandte Gottes, d. h. sein herab- und hinaufgestiegener Sohn ist (17,21) und daß der Vater die Jünger so wie den Sohn geliebt hat, d. h. daß die Gemeinde des herabgestiegenen Gottessohnes die eschatologische Gottesgemeinde ist (17,23).

Durch das Gebot der gegenseitigen Liebe wird im 1Joh dasselbe Selbstverständnis ausgedrückt. Hier spricht aber nicht mehr der Offenbarer, sondern der Zeuge, so daß die 1. Pers. Plur. die 2. Pers. Plur. des JohEv ersetzt. Die Forderung, die Abgrenzung der ἀλλήλων der Welt gegenüber zu bewahren, entspricht dem eschatologischen Selbstbewußtsein des Verfassers und seiner Adressaten. Auch wenn die Mitgliedschaft in einer so konstituierten Gemeinschaft eine radikale ethische Verpflichtung gegenüber dem Bruder verlangt, wie es aus 3,16b–17 hervorgeht, hat sie zunächst, stricto sensu, einen theologischen Wert. In der Bruderschaft des ἀγαπᾶν ἀλλήλους spiegelt sich das Überzeugungssystem der Gemeinde wider, das durch die Erkenntnis der Offenbarung bestimmt ist. Insofern als das Gebot der gegenseitigen Liebe als gemeinsame Regel für den Kreis des Verfassers und seiner Adressaten gilt, findet es seine objektive Formulierung als Kriterium im Begriff der Bruderliebe. Die eschatologische Gemeinde besteht aus den Brüdern, die die Bruderliebe praktizieren, d. h. die sich gegenseitig lieben. Jene, die dem Kriterium der Bruderliebe nicht entsprechen, schließen sich damit selbst aus der eschatologischen Gemeinde aus. Umgekehrt gilt aber: Jene, die nicht zum Kreis gehören, d. h. die an der Einheit des ἀλλήλους ἀγαπᾶν nicht teilhaben, scheitern faktisch am Kriterium der Liebe zu den Brüdern und erweisen sich als Lügner, wenn sie behaupten, Gott zu kennen.

Daß die christliche Nächstenliebe in der joh Schule auf die gegenseitige bzw. Bruderliebe begrenzt ist, ist weder als Zufall noch als irrtümliche Verengung zu interpretieren. Diese Form der Liebe entspricht dem Selbstverständnis der Schule, die eschatologische Gemeinde des herabgestiegenen Gottessohnes zu sein, der sie von der Welt ausgesondert hat (vgl. Ap. Jas. NHC I,2 9,2–4; 10,27–32; 13,17–25; 15,35–16,2). Keiner, es sei denn, er gehöre zu ihrer Gemeinschaft, darf behaupten, aus Gott zu sein – darin erweist sich vielmehr seine Zugehörigkeit zur Welt. Die These, 1Joh polemisiere gegen Doketen oder sogar Gnostiker, die ihrer ethischen Verantwortung gegenüber den Nächsten nicht nachkommen, vergißt nicht nur, daß das Thema der Bruderliebe ein ständiges Thema der sog. Gnostiker gegen den sog. Frühkatholizismus gewesen ist (Treat. Seth, NHC VII,2 62,6–25: *...But he who lives in harmony and friendship of brotherly love, naturally and not artificially, completely and not partially, this person is truly the desire of the Father*; 67,12–18: *But this is not, nor will it happen among us in any region or place in division and breach of peace, but (in) union and mixture of love, all of which are perfected in the one who is*; Apoc. Peter, NHC VII,3 78,31–79,31: *And still others of them who suffer think that they will perfect the wisdom of the brotherhood which really exists, which is the spiritual fellowship with those united in communion...*; vgl. H. Jonas, Gnosis, 169.171; E. Käsemann, Das wandernde Gottesvolk, 1961[4], 90–95; K. Koschorke, Die Polemik der Gnostiker gegen das kirchliche Christentum, NHS 12, 1978), sondern übersieht auch die sprachliche Struktur der Argumentation im 1Joh. Von daher ist auch verständlich, daß die Bitte des 2Joh (ἵνα ἀγαπῶμεν ἀλλήλους, V. 5) jener des 1Joh (μένετε ἐν αὐτῷ, 2,28) sachlich entspricht und daß sie durch die Erwähnung vermeintlicher Lehrer, die zu der Gemeinschaft nicht gehören, aus joh Perspektive zutreffend theologisch motiviert ist (2Joh 7ff).

1 Joh 2,12–17 Die verwirklichte Erlösung

[12]Ich schreibe euch, Kinder, weil euch die Sünden durch seinen Namen vergeben sind. [13]Ich schreibe euch, Väter, weil ihr den erkannt habt, der von Anfang an (war). Ich schreibe euch, Jünglinge, weil ihr den Bösen besiegt habt. [14]Ich habe euch geschrieben, Kinderchen, weil ihr den Vater erkannt habt. Ich habe euch geschrieben, Väter, weil ihr den erkannt habt, der von Anfang an (war). Ich habe euch geschrieben, Jünglinge, weil ihr stark seid und das Wort Gottes in euch bleibt und ihr den Bösen besiegt habt. [15]Liebt nicht die Welt, noch was in der Welt ist. Wenn einer die Welt liebt, ist die Liebe des Vaters nicht in ihm; denn alles, was in der Welt ist, die Begierde des Fleisches und die Begierde der Augen und das Prahlen mit dem Vermögen, ist nicht aus dem Vater, sondern aus der Welt; [16]und die Welt vergeht und ihre Begierde; wer aber den Willen Gottes tut, der bleibt in Ewigkeit.

Literatur: A. Wurm, Die Irrlehrer, 116–120. – H. Braun, Literar-Analyse, in: Gesammelte Studien, 220–226. – B. Noack, On 1 John 2,12–14, NTS 6 (1959–1960) 236–241. – N. Lazure, La convoitise de la chair en 1 Jean 2,16, RB 76 (1969) 161–205. – C. Spicq, La place ou le rôle des jeunes dans certaines communautés néotestamentaires, RB 76 (1969) 508–527.

Eine vierte Erläuterung schließt die captatio ab (γράφω ὑμῖν, τεκνία s. 1,5; 2,1.7). Der Gedankengang ist paradox: Der Verfasser hat den Adressaten die Verkündigung vermittelt, damit sie nicht sündigen (2,1ff). Die Botschaft, die nicht neu ist, sondern eigentlich aus der anerkannten Offenbarungstradition besteht, wiederholt die Möglichkeit des gegenwärtigen Heils (2,7ff); folglich haben die Adressaten bereits die Erkenntnis und sind tatsächlich schon erlöst worden (2,12ff, vgl. 2,7 bzw.8). Deswegen werden sie vom Verfasser angesprochen. V. 12 bildet die These, V. 13f sind im Stil der sog. Diatribe gebildet und wirken als amplificatio (γράφω V. 12 wird V. 13 zweimal bzw. mit ἔγραψα V. 14 dreimal rhetorisch wiederholt). Auf der Feststellung des erfahrenen Heils (ἀφέωνται, ἐγνώκαμεν, νενικήκατε, Perf.) gründet der erste Imperativ des Briefes, der die Bitte (propositio) vorbereitet (2,28f): Die Erlösten sollen nicht in die Welt zurückkehren (V. 15ff).

12ff Zur Anrede τεκνία s. Einleitung: 2. Form. Daß die Adressaten von den Sünden bereits befreit worden sind, ist Bestandteil des eschatologischen Bewußtseins des Verfassers und seiner Adressaten (so 3,3ff; s. Exkurs: ᾿Αμαρτία, ad 1,5–10). Διὰ τὸ ὄνομα αὐτοῦ = τῷ ὀνόματι τοῦ υἱοῦ αὐτοῦ 3,23 = εἰς τὸ ὄνομα τοῦ υἱοῦ τοῦ θεοῦ 5,13, vgl. 3 Joh 7 (anders 3 Joh 15). Wie der Ausdruck hier zu verstehen ist, wird in 3,5 erklärt. Von 2,14 an wird die präs. Form γράφω stets durch den Aor. ἔγραψα ersetzt (s. Einleitung: 2. Form), wobei aber weiterhin die Vermittlung des Briefes metalinguistisch erläutert werden soll (vgl. BDR 334: In Briefen kann der Aor. statt des Präs. gewählt werden, weil der Absender sich in die Zeit versetzt, in der der Adressat das Schreiben liest; anders H. H. Wendt, Die Beziehung unseres 1 Joh auf den 2 Joh, ZNW 21 [1922] 140–146 und G. Strecker, 113f, die ἔγραψα auf 2 Joh bzw. auf 2 oder 3 Joh beziehen). Durch πατέρες und νεανίσκοι wird innerhalb der Angeredeten eine Differenzierung vorgenommen. Daß diese Unterscheidung aber künstlich ist und als Motiv gebraucht wird, zeigt παιδία, das den gesamten Kreis bezeichnet (so 2,18).

Formal dient die Aufzählung der Emphase. V. 13a = V. 14b; V. 13b = V. 14c; mit V. 14a kommt ἐγνώκατε ein drittes Mal vor. Die Form dieser differenzierenden Anrede: Väter/Jungen ist schon in den Epitaphioi Thucydides II 1,34–46; Platon, Menexenos 236d–249c zu finden (anders C. H. Dodd, 38f; er verweist auf Corp. Herm. XI,20: πάσας δὲ τὰς αἰσθήσεις τῶν ποιητῶν σύλλαβε ἐν σεαυτῷ ... μηδέπω γεγενῆσθαι, ἐν τῇ γαστρὶ εἶναι, νέος, γέρων, τεθνηκέναι, τὰ μετὰ τὸν θάνατον· καὶ ταῦτα πάντα ὁμοῦ νοήσας, χρόνους, τόπους, πράγματα, ποιότητας, ποσότητας, δύνασαι νοῆσαι τὸν θεόν; vgl. XIII,11.). Inhaltlich verstärkt sie die Argumentation durch den Hinweis auf die Teilhabe an der Zeugenschaft des Anfangs (s. 2,7 u. Komm.). Πατήρ erscheint als Initiationsmeister in Corp. Herm. X,20; XIII,11 usw.; vgl. I QSa I,6–9: *Und von [seiner Jug]end an soll man ihn unterweisen... Und entsprechend seinem Alter belehre man ihn in den Satzungen des Bundes... und er soll...zehn Jahre lang...* ᾽Απ᾽ ἀρχῆς ist wie in 1,1 zu verstehen: als Bezug auf Joh 1,1, von 15,27 her umfunktioniert. Νικᾶν ist Ausdruck der Entweltlichung, vgl. Joh 16,33 (Perf. auf die Rückkehr des Offenbarers bezogen); 1 Joh 5,4f (Präs. u. Aor., soteriologisch, mit τὸν κόσμον als Objekt) u. 2,13f (Perf., mit τὸν πονηρόν) als Vorstellung der Erlösung. Zur Verschiebung der christologischen Prädikate zur Beschreibung der Befindlichkeit der Erlösten vgl. Exkurs: *Christologie und Soteriologie im 1 Joh*, ad 3,18–24. Τὸν πονηρόν, 2,13f; 3,12, Subst., ist vom Dualismus Joh 17,15 her zu verstehen. ᾽Ισχυρός, das nur hier in der joh Literatur zu finden ist, ist als Topos der vorbildlichen Kraft der Jugend (s. J. Burckhardt, *Der hellenistische Mensch in seiner zeitlichen Entwicklung,* in: Gesammelte Werke VIII, 1957, 22–58, bes. 33; Jes 40,30–31; 2 Macc 2,66) und der Polarität sapientia/fortitudo der Epik (s. E. R. Curtius, *Europäische Literatur und lateinisches Mittelalter,* 1961³, 179–183. Zur Diskussion: Vergil, Aeneis V,344; Seneca, ep. mor. 66,2; De brevitate vitae 20,1) mit νεανίσκοι verbunden und durch καὶ ὁ λόγος κτλ. uminterpretiert (s. 1,10).

15ff Folgender Aufbau liegt vor: V. 15a = Ermahnung zur Weltentsagung, V. 15b = kasuistische Erläuterung oder Begründung (vgl. H. M. Schenke, Determination und Ethik im ersten Johannesbrief, ZThK 60 [1963] 203–215, bes. 212ff): In dem, der die Welt liebt, ist die Offenbarung nicht. V. 16 = Begründung: Was es in der Welt gibt, ist nicht aus Gott, sondern aus der Welt. Mit der Radikalisierung der Eschatologie wird die Dialektik ἐν τῷ κόσμῳ/ἐκ τοῦ κόσμου Joh 17,9ff aufgehoben. V. 17 = nachdrückliche Definitionen: Die Welt vergeht, der Erlöste bleibt in Ewigkeit. ᾽Αγαπᾶν beschreibt die Entscheidungssituation des Menschen (Joh 3,19; 12,43; Corp. Herm. I,9; s. Exkurs: *Das Gebot der gegenseitigen Liebe,* ad 2,7–11; vgl. in bezug auf die Problematik WeisKairGen 1,16a; 2,9: *Das Leben der kommenden Welt hat kein Aufhören. Es ist besser, dieses zu lieben als das Leben, das sich ändert;* 3,3: *Haltet eure Seelen fern von dem Begehren danach. Denn das ist der Tauschwert für die kommende Welt;* 4,13f: *Denn die Gott fürchten, lieben nicht diese Welt, und sie lieben nicht mit ihren Augen. Und sie haben Gefallen am Leben der kommenden Welt. Darum ist der Gerechte [auch] im Tode getrost,* s. K. Berger, *Die Weisheitsschrift aus der Kairoer Geniza,* TANZ 1, 1989, 64 u. ad loc.). Κόσμος bezeichnet nicht mehr neutral die Menschenwelt (2,2; 3,17; 4,1.3.9.14.17), sondern negativ die Sphäre der Nichtigkeit, die von Gott unterschieden und getrennt ist (2,15ff 6mal; 3,1.13 im Sinne der Gegnerschaft gegen Gott und die Glaubenden; 4,5 3mal; 5,4f 3mal, vgl. 5,19; Gos. Thom., NHC II,2 37,11; 51,4f; Gos. Phil., NHC II,3 65,27ff; Test Iss. 4,6: ... πάντα ὁρᾷ ἐν ἁπλότητι μὴ ἐπιδεχόμενος ὀφθαλμοῖς πονηρίας ἀπὸ τῆς πλάνης τοῦ κόσμου, ἵνα μὴ ἴδῃ διεστραμμένως τι τῶν ἐντολῶν τοῦ κυρίου). Zu ἀγάπη mit Gott als Gen. subj. s. 2,5 u. Komm. Τοῦ πατρός vgl. Joh 5,42. V. 16 gibt einen kleinen Lasterkatalog wieder. Σάρξ als Ursprung der Sünde erscheint nur hier in den joh Briefen (s. 4,2; 2 Joh 7). Zu ἐπιθυμία τῆς σαρκός s. Gal 5,16; Eph 2,3; Barn 10,9; Did 1,4 vgl. I QS XI,9.12; I QH X,22f; XIII,13–16; Plutarch, Mor. 101b; 1096c; Diogenes Laertius X, 145 usw. Zu ἐπιθυμία τῶν ὀφθαλμῶν s. Test Rub. 2,4: Πρῶτον πνεῦμα ζωῆς μεθ' ἧς ἡ σύστασις κτίζεται δεύτερον πνεῦμα ὁράσεως μεθ' ἧς γίνεται ἐπιθυμία; vgl. Philo, Decal. 153: Οἱ γὰρ Ἑλλήνων καὶ βαρβάρων ... πόλεμοι πάντες ἀπὸ μιᾶς πηγῆς ἐρρύησαν, ἐπιθυμίας ἢ χρημάτων ἢ δόξης ἢ ἡδονῆς; I QS 1,4–7; CD II,14–16; 2 Clem 17,3. Zu ἀλαζονεία s. Platon, Gorgias 525a; Hippias minor 371a; Phaedrus 253e; Sap 5,8; Test Dan 1,6; Test Jos. 17,8; JosAs 4,12; Test Job 21,3; Jak 4,16; 1 Clem 21,5; Plutarch, Mor. 43b usw. Βίος = die Lebensmittel 3,17. Zur dreigliedrigen Form vgl. Philo, Decal.153; Lucian, Hermotimus 7,22; Jub 7,20–24; CD IV,15–18; Abot 4,21 usw. Zur Antithese παράγεται/μένει s. WeisKairGen 2,9; 3,3; Treat. Res., NHC I,4 45,14–23: *The Savior swallowed up death ... for he put aside the world which is perishing. He transformed [himself] into an imperishable Aeon and raised himself up ..., and he gave us the way of our immortality*; Treat. Seth, NHC VII,2 50,26; 58,15.22; 64,13; 69,31 usw. Ποιεῖν τὸ θέλημα τοῦ θεοῦ s. Joh 4,34. Μένειν im Sinne der Unvergänglichkeit vgl. 3,15 u. Exkurs ad 2,28–29. Εἰς τὸν αἰῶνα s. Joh 4,14; 6,51.58; 8,35.51f; 10,28; 11,26; 12,34; 13,8; 14,16; 2 Joh 2, immer im Rahmen der eschatologischen Verheißung, vgl. E. Peterson, ΕΙΣ ΘΕΟΣ, 1926, 168–174.

Eschatologie

Literatur: F. C. BAUR, Neutestamentliche Theologie, 401–407. – R. BULTMANN, Die Eschatologie des Johannes-Evangeliums, in: Glauben und Verstehen I, 1933, 134–152. – DERS., Theol. NT, 427–445. – M. E. BOISMARD, L'évolution du thème eschatologique dans les traditions johanniques, RB 68 (1961) 507–524. – P. RICCA, Die Eschatologie des Vierten Evangeliums, 1966. – G. KLEIN, „Das wahre Licht scheint schon", ZThK 68 (1971) 261–326, bes. 291–304 u. 308–319.

Das Hauptanliegen der joh Schriften ist die Vergegenwärtigung der eschatologischen Existenz. Die Stunde als eschatologische ὥρα (Joh 4,21; 5,25.28), für welche der Gottessohn herabgestiegen ist (12,27), hat sich in seiner Verherrlichung ereignet (12,23, vgl. 13,1; 16,2.4.21.25.32; 17,1; 11,9). Vom Standpunkt der Erzählfiktion her gilt: Sie ist bis zur Offenbarung ihrer eigentlichen Zeit (12,23) noch nicht da (2,4; 7,30; 8,20). Vom hermeneutischen Standpunkt der Offenbarungsreden her wird gesagt: Sie ist noch nicht da, ist aber schon gegenwärtig im Prozeß der Vermittlung, d. h. im Ereignis der Begegnung mit dem Offenbarer (4,23; 5,25). Dieser Vorstellung entspricht, daß die Welt durch seine Rückkehr zum Vater gerichtet wurde (12,31) und daß der Vollzug des eschatologischen Gerichts durch den Parakleten (16,8.11) mit der Gegenwart der Verkündigung zusammenfällt. Der Vater hat seinen Sohn nicht gesandt, um zu richten (5,22.27 bzw. 8,15.26). Wer glaubt, wird ebenfalls nicht gerichtet (3,17f; 12,47f). Wer sich aber vor der Offenbarung verweigert, wird verurteilt (3,18f; 12,47ff), und dieses Urteil ist gerecht (5,30; 8,16). Der Offenbarer ist das Brot bzw. das Licht des Lebens (6,35.48 bzw. 8,12) bzw. die Auferstehung und das Leben (11,25) bzw. der Weg, die Wahrheit und das Leben (14,6). Folglich ist das Leben bzw. das ewige Leben (1,4; 5,26.40; 6,33.51.53.63; 10,10; 20,31 bzw. 3,15.16.36; 4,14.36; 5,24.39; 6,27.40.47.54.68; 10,28; 12,25.50; 17,2.3) die eschatologische Existenz, deren Bedingung vom Offenbarer schon in der Gegenwart gegeben wird; also sind die Glaubenden bereits vom Tode ins Leben hinübergeschritten (5,24; 1 Joh 3,14: Perf.).

Im 1 Joh ist die Tendenz zur Vergegenwärtigung der eschatologischen Vorstellungen noch stärker entwickelt. Das ewige Leben bezeichnet hier den gegenwärtigen Zustand der Erlösten (1,2; 2,25; 3,15; 5,11.13; vgl. 5,20 im Anhang), wer den Sohn hat, hat auch das eschatologische Leben, das in ihm erschienen ist (5,11f Perf. u. Präs. bzw. 1,1f; vgl. im Anhang 5,16, wo das Fut. nicht durch eschatologische Vorstellungen, sondern durch die ins Auge gefaßte Möglichkeit bedingt ist). Die Dialektik des eschatologischen Bewußtseins der joh Gemeinschaft ist so stark abgeschwächt, daß der Brief seinen Adressaten schlicht vermitteln will, daß sie das ewige Leben haben (5,13). Selbst der im JohEv eindeutig futurisch gemeinte Begriff (ἐν) τῇ ἐσχάτῃ ἡμέρᾳ (6,39.40.44.54 mit ἀναστήσω; 12,48 vgl. 11,24) wird mit der ὥρα in der Weise kombiniert, daß die ἐσχάτη ὥρα in 1 Joh 2,18.18 die gegenwärtige Situation qualifiziert.

Im JohEv wie im 1 Joh (vgl. Kol 3,1–4) werden aber die Vorstellungen einer futurischen Eschatologie nicht aufgegeben. Zwar sind in Joh 5,25 u. 11,24f herkömmliche Formeln so umfunktioniert, daß sie die Gegenwärtigkeit der eschatologischen Existenz ausdrücken, die Motive aus 5,25 werden aber in 5,28 wiederholt (οἱ ἐν τοῖς μνημείοις bzw. οἱ νεκροὶ ἀκούσουσιν τῆς φωνῆς αὐτοῦ bzw. τοῦ υἱοῦ τοῦ θεοῦ) und in 5,29 weiterentwickelt, indem das traditionelle Thema des Gerichtes aufgenommen wird (ἀνάστασις ζωῆς bzw. κρίσεως). (Ἐν) τῇ ἐσχάτῃ ἡμέρᾳ wird der Offenbarer die Glaubenden auferwecken, die der Vater ihm gegeben hat (6,39f.44.54), und diejenigen, die sein Wort nicht empfangen haben (12,48), werden verurteilt werden. Diese innere Spannung kann durch eine literarkritische Operation aufgehoben werden: Die präsentische Eschatologie im JohEv und im 1 Joh ist durch eine Redaktion korrigiert worden (so R. Bultmann, Das Evangelium des Johannes, KEK II, 1941, 162; Ders., Die kirchliche Redaktion, 196–199, aber auch schon A. Loisy, 1921[2], 237f u. J. Wellhausen, Das Evangelium Johannis, 1908, 31). Die Hypothese, Joh hätte die christliche Tradition zitiert, um sie umzuinterpretieren, scheitert an der Tatsache, daß die futurische Eschatologie im 1 Joh bzw. im Anhang (1 Joh 5,14–21) weiterhin ihre Bedeutung und ihre Funktion behält (vgl. aber schon Joh 14,1–3; 17,24–26). In 2,28 wird die Bitte des Briefes durch die Erwähnung der eschatologischen Erscheinung des Offenbarers verstärkt. Den Begriff παρουσία hat der Verfasser aus der hellenistisch-judenchristlichen Sprache übernommen (1 Thess 2,19; 3,13; 4,15; 5,23; 1 Kor 15,23; 2 Thess 2,1.8.9; Mt 24,3.27.37.39; Jak 5,7f; 2 Petr 1,16; 3,4.12). Der Topos wird dann aber umgewandelt, indem das Im-Offenbarer-Bleiben, d. h. die Erkenntnis, und nicht die Ethik, als Kriterium der παρρησία bzw. des αἰσχυνθῆναι gilt. Die Erlösten, die vom Tode zum Leben hinübergeschritten sind (1 Joh 3,14), werden dann in ihrer Gleichheit mit dem Offenbarer erscheinen (ἐφανερώθη, 3,2, vgl. Kol 3,4; 2 Kor 5,10.11; Apk 3,18; 15,4; 1 Clem 50,3), so daß die παρρησία an der κρίσις als die Vollendung des Erlöstseins erkannt werden kann (4,17; zu ἀγάπη s. 2,5 u. Komm.). Diese Vorstellung entspricht Joh 6,39ff, ist aber eigentlich eine gnostische Radikalisierung von Joh 5,28f.

Das Selbstverständnis, das in der Dialektik dieser beiden eschatologischen Vorstellungen seinen Ausdruck findet, hat seine nächste Parallele in Treat. Res., NHC I,4 (vgl. M. L. Peel, The Epistle to Rheginos. A Valentinian Letter on the Resurrection, 1969, dt. Gnosis und Auferstehung. Der Brief an Rheginus von Nag Hammadi, 1974; J. É. Ménard, Le Traité sur la Résurrection, BCNH 12, 1983). Die Erlösung der Glaubenden hat bereits stattgefunden (45,24–46,2), so daß die ἀνάστασις für sie schon ein gegenwärtiger Zustand ist (49,22ff.25ff). Die Voraussetzung für diesen Sachverhalt besteht in der Erkenntnis, zu welcher Gott sie prädestiniert hat (46,25–32). Sie hoffen auf die endgültige Befreiung von dieser Welt und darauf, durch ein neues Fleisch bekleidet zu werden (47,1ff; Gos. Phil., NHC II,3 56,26–57,19). Die Erwählten werden offenbart (45,7–13; 48,3–6; 1 Joh 3,2), während die Ungläubigen zur Nichtigkeit durch den Tod verurteilt sind (45,7ff). Das Wissen um die schon gegenwärtige geistliche Auferstehung (45,40; 49,21ff; 1 Joh 5,13) bezeugt die ἀνάστασις überhaupt und ist der Indikativ, der den Imperativ als Freiheit gegenüber der Welt begründet (48,20–49,36).

1 Joh 2,18–27 Das Problem: Die Erscheinung der Antichristen

[18]Kinderchen, es ist die letzte Stunde, und wie ihr gehört habt, daß der Antichrist kommt, so sind jetzt viele Antichristen entstanden. Daran erkennen wir, daß es die letzte Stunde ist. [19]Von uns sind sie ausgegangen, aber sie waren nicht von uns; wären sie nämlich von uns, so wären sie bei uns geblieben; aber (es wurde so), damit es erscheine, daß nicht alle von uns sind. [20]Und ihr, ihr habt die Salbung von dem Heiligen, und ihr alle wißt. [21]Ich habe euch nicht geschrieben, weil ihr die Wahrheit nicht wißt, sondern weil ihr sie wißt und weil jede Lüge nicht aus der Wahrheit ist. [22]Wer ist der Lügner, wenn nicht der, der leugnet, daß Jesus der Christus ist? Dieser ist der Antichrist, der den Vater und den Sohn leugnet. [23]Jeder, der den Sohn leugnet, hat den Vater auch nicht. Wer den Sohn bekennt, hat auch den Vater. [24]Ihr – was ihr von Anfang an gehört habt, soll in euch bleiben. Wenn in euch bleibt, was ihr von Anfang an gehört habt, so werdet ihr auch in dem Sohn und in dem Vater bleiben. [25]Und das ist die Verheißung, die er uns zugesagt hat, das ewige Leben. [26]Das habe ich euch geschrieben von denen, die euch irreführen. [27]Und ihr – die Salbung, die ihr von ihm bekommen habt, bleibt in euch, und ihr habt nicht nötig, daß einer euch belehre, sondern wie seine Salbung euch belehrt über alles und wahr ist und nicht Lüge ist und wie sie euch belehrt hat, bleibt in ihr.

Literatur: A. WURM, Die Irrlehrer, 1–23 u. 129–144. – T. W. MANSON, Entry into Membership of the Early Church, JTS 48 (1947) 25–33. – H. CONZELMANN, „Was von Anfang war", 196f. – I. DE LA POTTERIE, L'onction du chrétien par la foi, Bib 40 (1959) 12–69, bes. 30–46. – E. HAENCHEN, Neuere Literatur, in: Bibel, 265. 280f. – P. S. MINEAR, The Idea of Incarnation in First John, Int 24 (1970) 291–302. G. KLEIN, „Das wahre Licht scheint schon", ZThK 68 (1971) 261–326, bes. 291ff. – U. VANNI, Dalla venuta dell' „ora" alla venuta di Cristo (La dimensione storico-cristologica dell'escatologia nell'Apocalisse), StudMiss 32 (1983) 309–343. – H.-J. KLAUCK, Der Antichrist und das johanneische Schisma. Zu 1 Joh 2,18–19, in: Christus bezeugen (Fs W. Trilling), 1990, 237–248.

Die narratio bildet einen abgeschlossenen Abschnitt. Im 1. Teil, V. 18ff, wird das Problem dargestellt: Gewisse Leute sind aus der eschatologischen Gemeinde ausgetreten und werden jetzt als Antichristen betrachtet. Aus ihrem Verhalten wird deutlich – so der Kommentar des Verfassers –, daß sie nie zur Gemeinschaft gehört haben (V. 19). Weil die Adressaten aber das χρῖσμα (V. 20) haben, schreibt ihnen der Zeuge, denn sie kennen die Wahrheit und wissen sie von der Lüge zu unterscheiden (V. 21). Im 2. Teil, V. 22ff, wird das christologische Bekenntnis als Kriterium für den Lügner bzw. für den Antichristen eingeführt – ein Sachverhalt, der folgendermaßen kommentiert wird: So lange wie die Offenbarungstradition bei den Adressaten bleibt, bleiben auch sie im Sohn und im Vater (V. 24f). Der 3. Teil, V. 26f, beinhaltet das Ziel des Absenders: daß die Adressaten sich nicht verführen lassen. – Kommentar: das χρῖσμα, das sie empfangen haben, wird sie belehren (V. 27ab); sie sollen sich aber auch belehren lassen (V. 27c).

18ff Die eigentliche These des Verfassers lautet: Die eschatologische Zeit ist da (s. Exkurs: Eschatologie, ad 2,12–17). Ἐσχάτη ὥρα, nur hier im NT belegt, qualifiziert als Kombination aus den beiden joh Begriffen ὥρα (vgl. Joh 4,21.23; 5,25.28; 12,23.27.31 usw.) und ἐσχάτη ἡμέρα (Joh 6,39f.44.54; 11,24; 12,48, vgl. Apg 2,17;

2 Tim 3,1; Jk 5,3; 2 Petr 3,3 Plur.) die Gegenwart (anders als ἐσχάτη ἡμέρα) als Epoche (anders als ὥρα, die im JohEv das Ereignis der Offenbarung bezeichnet). Die Verbformen (Präs. u. Perf.) und die Mahnungen (V. 23ff.26ff) zeigen: Es handelt sich nicht um die Naherwartung, sondern um das eschatologische Selbstbewußtsein des Kreises (so schon 2,12ff): Die Erlösten sollen ihren Zustand nicht verlieren. Korollarium: Zur Gegenwart der eschatologischen Zeit gehört die Erscheinung der Antichristen, die sich der autoritativen Offenbarungstradition nach (καθὼς ἠκούσατε) als Konsequenz, der axiomatischen Aussage nach (ὅθεν γινώσκομεν, vgl. Einleitung: 4. Argumentation) als Bestätigung des gnostischen Überzeugungssystems des Verfassers und seiner Adressaten verstehen läßt. Ἀντίχριστος (zum Begriff, W. Bousset, Der Antichrist in der Überlieferung des Judentums, des Neuen Testaments und der Alten Kirche, 1895, 124–125; A. E. Brooke, 69–79; O. Piper, 1 John and the Didache of the Primitive Church, JBL 66 [1947] 437–451, bes. 444f; R. Schnackenburg, 145–149; J. Ernst, Die eschatologischen Gegenspieler in den Schriften des Neuen Testaments, BU 3, 1967, 168–177; H. Thyen, TRE XVII, 193) ist erst 1 Joh 2,18.18.22; 4,3; 2 Joh 7 belegt. Im Sing. konstruiert der Begriff eine mythologische Figur, die wie der διάβολος in Joh 8,44 als widergöttliche Macht der Lüge in Erscheinung tritt und insofern das Sich-Verweigern vor der Offenbarung personifiziert (2,18; 4,3). Im 1 wie im 2 Joh hat diese Figur die Funktion, die Konkurrenz zu disqualifizieren (2,18; 2 Joh 7; zu den Implikationen der Mythisierung s. U. Eco, Apocalittici e integrati, 1964, dt. Apokalyptiker und Integrierte, 1984, 187ff). Faktisch werden Missionare bezeichnet, die viele sind und einen unbestrittenen Erfolg haben (2 Joh 7 bzw. 1 Joh 2,18 bzw. 4,5). Sie gehörten zu derselben Schule wie der Verfasser; in der Zwischenzeit ist es aber zu einem Schisma gekommen (2,19). Vom Standpunkt des Verfassers her gilt: Sie sind aus der eschatologischen Gemeinde ausgetreten (2,19; vgl. Dt. 13,13f), zu der sie eigentlich von Anfang an nicht gehörten, soweit sie das christologische Bekenntnis der joh Offenbarung verleugnen (2,22; 4,3; 2 Joh 7). Als parallele polemische Vorstellungen bzw. Bildung vgl. ψευδόχριστος, Mk 13,22 // Mt 24,24. Ἀντί ist entweder als „anstelle von" (so Mk 13,22; getadelt wäre nicht der apokalyptische Prophetismus, so in Mk, sondern z. B. die Selbstbehauptung des Amtes in ‚frühkatholischen' Gemeinden) oder als „gegen" (als Ablehnung des joh Selbstverständnisses) zu deuten. Zu ἐξῆλθαν vgl. Joh 13,30. Nach dem joh Selbstverständnis wird die Trennung konsequent durch die Prädestination erklärt (V. 19bc vgl. Joh 6,60–66, bes. 65 u. 66): Daß sie ausgetreten sind, offenbart ihr Nicht-von-uns-Sein = ihr Nicht-aus-Gott-Sein (1,3; 4,6). Φανεροῦν: vgl. Joh 3,21 u. Komm. ad 1,2. Οὐκ verneint entweder deterministisch εἰσίν oder appellativ πάντες. Zur Ellipse s. Joh 1,8; 9,3; 13,18; 14,31; 15,25.

20 Mit καὶ ὑμεῖς (vgl. V. 24 im zweiten Teil und V. 27 im dritten) wird die Sonderstellung der Adressaten, die sich von der Welt abgesondert haben, betont. Χρίσμα (wörtl.: Salböl, im NT nur in 1 Joh 2,20.27, in der LXX in Sir 38,30 profan als Salbe, sonst in bezug auf die Einsetzung des Kultes in Ex 30,25; 35,14.19; 38,25; 40,9 bzw. der Priester in Ex 29,7; 40,15; Dan 9,26, vgl. Philo, Mos. II,146.152; Josephus, Ant.III,197 belegt) bezeichnet die durch das Sakrament (= die Taufe oder eine selbständige Initiation, vgl. T. W. Manson, JTS 48 [1947] 28) vermittelte Erkenntnis (V. 27; R. Reitzenstein, Die hellenistischen Mysterienreligionen, 1927³, 396f: Das χρίσμα ist sprachlich und sachlich dem Offenbarer gleichgestellt, vgl. Joh 15,4ff;

14,6ff, formal der Verkündigung bei der Taufe, vgl. 2Kor 1,12). Seine Funktion entspricht der des πνεῦμα (4,13; s. F. C. Baur, Die johanneischen Briefe, 320). Zusammen mit dem Brot und dem Kelch gehört es in JosAs zum Aufnahmeritus (8,5; 15,5; 16,16; in den beiden letzten Stellen: χρῖσμα [τῆς] ἀφθαρσίας). In der Priesterweihe Test Levi 8,4ff ist das Öl u. a. mit Wein und Wasser verbunden. Mit Bezug auf die Taufe verbindet Const. Apost. VII,22,2 χρῖσμα mit dem Geist: ἵνα τὸ μὲν χρῖσμα μετοχὴ ἦ τοῦ ἁγίου πνεύματος, τὸ δὲ ὕδωρ σύμβολον τοῦ θανάτου, τὸ δὲ μύρον σφραγὶς τῶν συνθηκῶν (vgl. W. Nauck, Tradition und Charakter, 156–159, der u. a. auf Act. Thom 152 hinweist). Im Gos. Truth (NHC I,3 36,17–28) ist das χρῖσμα die Barmherzigkeitstat Gottes, durch die die τέλειοι gekennzeichnet werden (so auch Gos. Phil., NHC II,3 67,5). Es wird durch den Geist verliehen (Ap. John, NHC II,1 6,25f; NHC III,1 10,2–4). Nach dem Gos. Phil. gehört es zu der Offenbarungstradition: Vom Vater durch den Sohn und die Apostel bis hin zu den Erlösten (NHC II,3 74,12–20) wurde die Salbung als Gabe der Auferstehung vermittelt (73,18f). Sie gehört zur Initiation (82,21) und verdeutlicht insofern die Erlösung und die Vergebung der Sünden (78,5). Sie wird zu den Sakramenten gerechnet (67,28) und ist als Taufe des Lichtes mit dem Wasser verbunden und ihm überlegen (69,14; 74,12ff. 75,1: Brot, Kelch, Salböl). Daß der Verfasser in 1Joh 2,19 die Waffen seiner Gegner gegen sie selbst richte (so E. Haenchen, Neuere Literatur, 265), ist nirgends im Text angedeutet – auch nicht in 4,2! Die sakramentale Interpretation der Erlösung ist vielmehr kennzeichnend für eine Entwicklung der joh Schule (Joh 6, 53ff; 19,34; 1Joh 1,7ff; 4,2f; 5,6ff): Der Besitz des χρῖσμα ist die Quelle der Gnosis (so R. Bultmann, 42). Ἀπὸ τοῦ ἁγίου bezeichnet entweder den Sohn (so in V. 25 bzw. 27, vgl. Joh 6,69) oder den Vater (so Joh 17,11). Die Lesart πάντες ist πάντα, das mit περὶ πάντων V. 27 harmonisiert und ein Obj. für οἴδατε gibt, vorzuziehen. Entgegen den Vorstellungen des ‚Frühkatholizismus' gilt: Alle Erlösten haben die Erkenntnis (dagegen z. B. 1 Tim 6,3ff).

21 Aufgrund dieser Erkenntnis schreibt ihnen der Verfasser. Zur Logik s. 2,12 u. Komm. Τὴν ἀλήθειαν εἰδέναι ist nur hier im NT belegt, vgl. aber Gorgias, Fragm. 11a (Diels-Kranz, II, 300, 12–14); Plato, Symposium 198d; Phaedrus 262c; Res Publica IX, 581b; Lykurgos, Gegen Leokrates 23; Polybios XV, 26, 6; Josephus, Ant.II,5,1; vgl. I. de la Potterie, La Vérité dans Saint Jean, II, AnBibl 74, 1977, 575–592. Zu ἀλήθεια s. 1,6 u. Komm. Ψεῦδος bezeichnet auch 2,27 u. Joh 8,44 die Verleugnung der Offenbarung; vgl. ψεύστης 1,10 u. Komm. Durch die merkwürdige Angabe des ‚Nicht-Grundes' für das Schreiben (οὐκ ἔγραψα nur hier im Brief) sollen die Adressaten von dem Verdacht freigesprochen werden, sie könnten mit den Antichristen gemeint sein; somit soll ihre Zustimmung zu den Gedanken des Verfassers herbeigeführt werden.

22f Die rhetorische Frage enthält das Kriterium zur Überführung des ψεύστης in der Form einer Bekenntnisaussage (so auch 4,2f.15; 5,1.5f; s. Einleitung: 4. Argumentation). Objekt der Leugnung ist Ἰησοῦς ἐστιν ὁ χριστός = der Offenbarer (so Joh 1,20.25.41; 3,28; 4,25.29; 11,27; 17,3 u. bes. 20,31). Das ἀρνεῖσθαι des Antichristen (hier typologisch Sing.) wird durch den Topos des Unglaubens der Juden im JohEv gefüllt (7,26f.31.41f; 9,22; 10,24; 12,34, so H. Windisch, 118) und durch einen zweiten Offenbarungstopos: die Einheit des Sohnes mit dem Vater (2,22ff 4mal; Joh 3,35f; 5,19ff; 10,36; 14,13; 17,1ff; 20,31) erläutert. Vom Verfasser wird nicht die

Menschwerdung Jesu anti-doketisch oder anti-gnostisch behauptet, sondern betont, daß der Offenbarer und der offenbarte Gott als die Wahrheit zu verstehen sind. Die antithetische Kasuistik (V. 23) präzisiert: Ohne den joh Offenbarer ist der Vater nicht zu finden. Ἀρνεῖσθαι 2,22f dreimal, vgl. Joh 1,20; 13,38; 18,25ff. Ὁμολογεῖν in Bekenntnisformeln s. 2,23; 4,2f.15; 2 Joh 7, vgl. Joh 1,20; 9,22; 12,42 u. 1,9. Τὸν πατέρα ἔχειν vgl. 1,3 u. Komm.

24f Zu ὃ ἠκούσατε ἀπ᾽ ἀρχῆς = die Offenbarungstradition, 1,1; 2,7.13f.24; 3,11; 2 Joh 5f s. Einleitung: 4. Argumentation. Ὑμεῖς ist wie in V. 20 und in V. 27 vorangestellt (vgl. BDR 466[3]). Μενέτω ist ein paradoxaler Imperativ. Μένειν ist als Indikativ der göttlichen Erlösung immer auf den Kreis der Adressaten bezogen (2,14; 3,9.24, vgl. 4,12) oder konditional gebraucht (3,15.17; 4,12.15.16). Als verheißener Zustand ist es immer auf ὑμεῖς bzw. ἡμεῖς begrenzt (2,24; 4,13), sonst erscheint es als Imperativ (2,27f) oder als Bedingung bzw. unter Vorbehalt (2,6.10.17.19; 3,6.14.24; 4,16.16 bzw. 2,10.17; 3,24 u. negativ 2,19; 3,14). Aus dem Wortspiel 4,12f.15f; Joh 15,4ff (s. Exkurs: Μένειν, ad 2,28–29) wird deutlich: Soweit die Offenbarung in den Erlösten bleibt, werden auch sie im Sohn und insofern im Vater bleiben.

25 Die Verheißung, die für sie gilt (ἡμῖν), ist das eschatologische Leben. Ἐπαγγελία / ἐπαγγέλλομαι ist in der joh Literatur sonst nicht belegt, vgl. ἀγγελία 1,5; 3,11; ἀπαγγέλλω 1,2f; Joh 16,25; ἀναγγέλλω 1,5. Ζωὴ αἰώνιος: 1,2; 2,25; 3,15; 5,11.13.20, s. Exkurs: Eschatologie, ad 2,12–17, zur Sache: Joh 17,3.

26f Die metalinguistische Erläuterung ist eine Parallele zu 2,1. Zu ἔγραψα statt γράφω s. 2,14 u. Komm.; hier wird auf 2,18ff Bezug genommen (wie auf 1,5ff in 2,1). Der Verfasser hat den Fall so dargestellt, daß seine Adressaten nicht verführt werden. Πλανᾶν beinhaltet eine Warnung vor dem Verlust des eschatologischen Selbstverständnisses: 1,8; 3,7. Deswegen wird der Begriff hier und möglicherweise implizit in 3,7 in der Auseinandersetzung gegen die Konkurrenten verwendet; vgl. 4,6 bzw. 2 Joh 7: πλάνη bzw. πλάνος.

27 Καὶ ὑμεῖς κτλ. (vgl. V. 20.24) wiederholt die beiden Kommentare V. 20f.24f. Τὸ χρῖσμα κτλ. = V. 20a, wobei mit αὐτοῦ der Offenbarer (αὐτός, V. 25) gemeint ist. Καὶ οὐ χρείαν κτλ. bzw. ἀλλ᾽ ὡς κτλ. = V. 20b. Διδάσκειν erscheint nur hier im Brief, im JohEv wird der Begriff mit Jesus 6,59; 7,14.28.35; 8,20; 18,20, dem Vater 8,28 oder dem Parakleten 14,26 als Subj. verbunden – Ausnahme: die ironische Stelle 9,34. Τις ist zuerst grundsätzlich gedacht: durch das χρῖσμα haben die Erlösten die Erkenntnis (V. 21b). Daß die Adressaten sich auf die Offenbarungstradition berufen können und von jeder Autorität unabhängig sind, gehört zum eschatologischen Selbstbewußtsein des Kreises (so E. Käsemann, Ketzer und Zeuge, 184–185, gegen H. Conzelmann, „Was von Anfang war", 201 A. 22, s. Einleitung: 4. Argumentation; 2,7.13f.18.24; 3,2.5.11.13.15; 4,3). Καὶ ἀληθές κτλ. = V. 21b, vgl. 1,6ff; ἀληθής auch 2,8. Ψεῦδος: s. 2,21. Der Imperativ μένετε = V. 28 lehnt sich an den Indikativ μένει an. Zur Dialektik s. 2,1 bzw. 2,12 u. Komm. Die Adressaten sollen sich durch das χρῖσμα belehren lassen, wie bzw. weil es sie schon unterrichtet hat (ἐδίδαξεν, Aor.).

Die Frage der vermeintlichen Gegner

Literatur: W. M. L. DE WETTE, Einleitung, 400f. – A. WURM, Die Irrlehrer. – E. KÄSEMANN, Ketzer und Zeuge. – DERS., Jesu letzter Wille nach Johannes 17, 1966. – H. BRAUN, Literar-Analyse, in: Gesammelte Studien, 237–242. – E. HAENCHEN, Neuere Literatur, in: Bibel, 273–279. – J. A. T. ROBINSON, The Destination and Purpose of the Johannine Epistles, NTS 7 (1960–61) 56–65. – K. WEISS, Orthodoxie und Heterodoxie im 1. Johannesbrief, ZNW 58 (1967) 247–255. – DERS., Die „Gnosis" im Hintergrund und Spiegel der Johannesbriefe, in: K.-W. TRÖGER (Hg), Gnosis und Neues Testament, 1973, 341–356. – W. S. VORSTER, Heterodoxy in 1 John, Neotestamentica 9 (1975) 87–98. – K. WENGST, Häresie und Orthodoxie im Spiegel des ersten Johannesbriefes, 1976. – J. BOGART, Orthodox and Heretical Perfectionism. – R. E. BROWN, The Community of the Beloved Disciple, 1979. – J. LIEU, „The Authority to become Children of God", NT 23 (1981) 210–228. – R. A. WHITACRE, Johannine Polemic. – G. GHIBERTI, Ortodossia nelle lettere giovanese, RivBib 30 (1982) 381–400. – N. BROX, „Doketismus" – eine Problemanzeige, ZKG 95 (1984) 301–314. – J. BLANK, Die Irrlehrer des Ersten Johannesbriefes, Kairos 26 (1984) 166–193. – J. PAINTER, The ‚Opponents' in 1 John, NTS 32 (1986) 48–71. – F. VOUGA, The Johannine School: A Gnostic Tradition in Primitive Christianity?, Bib 69 (1988)371–385. – B. D. EHRMAN, 1 John 4,3 and the Orthodox Corruption of Scripture, ZNW 79 (1988) 221–243. – H.-J. KLAUCK, Gespaltene Gemeinde. Der Umgang mit den Sezessionisten im ersten Johannesbrief, in: Gemeinde-Amt-Sakrament, 1989, 59–68.

‚Gegner' werden ausdrücklich in 2,18f.22 u. 4,1–6 bzw. in 2 Joh 7 erwähnt. Vom Standpunkt des Verfassers her sind sie aus der Gemeinschaft ausgetreten (2,19). Wie er zugeben muß, sind es viele (2,18). Daß die Welt sie hört, könnte einfach bedeuten, daß sie aus der Perspektive des Verfassers seit ihrem Abfall wieder zur Welt gehören (4,5). 2 Joh 7, der sich ausdrücklich auf 1 Joh 4,2 beruft, stellt sie als Missionare dar. Deswegen weist 4,5 eher auf ihren Erfolg hin – und auf die Gefahr, die sie für die Adressaten bedeuten. Die Art der Darstellung des Problems, aber auch die Immunisationsstrategie, mit welcher die Ereignisse als Bestätigung des joh Selbstverständnisses erklärt werden, entsprechen der Notwendigkeit der Verarbeitung der Situation. Es läßt sich feststellen, daß – wie auch immer – ein Schisma entstanden ist. Die Adressaten gehören zu der Minderheit der Gemeinden, die dem Verfasser treu geblieben sind. Sie werden vor einem möglichen Abfall gewarnt (2,18ff) und durch die Wiederholung der ursprünglichen Offenbarungstradition bzw. durch die Erinnerung an das eschatologische Selbstbewußtsein der Bewegung dazu ermahnt, am erreichten Zustand der Erlösung festzuhalten (2,20ff.28f; 3,1ff; 4,7ff). 2 Joh 7ff sieht präzisere Maßnahmen vor: Die Konkurrenten sollen weder gegrüßt noch zu Hause empfangen werden (V. 10f).

Ἐξ ἡμῶν ἐξῆλθεν 2,19 läßt verstehen, daß die sogenannten Antichristen (2,18.22; 4,3; 2 Joh 7) bzw. Lügner (2,22) bzw. Pseudopropheten (4,1) zu den joh Kreisen gehörten, bzw. daß sie sich auch weiterhin als Konkurrenten auf die joh Offenbarungstradition berufen. Dieser Sichtweise entspricht die Art der Argumentation des Briefes, die sich keineswegs auf die joh Überlieferung beruft, um ein anderes, jüdisches bzw. christliches bzw. gnostisches bzw. hellenistisches Überzeugungssystem zu widerlegen, sondern immer wieder auf ihre Kontinuität mit dem Anfang verweist (so die im 1 Joh herangezogene Offenbarungstradition, s. Einleitung: 4. Argumentation). Deswegen sind die Gegner Christen bzw. ehemalige Christen, d. h. weder Juden noch Judenlehrer wie im JohEv (so J. F. C. Löffler, Dissertatio historico-exegetica Ioannis epistola prima Gnosticos imprimis impugnari negatur, Commentationes theologicae I, 1794) noch Gnostiker im allgemeinen (so J. F. Kleuker, Johannes, Petrus und Paulus als Christologen betrachtet, 1785, 63ff. 90ff) noch Cerinth- (so J. D. Michaelis, Einleitung in die göttlichen Schriften des Neuen Bundes II, 1788⁴, 1520ff) noch Johannes-Jünger (so G. C. Storr, Über den Zweck der evangelischen Geschichte und der Briefe Johannis, 1786, 313ff) noch Vertreter einer östlichen Weisheit (so H. E. G. Paulus, Die drei Lehrbriefe von Johannes, 1829, 45ff).

Offen bleibt die Frage: Welche Vorwürfe erhebt der Verfasser? Seit Tertullian (De carne Christi 24; vgl. Adv. Marc. V,16,4, aber schon Irenäus, Adv. Haer. III, 16,8, der für die antiketzerische Verwendung des Briefes wahrscheinlich verantwortlich ist, vgl. die Legende über Johannes und

Cerinth, Adv. Haer. III,3,4 = Euseb, HE III,28,6 = IV,14,6 mit der von Dionysos von Alexandrien überlieferten Tradition, Euseb, HE VII,25,1–3) ist die Auslegungstradition belegt, die in den ‚Gegnern' Doketen sieht. Der Anhaltspunkt dieser These ist durch die Bekenntnisformeln (2,22; 4,15; 5,1.5, aber bes. 4,2 bzw. 2 Joh 7), ihre Parallelen in den Briefen des Ignatius (IgnEph 7,2 = Gott, der ἐν σαρκὶ γενόμενος ist; IgnSm 3,1 = der Auferstandene war selbst ἐν σαρκί; 5,2 = der Herr soll als σαρκοφόρος bekannt werden), im Polykarpbrief (PolPhil 7,1: πᾶς γὰρ ὃς μὴ ὁμολογῇ Ἰησοῦν Χριστὸν ἐν σαρκὶ ἐληλυθέναι, ἀντίχριστός ἐστιν) und im vermeintlichen Antinomismus der ‚Gegner' (3,4 vgl. 1,8.10; 2,9; 3,6; 4,20) gegeben. Vgl. H. J. Holtzmann, Lehrbuch der historisch-kritischen Einleitung in das Neue Testament, 1892[3], 479f. Von diesem Zusammenhang her soll der ganze Brief gedeutet werden. Die christologischen Aussagen, die Betonung des Liebesgebotes und die dialektische Betrachtung der Sündlosigkeit (1,6ff) sollen als implizite Polemik gegen Doketen (so R. Bultmann, 44; E. Haenchen, Neuere Literatur, 273–279; H. Braun, Literar-Analyse, 237–242; H. Balz, 151f, aber anders Ders., Joh Theologie und Ethik, nach welchem der Konflikt ethisch und nicht christologisch wäre; G. Strecker, 131–139. A. Loisy, 1921[2], 77–80: Eine erste Fassung des 1 Joh ist als Begleitschreiben der ersten Fassung des JohEv verfaßt worden; beide Schriften sind durch eine antidoketische Redaktion bearbeitet worden) bzw. Gnostiker (so H. J. Holtzmann, Das Problem III; R. Schnackenburg, 15–23; J. Bogart, Orthodox and Heretical Perfectionism. K. Wengst, Häresie und Orthodoxie, 15–61, vgl. A. E. Brooke, XLV–LII: auf einer Linie, die über Cerinth in die Gnosis führt) bzw. Ultrajohannisten (R. A. Culpepper, School, 282–284; ähnlich: R. E. Brown, 69–86 u. 104–106; G. Schunack, 12f. J. Painter, NTS 32 [1986] 48–71: Heidenchristen, die die joh Tradition ohne den Hintergrund der Auseinandersetzung mit der Synagoge mißverstehen) verstanden werden. Grundsätzlich dagegen J. Lieu, NT 23 (1981) 210–228; P. Perkins, Koinōnia in 1 John 1,3–7: The Social Context of Division in the Johannine Letters, CBQ 45 (1983) 631–641, bes. 636–639 (das Hauptanliegen des 1 Joh ist nicht die Auseinandersetzung von Orthodoxie und Häresie, sondern die Stärkung der Adressaten in ihrer Glaubensgewißheit bzw. in der nach dem Tod des Lieblingsjüngers gebrochenen joh societas) und W. S. Vorster, Neotestamentica 9 (1975) 87–97: Die Bezeichnung der vermeintlichen Irrlehrer als Gnostiker oder sogar als Häretiker ergibt sich aus einer ungerechtfertigten Bewertung der Vielfalt der Jesusbewegung. Der Einwand von G. Bornkamm, Zur Interpretation des Johannesevangeliums. Eine Auseinandersetzung mit Ernst Käsemanns Schrift „Jesu letzter Wille nach Johannes 17", EvTh 28 (1968) 8–25 = Ders., Geschichte und Glaube I, BevTh 48, 1968, 104–121, gegen die These von E. Käsemann, nach welcher die Bezeichnung des Verfassers des JohEv und der Briefe als eines Doketen anachronistisch sei, gilt im übrigen auch gegenüber der antidoketischen Interpretation.

In den Bekenntnisformeln wird allerdings nicht die Menschwerdung Christi behauptet, sondern umgekehrt: seine Anerkennung als der Offenbarer (s. 2,22; 4,15; 5,1.5 u. Komm.; P. S. Minear, The Idea of Incarnation in First John, Int 24 [1970] 291–302). Anders als PolPhil 7,1 ist die Partizipial-Konstruktion 4,2 keine anti-doketische bzw. anti-gnostische Formulierung (so auch J. Lieu, Second and Third Epistles, 81f). Die Auseinandersetzung mit dem Doketismus betrifft die Passion und den Tod Jesu (so IgnSm 2; Treat. Seth, NHC VII,2 55,9–56,19; Apoc. Peter, NHC VII,3 81,4–83,15), und ἐν σαρκὶ ἐληλυθότα (mit Perf., vgl. 2 Joh 7 mit Präs!) ist kein antignostisches Schlagwort (vgl. Treat. Res., NHC I,4 44,15; Gos.Phil., NHC II,3 56–57, mit einer Auslegung von Joh 6,53). Zur Dialektik des Gebotes der gegenseitigen Liebe und zum Kriterium des Liebesgebotes, s. Exkurs ad 2,7–11. Die Warnungen vor der Selbstbehauptung einer Sündlosigkeit, die nicht vom durch die Offenbarung erkannten Aus-Gott-Sein verliehen worden sein würde (1,6ff; 2,1f; 3,4ff), sind auch nicht an Außenstehende gerichtet. Mit der 1. Pers. Plur. wird vielmehr der Kreis des Verfassers und der Adressaten angesprochen (1,6ff; anders R. E. Brown, 79–86; J. Painter, NTS 32 [1986] 54–64: 1,6.8.10; 2,4.6.9; 4,20 zitieren Selbstdarstellungen der sog. Gegner). Auch die Form der antithetischen Formulierungen (s. 1,6f u. Komm.) zeigt, daß die sog. Gegner in der Gemeinde zu suchen sind, wo sie die falsche eschatologische Entscheidung treffen und die brüderliche Gemeinschaft verlassen könnten.

Auch wenn die frühe Rezeptionsgeschichte 1 Joh anti-doketisch gedeutet hat (s. oben), ist der Brief in der Kontinuität des JohEv zu verstehen. Schon J. S. Semler, Paraphrasis in 1. epistolam Joannis, 1792, hat die Hypothese vertreten, daß die Antichristen ‚abgefallene' Juden sind. Das Szenario im

1 Joh wäre nach Joh 6,60ff zu erklären: Sie sind in die hellenistische Synagoge zurückgekehrt (so J. A. T. Robinson, NTS 7 [1960–61] 56–65). Der Brief warnt nicht vor Häresie, sondern vor Apostasie (so E. Stegemann, „Kindlein, hütet euch vor den Götterbildern!", ThZ 41 [1985] 284–294: 1 Joh könnte als Reaktion auf eine Krise gedacht werden, die durch Verfolgungen der Christen seitens der römischen Welt bewirkt wurde, vgl. Plinius, ep. X,96,6). Verständlich wird durch diese Interpretation, warum der Verfasser sich auf das Kriterium des Christusbekenntnisses beruft (s. oben), warum die Unmöglichkeit, den Vater ohne den Sohn zu haben, immer wiederholt wird (2,22; 4,3.15; 5,1; 2 Joh 9) und warum die verbindliche Geltung des Gesetzes vorausgesetzt wird (3,4). Im Zeitraum zwischen der Abfassungszeit des JohEv und des 1 Joh konnte sich die Situation der joh Bewegung kaum wesentlich verändert haben. Deswegen ist 1 Joh wie das JohEv als eine Schrift zu verstehen, deren Funktion in der Tröstung der Gemeinde und in der Bestätigung ihres Selbstbewußtseins besteht.

Auffallend ist aber, daß jedes Element einer Auseinandersetzung mit dem Judentum, das die Adressaten von einer Rückkehr dorthin abhalten würde, in der Argumentation fehlt. Anders im JohEv, wo die christologische Schriftauslegung und die Umdeutung Abrahams, Jakobs und Moses durch den Offenbarer eine entscheidende Rolle spielen. Kains Beispiel 3,12 hat nicht den Anspruch, das joh Liebesgebot (Joh 13,34) auf das alttestamentliche Gesetz zu beziehen. Ὁ ἀπ᾽ ἀρχῆς bzw. ἀπ᾽ ἀρχῆς beruft sich ausdrücklich auf die Erscheinung der Offenbarung bzw. auf die empfangene Erkenntnis, s. Joh 1,1 bzw. 15,27. Die Behauptung, ein Rückgriff auf Gen 1,1ff solle die joh Offenbarungstradition als eine mit der jüdischen Heilsgeschichte identische bzw. konkurrierende darstellen, ergibt sich kaum aus der Argumentation des Briefes (anders H. Thyen, TRE XVII, 195). Der Konflikt betrifft eher die Interpretation der Offenbarungstradition. Die Erinnerung an ihren Ursprung soll eine Unterscheidung der Geister innerhalb des joh Erbes (vgl. 4,1ff) ermöglichen. Auf sein Verständnis der Christologie begründet der Verfasser sowohl sein eschatologisches Selbstbewußtsein, durch seine Erkenntnis und durch das Bleiben des Samens Gottes in ihm (3,9) das ewige Leben schon zu haben und bereits sündlos geworden zu sein (2,12ff; 3,4ff), als auch seine Deutung des Liebesgebotes als Solidarität der Erlösten. Man kann eher den Verfasser als die Konkurrenten in der Nähe der Gnosis ansiedeln (so K. Weiss, „Gnosis", 353–356). Das bedeutet nicht, daß die joh Offenbarungstradition die späteren, christlichen Systeme der Gnosis voraussetze, sondern umgekehrt, daß sie ihrer Entwicklung vorausgeht. Das von ihr vertretene Selbstverständnis erinnert an den Häretiker 2 Tim 2,18 (so F. C. Baur, Neutestamentliche Theologie, 405). Indem sie in die allgemeine Kirche übergelaufen sind, haben die Konkurrenten die durch die christologischen Bekenntnisformeln bezeugte Offenbarungstradition aufgegeben. Auch wenn ihre Anzahl (2,18) und ihr Erfolg (4,5) für sie sprechen, haben sie doch ihr Privileg verloren, nämlich das Heil (3,4ff; 4,1ff; 5,1ff).

1 Joh 2,28–29 Die Bitte: Das Bleiben

[28]Und jetzt, Kinder, bleibt in ihm, damit wir, wenn er erscheint, Freimut haben und vor ihm bei seiner Ankuft nicht zuschanden werden. [29]Wenn ihr wißt, daß er gerecht ist, so erkennt, daß auch jeder, der die Gerechtigkeit tut, von ihm geboren ist.

Literatur: H. Braun, Literar-Analyse, in: Gesammelte Studien, 227–231. – G. Klein, „Das wahre Licht scheint schon", ZThK 68 (1971) 261–326, bes. 320–322.

Wie in 2 Joh 5 wird die Bitte des Briefes mit καὶ νῦν eingeleitet. Aufschlußreich für die Rekonstruktion der Entwicklungsgeschichte der joh Schule ist, daß die Gegenstände der beiden Bitten (Empfehlung zu bleiben bzw. zur gegenseitigen Liebe) in der sog. zweiten Abschiedsrede entfaltet sind (Joh 15,1–17) und daß das zweite Thema in der

Beweisführung jeweils eine Hauptrolle spielt. Folgende Konstruktion liegt vor: V. 28a = die These, durch V. 28b begründet, da der ἵνα-Satz aus der Struktur des Wirklichen die Sequenzverbindung des pragmatischen Arguments anwendet (vgl. Ch. Perelman – L. Olbrechts-Tyteca, Traité de l'Argumentation, 1970², 354ff). V. 29 hat mit einer zweiten Sequenzverbindung unterstützende Funktion (Argument der Richtung: wenn schon – dann, vgl. Ch. Perelman, 379–386).

28f Zur Anrede vgl. 2,12; 3,7.18; 4,4; 5,21. Die Empfehlung nimmt μένετε ἐν αὐτῷ, V. 27, auf. Grammatikalisch wäre ἐν αὐτῷ weiterhin auf χρῖσμα zu beziehen. Subjekt von φανερωθῇ ist aber der Offenbarer, wie παρουσία αὐτοῦ deutlich macht. Ἐξ αὐτοῦ V. 29 bezeichnet wegen des Parallelismus zu 3,9; 4,3.7; 5,1.4 wahrscheinlich Gott. Diese doppelte Verschiebung ist dadurch ermöglicht, daß die Christologie im 1 Joh eine Abgrenzungsfunktion hat (s. Exkurs: Christologie und Soteriologie im 1 Joh, ad 3,18–24) und daß die Zugehörigkeit zur Offenbarungstradition mit dem Aus-Gott-Sein identisch ist (vgl. 4,4ff). Der hellenistisch judenchristliche Begriff der παρουσία (nur hier in den joh Schriften; zum allgemeinen griechischen Sprachgebrauch s. A. Deissmann, Licht vom Osten, 1923⁴, 314–320; A. E. Brooke, 66f; als eschatologischer Begriff in Test Abr. 13,4; Test Juda 22,2; Ass Mos. 10,1–10, dann in 1 Thess 2,19; 3,13; 4,15; 5,23; 1 Kor 15, 23; Mt 24,3.27.37ff usw.; Apoc. Peter, NHC VII,3 78,6; anti-gnostisch 2 Petr 1,16; 3,4.12; für die Erscheinung des Erlösers, Orig. World, NHC II,5 123,23; Exeg. Soul, NHC II,6 135,22; vgl. Justin, Dial. 88,2; Apol. 48,2; 54,7; für die Theophanie, Josephus, Ant. III,80,203; IX,55) ist durch φανερωθῇ interpretiert. Auf den Sohn bezogen ist im 1 Joh φανεροῦσθαι Terminus technicus für die Sendung als Offenbarungsereignis (1,2 s. Komm.; 3,5.8). Daß in 2,28 u. 3,2 gleichwohl die endgültige Enthüllung bezeichnet werden kann, hängt mit den eschatologischen Vorstellungen des Verfassers zusammen. Das ewige Leben ist eine vorhandene Realität (2,25; 3,14f; 5,11.13), jedoch steht die volle Erscheinung der bereits feststehenden Ereignisse noch aus (s. Exkurs: Eschatologie, ad 2,12–17). Αἰσχύνομαι ἀπό = zuschanden werden vor, Jer 12,13; Sir 41,17, vgl. Jes 1,29; 2 Kor 10,8; Phil 1,20; Berachot 46a. Παρρησία als Freiheit der Erlösten: 4,17; 5,14; Job 27,10; Sap 5,1; Eph 3,12; Philo, Her. 6: πότε οὖν ἄγει παρρησίαν οἰκέτης πρὸς δεσπότην; Josephus, Ant. V,38; Treat. Seth, NHC VII,2 58,34; Ep.Pet.Phil., NHC VIII,2 135,1; vgl. Ap.Jas., NHC I,2 11,15–16; als gegenwärtiger Zustand der Adressaten in 1 Joh 3,21.

29 Δίκαιος qualifiziert den Offenbarer als Erlöser (1,9; 2,1; 3,7). Die Adressaten, die ihn als solchen anerkannt haben, sollen (Imper.) verstehen: Wer glaubt (τὴν δικαιοσύνην ποιεῖν s. ad 3,7), ist aus Gott – und nicht mehr aus der Welt (vgl. 3,9; 4,3.7; 5,1.4). Zu γεννᾶσθαι vgl. 3,9; 4,8; 5,1.4.18 (s. Komm. ad 5,1.18).

Μένειν

Literatur: H.-M. SCHENKE, Determination und Ethik im ersten Johannesbrief, ZThK 60 (1963) 203–215, bes. 209–210. – J. HEISE, Bleiben. Menein in den Johanneischen Schriften, HUTh 8, 1967. – E. MALATESTA, Interiority and Covenant. A Study of εἶναι ἐν and μένειν ἐν in the First Letter of Saint John, AnBib 69, 1978.

Das Verb, das schon im JohEv und bes. in den Abschiedsreden eine auffallende Bedeutung hat (40mal, davon etwa 20mal deutlich theologisch gebraucht), ist in 1 Joh zum Zentralbegriff geworden

(24mal). Subj. können sowohl Gott (4,12.15.16 bzw. sein Wort 2,14 bzw. sein Samen 3,9 bzw. seine Liebe 3,17) bzw. möglicherweise der Sohn (3,24) bzw. die ursprüngliche Offenbarungstradition (2,24.24) bzw. das ewige Leben (3,15) als auch die Adressaten (2,24.27.28; 4,13) bzw. Menschen unter bestimmten Bedingungen (2,10.17.19; 3,14.24; 4,16.16) sein. Der Indikativ des Bleibens Gottes in den Erlösten (2,14) ist dadurch erkennbar, daß er ihnen von seinem Geiste gegeben hat (4,13). Daraus folgt, daß keine Sünde in ihnen bleibt (3,9). Ist das Bleiben der Offenbarung in den Erlösten die Voraussetzung ihres Bleibens im Sohn und im Vater (2,24 dreimal), impliziert andererseits das Bleiben des Offenbarers bzw. das Bleiben Gottes das Bekenntnis des Offenbarers (3,24; 4,15) und die Teilnahme an der gegenseitigen Liebe der Brüder (3,15.17.24; 4,12.16). Dieser Vorstellung gemäß wird die Dialektik des Bleibens von der Menschenseite her entsprechend entwikkelt. Das In-Gott-Bleiben setzt die Bruderliebe (2,10, vgl. 3,14; 4,16) bzw. das Tun des Willens Gottes (2,17) bzw. die Bewahrung der Gebote (3,24) bzw. die Zugehörigkeit zur eschatologischen Gemeinde (2,19) voraus. Das vom Verfasser vertretene Selbstverständnis ist durch die folgende Kreisbewegung gekennzeichnet: Gott hat sich den Erlösten offenbart und bleibt in dem, der in ihm bleibt (4,16). Die Erlösten sollen deswegen den Offenbarer nachahmen, um in Gott zu bleiben (2,6). Mit dem Imperativ der Bitte seines Briefes will der Verfasser das Heil seiner Adressaten und zugleich die Einheit seiner Gemeinde bewahren (2,28, vgl. 2,27).

Die Voraussetzungen dieser Vorstellung liegen im JohEv. Der Geist der Wahrheit wird in den Jüngern bleiben (14,17). Entsprechend setzen das Bleiben des Offenbarers und das Bleiben im Offenbarer voraus, daß der Mensch glaubt (12,46), daß er in seinem Wort bleibt bzw. daß sein Wort in ihm bleibt (5,38; 8,31), daß er seine Gebote bewahrt und deswegen Frucht bringt (15,4ff. 9f). Die Einheit der Glaubenden mit dem Erlöser gewährt das ewige Leben (6,27) und wird u. a. sakramental realisiert (6,56, wobei im JohEv wie im 1 Joh die sakramentale Initiation das Ausscheiden aus der eschatologischen Gemeinschaft verursacht hat, Joh 6,60, bzw. deutet, 1 Joh 2,18ff vgl. 4,2f). Die Heilsbedeutung des Im-Offenbarer-Bleibens wird dadurch begründet, daß der Vater im Sohn bleibt (14,10) und der Sohn im Vater (15,9f als christologische Begründung des an die Jünger gerichteten Imperativs, durch die Bewahrung der Gebote im Offenbarer zu bleiben).

1 Joh 3,1–6 Die eschatologische Freiheit der Kinder Gottes

[1]Seht, was für eine Liebe der Vater uns gegeben hat, daß wir Kinder Gottes genannt werden – und wir sind es. Deshalb erkennt uns die Welt nicht, weil sie ihn nicht erkannt hat. [2]Geliebte, jetzt sind wir Kinder Gottes und noch nicht ist erschienen, was wir sein werden. Wir wissen, daß wir, wenn er erscheint, ihm gleich sein werden, denn wir werden ihn sehen, wie er ist. [3]Und jeder, der diese Hoffnung auf ihn hat, heiligt sich selbst, wie jener heilig ist. [4]Jeder, der die Sünde tut, tut auch die Ungesetzlichkeit, und die Sünde ist Ungesetzlichkeit. [5]Und ihr wißt, daß jener erschienen ist, damit er die Sünden wegnehme, und Sünde ist in ihm nicht. [6]Jeder, der in ihm bleibt, sündigt nicht. Jeder, der sündigt, hat ihn nicht gesehen und ihn auch nicht erkannt.

Literatur: A. Wurm, Die Irrlehrer, 122–125. – I. de la Potterie, „Le péché, c'est l'iniquité" (1 Jn 3,4), NRT 78 (1956) 785–797. – Ders., Speranza in Cristo e purificazione (1 Gv 3,3), PSV 9 (1984) 207–226. – G. Klein, „Das wahre Licht scheint schon", ZThK 68 (1971) 261–326, bes. 308ff. – F. Manns, „Le péché, c'est Bélial". 1 Jn 3,4 à la lumière du judaïsme, RSR 62 (1988) 1–9.

Die Beweisführung (probatio, 3,1–24) ist gegliedert durch die Folge von Imperativen bzw. Empfehlungen (3,1 ἴδετε; 3,7 μηδεὶς πλανάτω ὑμᾶς; 3,13 μὴ θαυμάζετε; 3,18 μὴ ἀγαπῶμεν κτλ.) und entsprechenden Anreden (3,2 ἀγαπητοί; 3,7 τεκνία; 3,13 ἀδελφοί; 3,18 τεχνία). Jeder Abschnitt leitet ein neues Thema ein, das den Gedankengang weiterführt. Die jeweiligen axiomatischen Aussagen (3,8b.10.16a.19a.24b, vgl. Einleitung: 4. Argumentation) und die Bezugnahmen auf die Offenbarungstradition (3,2. 5.11.14.15) legen die Kriterien vor, die die Empfehlungen und die verschiedenen Formen der Werturteile (antithetische Formulierungen, 3,6.7bf, vgl. zur logischen Struktur R. M. Hare, The Language of Morals, 1952, dt. Die Sprache der Moral, 1972) voraussetzen. Mit den grundsätzlichen Werturteilen, die in der probatio entwickelt sind, sollen die Bitte des Briefes (2,28f) und die Unterweisungen in 4,1–21 begründet werden (vgl. R. M. Hare, Teil I).

V.1 kann als programmatische Überschrift des ganzen Abschnittes gelesen werden. Die Adressaten sind zur Einsicht gerufen, sich als die eschatologischen Erwählten zu verstehen. Als Kinder Gottes sind sie in der Welt, die Gott bzw. den Offenbarer nicht erkannt hat, fremd. V. 2 wiederholt den V. 1a als Feststellung und verstärkt ihn durch die eschatologische Perspektive der Offenbarungstradition: Was sie eigentlich sind, wird noch offenbar werden, nämlich ihre Gleichheit mit dem Offenbarer. Die zweite Erläuterung ist zu 1,5ff; 2,1ff parallel: Jeder, der seine Hoffnung auf die durch die joh Offenbarungstradition vermittelte Erkenntnis setzt, heiligt sich, während der Ungläubige in der Lüge bleibt (V. 3f). Wie in 2,1b–2 ist die Alternative christologisch-soteriologisch begründet (V. 5). Sie wird jedoch in der durch V. 5b vorbereiteten antithetischen Formulierung (V. 6) neu umfunktioniert: Das Sündigen bzw. Nicht-Sündigen erhält eine erkenntnistheoretische Funktion und wird zum empirischen Kriterium für die Zugehörigkeit zur eschatologischen Gemeinschaft.

1 Die Aufmerksamkeit der Adressaten (ἴδετε, vgl. Joh 4,29) wird auf den eschatologischen Erlösungsakt Gottes gelenkt. Ποταπός = von welcher Art, wie prächtig, vgl. W. Bauer, Wb[6], 1392. Die Liebe Gottes bzw. die Liebe schlechthin (3,16) hat sich darin erwiesen, daß er den Offenbarer gesandt hat, um den Erlösten das Leben zu verleihen und sie von den Sünden zu befreien (4,9f; vgl. 4,16 u. Komm. ad 2,5). Ἵνα κτλ. ist eine Kombination des Erlösungsbekenntnisses von Joh 1,12 (τέκνα [τοῦ] θεοῦ: außerdem Joh 11,52; 1 Joh 3,2.10; 5,2; vgl. 2 Joh 1; 3 Joh 4; τέκνα vgl. Joh 8,39; 1 Joh 3,10; vgl. R. A. Culpepper, The Pivot of John's Prologue, NTS 27 [1980–81] 1–31, bes. 25ff. Zur Metaphorik s. B. F. Westcott, 122–124; R. Schnackenburg, 175–183) und der Berufungsvorstellungen von Joh 1,42; 2,2 (καλεῖν), die die Befindlichkeit der eschatologischen Existenz bezeichnet. Corp. Herm. XIII,2: Ἄλλος ἔσται ὁ γεννώμενος θεοῦ θεὸς παῖς, τὸ πᾶν ἐν παντί, ἐκ πασῶν δυνάμεων συνεστώς (vgl. C. H. Dodd, 69). Anders H. Windisch, 119, der von Abot 3,14; Mt 5,9; Joh 1,12; Philo, Confus. 145; 2 Clem 1,4 her die Gotteszeugung als Verleihung eines Namens interpretiert. Καὶ ἐσμέν verbindet den ἵνα-Satz mit der Wahrnehmung der Realität. Eine ähnliche Konstruktion findet sich bei Epiktet, Diss. II,16.44. V. 1b faßt Joh 15,18–16,4; vgl. 5,37; 7,28; 8,14 parallel zu Joh 5,16.18; 12,39 zusammen. Zur historischen Interpretation vgl. ad 3,13 und 2,18ff; 4,1ff.

2 Zur Dialektik νῦν — οὔπω vgl. 1 Joh 2,18.25; 3,14f; 5,11f.13 bzw. 2,28; 4,17 und bereits Joh 5,25.28f; 6,39f.44.54; 11,24f; 12,48; s. Exkurs: Eschatologie, ad 2,12–17. Wie in Kol 3,4; Treat. Res., NHC I,4 usw. ist vorausgesetzt, daß die Erlösung bereits stattgefunden hat, die endgültige Verklärung jedoch noch aussteht. Vgl. noch 2 Kor 3,18; Phil 3,21; R. Reitzenstein, Die hellenistischen Mysterienreligionen, 1927[3], 262–265 u. 357f; W. Bousset, Kyrios Christos, 1965[5], 163ff; K. Rudolph, Die Gnosis:

Wesen und Geschichte einer spätantiken Religion, 1980², 184–219. Οἴδαμεν κτλ. beruft sich auf die joh Offenbarungstradition, 3,14, vgl. 3,5.15 und 2,7.18.24; 3,11; 4,3. Subjekt von φανεροῦν ist in V. 2a τί ἐσόμεθα, in V. 2b eher Christus als Gott wie in 2,28. Der Verfasser hat verbreitete Parusievorstellungen übernommen (zum Motiv des eschatologischen Schauens vgl. EvTh 37 [= Gos. Thom, NHC II,2 39,27–40,2] // POxy 655; Mt 5,8; 1 Kor 13,12; Apk 22,4 und, joh christologisiert, Joh 1,14b), dann aber dadurch uminterpretiert, daß die Verherrlichung der Erwählten durch die Gleichheit der Erlösten mit dem offenbarten Erlöser begründet wird (ὅτι). Corp. Herm. I,26: Συγχαίρουσι δὲ οἱ παρόντες τῇ τούτου παρουσίᾳ, καὶ ὁμοιωθεὶς τοῖς συνοῦσιν ἀκούει καί τινων δυνάμεων ὑπὲρ τὴν ὀγδοατικὴν φύσιν.... Die Erlösung als θειότης bzw. θεότης vgl. Corp. Herm. XIII,1.7, vgl. R. Schnackenburg, 171f. Den logischen Gegensatz vertritt Sextus Empiricus, Adv. Log. I,92 (ὑπὸ τοῦ ὁμοίου τὸ ὅμοιον καταλαμβάνεσθαι πέφυκεν, vgl. Corp. Herm. XI,20: τὸ γὰρ ὅμοιον τῷ ὁμοίῳ νοητόν: Die Ähnlichkeit ermöglicht die Erkenntnis), den sachlichen Corp. Herm. XI,5 (dem Unähnlichen gegenüber darf man sich nicht als ähnlich verstehen).

3f Konsequent werden die Glaubenden den Ungläubigen gegenübergestellt. Ἐλπίδα μὴ ἔχειν als Terminus technicus für den Unglauben 1 Thess 4,13; Thom. Cont., NHC II,7 139,5; 143,9; 145,7, sonst erscheint in den joh Schriften nur ἐλπίζειν Joh 5,45; in bezug auf die Erlösung, Dial. Sav., NHC III,5 135,3. Ἁγνίζειν im kultischen Sinne s. Joh 11,55; Apg 21,24.26; 24,18, im ethisch übertragenen Sinne Jak 4,8; 1 Petr 1,22. Ἁγνός als christologischer Begriff vgl. Or. Sib. 3,49, = δίκαιος 1 Joh 1,9; 2,1.29; 3,7, vgl. O. Piper, 1 John and the Didache of Primitive Church, JBL 66 (1947) 446. Zu καθὼς ἐκεῖνος vgl. 2,6 als Begründung der Empfehlung, 3,3.7; 4,17 als Indikativ; ἐκεῖνος vgl. 3,5.16, s. Exkurs: Christologie und Soteriologie im 1 Joh, ad 3,18–24.

4 In sich ist die Aussage tautologisch, was nicht nur aus Röm 4,7 = Ps 31,1f LXX; Hebr 10,17 vgl. Jer 38(31),34, sondern ausdrücklich aus καὶ ἡ κτλ. deutlich wird. Die Stelle ist von 1,5ff bzw. 3,6.7ff her zu erklären: Ἀνομία meint nicht die Übertretung, sondern wie Röm 6,19; 2 Kor 6,14 (vgl. ἄνομος 1 Kor 9,21; Apg 2,23; ἀνόμως Röm 2,12) das Aus-der-Finsternis-Sein (so I. de la Potterie, NRT 78 [1956] 785–797, vgl. I QS I,23–24; III,18–21; IV,17.23; V,1–2) = im joh Denksystem die Unkenntnis; insofern ist sie mit σκότος bzw. ψεῦδος 1 Joh 1,6.8.10 gleichbedeutend. Eine parallele Verwendung des Begriffes ist im Rahmen der Disqualifizierung der Konkurrenten in 2 Thess 2,3ff (vgl. 1 Joh 4,1ff) zu finden.

5 Der Gedankengang ist parallel zu 1,5ff; 2,1ff: Von den Sünden sind die Erlösten durch die Sendung des Erlösers befreit. Zur argumentativen Funktion der Offenbarungstradition (οἴδατε ὅτι κτλ.) vgl. 3,2.14 und Einleitung: 4. Argumentation. Wie in 1,2 (s. Komm.) u. 3,8 ist φανεροῦσθαι ein Terminus technicus für das Christusereignis als Offenbarungsereignis. Parallel zu 1,7.9; 2,2; 3,16; 4,11 verwendet und interpretiert der Verfasser herkömmliche christologisch-soteriologische Interpretamente: Joh 1,29 vgl. Hebr 10,4; Jes 53,4. 11. Bezeichnend für das Geschichts- bzw. Zeitverständnis des Verfassers fallen Zukunft und Vergangenheit im christologischen φανεροῦσθαι (vgl. 3,2) zusammen. Die Sünden werden durch die Offenbarung bzw. durch die vermittelte Erkenntnis beseitigt, vgl. Joh 8,21ff; 16,8f. S. Exkurs: Christologie und Soteriologie im 1 Joh, ad 3,18–24. Καὶ ἁμαρτία ἐν αὐτῷ κτλ. vgl. 1,9; 2,1.29; 3,3.7; Joh 7,18; 8,46.

6 Antithetisch werden die Konsequenzen aus dem bisher Gesagten entwickelt: Aus

V. 5b und 5a ergibt sich logisch V. 6a = 1,7.9 (Wer im Offenbarer bleibt, bleibt sündlos, wobei die Betonung von μένειν die These des Briefes 2,28f begründet) bzw. V. 6b = 1,6.8.10 (Nur durch den Offenbarer kann von den Sünden bzw. von der Finsternis befreit werden, vgl. 2,2 und Exkurs: Ἁμαρτία. Anders H. C. Swadling, Sin and Sinlessness in 1 John, SJTh 35 [1982] 205–211: Die gnostischen Schlagworte von 3,6.9 würden durch die Argumentation 3,4–10 widerlegt; der Gesichtspunkt des Verfassers und der joh Tradition sei 1,8–10). Damit wird die Zeit des Glaubens als eschatologische qualifiziert, vgl. Hen. 5,8f: Τότε δοθήσεται πᾶσιν τοῖς ἐκλεκτοῖς σοφία καὶ πάντες οὗτοι ζήσονται καὶ οὐ μὴ ἁμαρτήσονται ἔτι οὐ κατ᾽ ἀλήθειαν οὔτε κατὰ ὑπερηφανίαν καὶ ἔσται ἐν ἀνθρώπῳ πεφωτισμένῳ φῶς καὶ ἀνθρώπῳ ἐπιστήμονι νόημα καὶ οὐ μὴ πλημμελήσουσιν οὐδὲ μὴ ἁμάρτωσιν πάσας τὰς ἡμέρας τῆς ζωῆς αὐτῶν. Ὁρᾶν: vgl. 1,1ff u. Komm.; 3,2; 4,20. Zu γινώσκειν s. Einleitung: 4. Argumentation.

1 Joh 3,7–12 Die Sündlosigkeit als Merkmal des Aus-Gott-Seins

[7]**Kinder, niemand soll euch verführen: Wer die Gerechtigkeit tut, ist gerecht, wie jener gerecht ist;** [8]**wer die Sünde tut, ist vom Teufel, weil der Teufel von Anfang an sündigt. Dazu ist der Sohn Gottes erschienen, daß er die Werke des Teufels auflöse.** [9]**Jeder, der von Gott geboren ist, tut nicht Sünde, weil sein Same in ihm bleibt; und er kann nicht sündigen, weil er von Gott geboren ist.** [10]**Darin sind die Kinder Gottes und die Kinder des Teufels offenbar: Jeder, der nicht Gerechtigkeit tut, ist nicht aus Gott, und wer seinen Bruder nicht liebt.** [11]**Weil das die Verkündigung ist, die ihr von Anfang an gehört habt, daß wir einander lieben sollen;** [12]**nicht wie Kain (,der) aus dem Bösen war und seinen Bruder schlachtete; und weshalb schlachtete er ihn? Weil seine Werke schlecht waren, aber die seines Bruders gerecht.**

Literatur: J. B. Bauer, Il misfatto di Caino nel giudicio di S. Giovanni, Salesianum 2 (1954) 325–328. – H. Conzelmann, „Was von Anfang war", 198. – V. K. Inman, Distinctive Johannine Vocabulary and the Interpretation of 1 John 3,9, WThJ 40 (1977–78) 136–144. – P. P. A. Kotzé, The meaning of 1 John 3,9 with reference to 1 Joh 1,8 and 10, Neotestamentica 13 (1979) 68–83. – T. C. Kruijf, „Nicht wie Kain (, der) vom Bösen war..." (1 Joh 3,12), Bijdr. 41 (1980) 47–63. – G. Segalla, L'impeccabilità del credente in 1 Giov. 2,29–3,10 alla luce dell'analisi strutturale, RivBib 29 (1981) 331–341. – H. C. Swadling, Sin and Sinlessness in 1 Joh, SJTh 35 (1982) 205–211.

Parallel zum V. 1 mahnt der V. 7a die Adressaten zur richtigen Einsicht. Formal und inhaltlich sind die V. 7b–12 eine Durchführung der in V. 3–6 dargestellten Themen. Die antithetische Formulierung der V. 7b–8a und die axiomatische Aussage des V. 8b paraphrasieren die V. 3–5 (mit einem doppelten Hinweis auf die joh Tradition, V. 5 u. 8b, vgl. K. Wengst, 131f). Neu sind die Erläuterung der Reinheit (V. 3) durch den Begriff der Gerechtigkeit (V. 7b), die Erklärung der anthropologischen Alternative durch den Dualismus ἐκ τοῦ διαβόλου / ἐκ τοῦ θεοῦ (V. 8a.9f) und die Begründung durch die Theodizee (ὅτι κτλ., V. 8ff). Die doppelt begründete antithetische Formulierung der V. 9.10b (ὅτι κτλ., V. 9a.9b u. 11f, vgl. V. 8a: ἐκ τοῦ θεοῦ // οὐκ ἔστιν ἐκ τοῦ θεοῦ) und die zum erkenntnistheoretischen Grundsatz umfunktionierte axiomatische Aussage des V. 10a sind z. T. zu den V. 3f.6.7b–8a bzw. 5.8b parallel. Der V. 10a ist aber keine Wiederholung der V. 5.8b, sondern stellt ihre Konsequenz auf einer anderen Ebene dar. Thematisiert wird nicht die Freiheit der Erlösten von den Sünden, sondern das Sündigen bzw. die Gerechtigkeit und die Bruderliebe als faktisches Merkmal des Aus-dem-Teufel- bzw. Aus-Gott-Seins. Eigentlich gilt: Wer empirisch zur Gemeinde des herabgestiegenen Gottessohnes gehört, ist eschatologisch aus Gott (vgl. 4,6; Exkurs: Das Gebot der gegenseitigen Liebe, ad 2,7–11). Die Deduktion stützt sich (ὅτι, V. 11) auf die stark hervorgehobene Offenbarungstradition (ἡ ἀγγελία vgl. 1,5; 2,25, ἣν ἠκούσατε vgl. 2,7.18.24, ἀπ' ἀρχῆς vgl. 1,1; 2,7.13.14.24; s. Einleitung: 4. Argumentation), deren Inhalt, das Liebesgebot, durch das Vorbild Kains illustriert wird.

7a Πλανᾶν wird zunächst als Warnung vor dem grundsätzlich möglichen Verlust des eschatologischen Bewußtseins verwendet (1,8) und ist deswegen in zweiter Linie gegen die Konkurrenten gerichtet (2,26). Das allgemeine μηδείς zeigt: Primäres Anliegen ist nicht die Polemik gegen vermeintliche Gegner, sondern die Bewahrung der Offenbarungstradition.

7b–8a Durch den Begriff des Gerecht-Seins wird die Gleichheit der Erlösten und des Erlösers weiterhin behauptet (vgl. 3,3 u. Komm.). Καθὼς ἐκεῖνος: 3,3; 4,17; vgl. 2,6; ἐκεῖνος auch 3,5.16; s. Exkurs: Christologie und Soteriologie im 1 Joh, ad 3,18–24. Δίκαιος qualifiziert den Offenbarer als Erlöser (1,9; 2,1.29), der die Befindlichkeit und die Werke der Erwählten verursacht hat (vgl. 3,12). Δικαιοσύνη kommt nur im Ausdruck τὴν δικαιοσύνην ποιεῖν vor: 2,29; 3,10. Den Schlüssel für den sonst in den joh Schriften üblichen Sprachgebrauch gibt Joh 16,9.10: die Gerechtigkeit = der Glaube an den Offenbarer. Xenophon, Memor. IV,6,6: Οὐκοῦν οἵ γε τὰ δίκαια ποιοῦντες δίκαιοί εἰσιν; vgl. auch Platon, Gorgias, u.a. 508e. Hier gilt: Wer an der Offenbarungstradition festhält, hat an der Ähnlichkeit mit dem Erlöser teil. Die Alternative wird eschatologisch qualifiziert: Wer nicht ἐκ τοῦ θεοῦ ist, ist vom Teufel. Ὁ ποιῶν τὴν ἁμαρτίαν = Joh 8,34; ἐκ τοῦ διαβόλου vgl. Joh 8,44; διάβολος: Joh 6,70; 13,2; 1 Joh 3,8b.10. Ὅτι ἀπ' ἀρχῆς = Joh 8,44.

8b Der Verfasser paraphrasiert den V. 5a (vgl. die Konstruktion: ἐφανερώθη . . . ἵνα) mit einer axiomatischen Aussage. Φανεροῦσθαι ist wie in 1,2 u. 3,5 ein Terminus technicus für die Sendung als Offenbarung. Als Hoheitstitel bezeichnet ὁ υἱὸς τοῦ θεοῦ im JohEv den Offenbarer (1,34.49; 3,18; 10,36; 11,4.27; 19,7 vgl. 5,25; 20,31), im 1 Joh eher den Erlöser (vgl. 5,12f) bzw. den Bezugspunkt der Offenbarungstradition (4,15; 5.5.10.20; das Moment der Einheit wird durch υἱός – mit πατήρ verbunden, 2,22f, bzw. auf Gott bezogen, 1,3.7; 3,23; 4,9f.14; 5,9ff.20 – betont). Die Erlösung ist als Auflösung interpretiert (vgl. Jes 40,2LXX; Plutarch, Mor. 195f) – eine Vorstellung, die in der Gnosis verbreitet ist (vgl. Clemens von Alexandria, Strom. III, 63: Φέρεται δέ, οἶμαι, ἐν τῷ κατ' Αἰγυπτίους εὐαγγελίῳ. φασὶ γάρ, ὅτι αὐτὸς εἶπεν ὁ σωτήρ· ἦλθον καταλῦσαι τὰ ἔργα τῆς θηλείας; ex. Theod. 41,1; 80,2: Καὶ ἀποθνῄσκουσιν μὲν τῷ κόσμῳ, ζῶσι δὲ τῷ θεῷ, ἵνα θάνατος θανάτῳ λυθῇ, ἀναστάσει δὲ ἡ φθορά; Irenäus, Adv. Haer, I,24,1; Ptolemäus, Adv. Haer, I,7,1; Gos. Mary, BG 1 15,21; Trim. Prot., NHC XIII,1 49,35; vgl. IgnEph 13,1). Im 1 Joh ist sie nicht kosmisch entwikkelt, sondern soteriologisch anthropologisch: Die Offenbarung befreit aus der Herrschaftssphäre des Teufels, vgl. die Metaphorik der Erlösung von der Sünde Tit 2,14; 1 Petr 1,18; Apk 1,5; Philo, Spec. I,193: παλαιῶν ἀδικημάτων λύσις (vgl. G. Röhser, Metaphorik und Personifikation der Sünde, WUNT 2. Reihe 25, 1987, 65–67). Wie im JohEv ist der Begriff ἔργα ein neutraler, der durch eine weitere Bestimmung erst qualifiziert wird (vgl. 3,12.18; 2Joh 11; 3Joh 10). Nach dem Kontext bedeutet τὰ ἔργα τοῦ διαβόλου: τὴν ἁμαρτίαν.

9f Γεγεννημένος (vgl. 2,29; 4,7; 5,1.4.18) ἐκ τοῦ θεοῦ ergänzt den Parallelismus. Die Argumentation verfährt folgendermaßen: Das Aus-Gott-geboren-Sein äußert sich im Nicht-Sündigen (V. 9aα; Begründung: V. 9aβ. V. 9b wiederholt). Daraus folgt: Am Sündigen ist das Nicht-aus-Gott-Sein erkennbar (V. 10). Daß kein „Aus-dem-Teufel-gezeugt-Sein" dem V. 9a entgegengesetzt ist (vgl. J. Schneider, 156; K. Wengst, 139), hängt mit der Konstruktion zusammen. Ähnliche dualistische Deutungen der Existenz durch ἐκ als Herkunft (vgl. Joh 3,31; 8,23.42ff usw., s. R. Bultmann, Theol. NT, 367–373) liegen in 1Joh 2,16; 3,8ff; 5,4.18 vor. Σπέρμα bezeichnet nicht Israel (so Joh 7,42; 8,33.37), sondern die göttliche Bestimmung der Glaubenden, vgl. Joh 4,36f; Corp. Herm. XIII,1f: Ἀγνοῶ, ὦ Τρισμέγιστε, ἐξ οἵας μήτρας ἄνθρωπος ἐγεννήθη, σπορᾶς δὲ ποίας. — Ὦ τέκνον, σοφία νοερὰ ἐν σιγῇ καὶ ἡ σπορὰ τὸ ἀληθινὸν ἀγαθόν. — Τίνος σπείραντος, ὦ πάτερ; ... — Τοῦ θελήματος τοῦ θεοῦ, ὦ τέκνον; vgl. Clemens von Alexandria, ex Theod. 40; 49; 53; Gos. Truth, NHC I,3 43,9–14: *They are the ones who appear in truth, since they exist in true and eternal life and speak of the light which is perfect and filled with the seed of the Father;* Trim. Prot., NHC XIII,1 36,15–16: I cry out in everyone, and they recognize it [the voice], *since a seed indwells [them]*; s. C. H. Dodd, 75–77. Die vermeintliche Spannung zwischen V. 6a und ὅτι σπέρμα κτλ. V. 9a (vgl. die Parallele in Test Benj. 8,2: Ὁ ἔχων διάνοιαν καθαρὰν ἐν ἀγάπῃ οὐχ ὁρᾷ γυναῖκα εἰς πορνείας· οὐ γὰρ ἔχει μιασμὸν ἐν καρδίᾳ, ὅτι ἀναπαύεται ἐν αὐτῷ τὸ πνεῦμα τοῦ θεοῦ) ist nicht als Dialektik von Geschenk und Forderung zu verstehen (so R. Bultmann, 58), sondern als Ausdruck des undialektischen Verhältnisses der Interiorität und der Exteriorität, das schon in V. 6 behauptet war, durch die Erklärung mit der Prädestination begründet wird (οὐ δύναται: vgl. 4,20; zur theologischen Bedeutung vgl. Joh 3,3ff.27; 5,44; 6,44.65; 8,43; 14,17; 15,4f; ὅτι ἐκ τοῦ θεοῦ κτλ. = 3,6 + 2,29; Test Benj. 3,4: Ὁ γὰρ φοβούμενος τὸν θεὸν καὶ ἀγαπῶν τὸν πλησίον αὐτοῦ ὑπὸ τοῦ ἀερίου πνεύματος τοῦ Βελιὰρ οὐ δύναται πληγῆναι σκεπαζόμενος ὑπὸ τοῦ φόβου τοῦ θεοῦ) und das V. 10a thematisiert: Das eine läßt das andere erscheinen und feststellen. Zur Erklärung von ποιεῖν τὴν δικαιοσύνην durch τὸν ἀδελφὸν ἀγαπᾶν vgl. 2,9ff.

11f Das Kriterium der erkenntnistheoretischen These ist durch eine Wiederholung der Hauptforderung der Offenbarungstradition begründet (ὅτι κτλ.; zu den Formen der autoritativen Tradition s. Einleitung: 4. Argumentation), nämlich die Bruderliebe, i. e. die Einheit der eschatologischen Gemeinde (s. Exkurs: Das Gebot der gegenseitigen Liebe, ad 2,7–11).

12 untermauert die Argumentation mit dem negativen Vorbild Kains (οὐ καθώς, vgl. Joh 6,58; 14,27). Die Erinnerung an ihn ist die einzige Bezugnahme des Verfassers auf das AT. Diese Figur hat allerdings die paradigmatische Funktion eines Typus (vgl. H. Lausberg, Handbuch der literarischen Rhetorik I, 1973[2], 445f; E. R. Curtius, Europäische Literatur und lateinisches Mittelalter, 1961[3], 69). Ähnliche paränetische Verwendungen s. Test Benj. 7,3–8,1: ...ὅτι ἕως τοῦ αἰῶνος οἱ ὁμοιούμενοι τῷ Κάιν ἐν φθόνῳ εἰς τὴν μισαδελφίαν τῇ αὐτῇ κολάσει κριθήσονται. Καὶ ὑμεῖς οὖν, τέκνα μου, ἀποδράσατε τὴν κακίαν, φθόνον τε καὶ τὴν μισαδελφίαν καὶ προσκολλᾶσθε τῇ ἀγαθότητι καὶ τῇ ἀγάπῃ; Philo, Poster. 42; Migr. 74–75; Praem. 68; Josephus, Ant. I,52ff; 1 Clem 4,1ff und die beiden anderen ntl. Belege Hebr. 11,4; Jud 11. In der sog. sethianischen

Gnosis wird Kain unter den Archonten erwähnt (Ap. John, NHC II,1 10,34; Gos. Eg., NHC III,2 58,15)bzw. in der Protologie (Ap. John, NHC II,1 24,25; Hyp. Arch., NHC II,4 91,11—92,4, s. M. Tardieu, Ecrits Gnostiques. Codex de Berlin, SGM 1, 1984, 281 u. 327f; B. Barc, L'Hypostase des Archontes, BCNH Textes 5, 104—107). Mit dem διάβολος bzw. Beliar (vgl. V. 8ff) wird Kain auch in Gos. Phil., NHC II,3 60,34—61,12 (*...And he was begotten in adultery, for he was the child of the serpent. So he became a murderer, just like his father, and he killed his brother...*) u. Val. Exp., NHC XI,2 38,24 bzw. Test Benj. 7,3—5 verbunden. Vgl. dazu N. A. Dahl, Der Erstgeborene Satans und der Vater des Teufels (Polyk. 7,1 und Joh 8,44), in: Apophoreta (Fs E. Haenchen), BZNW 30, 1964, 70—84; H.-J. Klauck, Brudermord und Bruderliebe. Ethische Paradigmen in 1 Joh 3,11—17, in: Neues Testament und Ethik (Fs R. Schnackenburg), 1989, 151—169, bes. 156—160. Die Argumentation verfährt folgendermaßen: Kain, der ἐκ τοῦ πονηροῦ (vgl. Joh 17,15) war, bewies dies auch in seiner Tat (so V. 8—10). Anders als 1 Clem 4,1ff, bes. V. 7, ist sein Verhalten nicht psychologisch (so R. Bultmann, 59), sondern durch den Antagonismus der Sphären des Bösen und des Gerechten zu verstehen. Ἔσφαξεν, s. Gen 22,10; 1 Reg 15,33; Apk. 5,6.9, vgl. 1 Joh 1,7.9, ist vielleicht ironisch gemeint. Die Tatsache, daß Abel nicht namentlich genannt ist, sondern durch ἀδελφός bezeichnet wird (was sonst in 1 Joh die impliziten Adressaten bzw. die Erlösten qualifiziert), hat appellative Funktion: Gewarnt wird vor einer Wiederholung des in 2,18ff erwähnten Vorgangs (vgl. H. Balz, 185: Sie hätten Brüder sein können). Das Bildfeld wird aber verschieden aktualisiert: Die physische Metaphorik schließt die Konkurrenten als Brüder aus (V. 9), die ethische die Adressaten ein.

1 Joh 3,13—17 Der Haß der Welt und die Bruderliebe

[13]Wundert euch nicht, Brüder, wenn euch die Welt haßt. [14]Wir wissen, daß wir aus dem Tod in das Leben hinübergeschritten sind, weil wir die Brüder lieben; wer nicht liebt, bleibt im Tode. [15]Jeder, der seinen Bruder haßt, ist ein Menschenmörder, und ihr wißt, daß kein Menschenmörder ewiges Leben in sich bleibend hat. [16]Daran haben wir die Liebe erkannt, daß jener für uns sein Leben hingegeben hat; auch wir sollen für die Brüder das Leben hingeben. [17]Wer den Lebensunterhalt der Welt hat und seinen Bruder Not leiden sieht und sein Erbarmen vor ihm schließt — wie bleibt die Liebe Gottes in ihm?

Literatur: H. Thyen, „...denn wir lieben die Brüder" (1 Joh 3,14), in: Rechtfertigung (Fs E. Käsemann), 1976, 527—542. — J. Blank, Der Mensch vor der radikalen Alternative. Versuch zum Grundansatz der johanneischen Anthropologie, Kairos 22 (1980) 146—156. — M. Rese, Das Gebot der Bruderliebe in den Johannesbriefen, ThZ 41 (1985) 44—58, bes. 49—51. — H. J. Klauck, Brudermord und Bruderliebe. Ethische Paradigmen in 1 Joh 3,11—17, in: Neues Testament und Ethik (Fs R. Schnackenburg), 1989, 151—169.

Μὴ θαυμάζετε greift zugleich auf V. 3b und 11f zurück. Der Ausgangspunkt ist durch Joh 15,18ff gegeben, die Argumentation verläuft jedoch zu Joh 17,14 parallel. Die Erfahrung des Fremdseins wird nicht vom Geschick Jesu her verarbeitet, sondern ergibt sich aus der bereits vollzogenen Erlösung. Durch die Bruderliebe, i. e. durch die Erfahrung der eschatologischen Gemeinschaft, erkennen die Erwählten (ἡμεῖς), daß sie zum Leben hinübergegangen sind (V. 14), während die übrige Welt, durch den Haß und den Mord bestimmt (vgl. V. 12), im Tode bleibt (V. 15). Voraussetzung ist der in 3,7–12 entwickelte Dualismus. Die axiomatische Aussage V. 16a begründet darauf christologisch-soteriologisch die Empfehlung, die das gemeinsame Leben bestimmen soll (V. 16b). V. 17 hat sowohl die Funktion der Illustration (V. 17a) als auch die des Appells (rhetorische Frage, V. 17b).

13 Ἀδελφοί erscheint als Anrede nur hier im 1 Joh. Vgl. μὴ θαυμάζετε, im JohEv nie für die Jünger gebraucht (3,7; 4,27; 5,20.28; 7,15.21), mit μὴ σκανδαλισθῆτε Joh 16,1. Εἰ κτλ. = Joh 15,18a. Das JohEv verweist auf reale oder typisierte Erfahrungen der Verfolgung (Hypothesen: J. L. Martyn, History & Theology in the Fourth Gospel, 1968[2]; F. Vouga, Le cadre historique, 97–111; K. Wengst, Bedrängte Gemeinde und verherrlichter Christus, BThSt 5, 1981, 48–61). Im 1 Joh ist μισεῖν (vgl. 2,9ff; 4,20) zum Topos geworden, der die Dissonanz zwischen dem Selbstbewußtsein des Kreises und der Erfahrung des Nicht-anerkannt-Seins durch die Welt bzw. der Konflikte mit der Welt (vgl. 3,1b als allgemeine Betrachtung und 2,18ff; 4,1ff als situationsbezogene Beschreibungen, s. Exkurs: Die Frage der vermeintlichen Gegner, ad 2,18–27) durch die theologischen Begriffe der Offenbarungstradition zu deuten versucht.

14a Die Bezugnahme auf die autoritative Tradition (οἴδαμεν ὅτι, s. Einleitung: 4. Argumentation) interpretiert die Situation der Adressaten vom joh eschatologischen Selbstbewußtsein her. Der Gegenstand der Erkenntnis = Joh 5,24b. Im Unterschied zum JohEv ist das eschatologische Leben (ζωή, s. Exkurs: Eschatologie, ad 2,12–17) hier keine kasuistische Möglichkeit mehr, sondern der dauernde Zustand der Erwählten (1. Pers. Plur., s. ad 1,4 u. 2,2). Die Verschiebung ergibt sich aus der Tatsache, daß die Verheißung zum Bekenntnis geworden ist. Ὅτι ἀγαπῶμεν begründet, warum: weil sie in der Offenbarungsgemeinschaft stehen (s. Exkurs: Das Gebot der gegenseitigen Liebe, ad 2,7–11).

14b.15 ergeben einen Syllogismus, dessen Obersatz V. 15a bildet. Ἀνθρωποκτόνος ist aus Joh 8,44 übernommen (weitere Belege: Euripides, Iphigenia in Tauris 389 als Subst., Cyclops 127 als Adj. usw.) und insofern eher mit V. 8ff als mit V. 11f zu verbinden. Die Äquivalenz (ἐστίν) ist von V. 8a.10b erst deswegen ableitbar, weil μισεῖν u. ἀγαπᾶν in der dualistischen Vorstellungswelt der Argumentation wie ἐκ τοῦ διαβόλου u. ἐκ τοῦ θεοῦ kontradiktorisch sind. Den Untersatz bildet V. 15b, der eine Kombination aus Joh 8,44b mit Wendungen wie 1 Joh 3,9a bzw. 5,12 ist. Ζωὴν ἔχειν, vgl. 1,3 u. Komm. Der Schluß ist V. 14b, der die symmetrische Ergänzung zu V. 14a bildet: Wer nicht zur Gemeinschaft des herabgestiegenen Sohnes gehört, bleibt im Tod.

16 Die eschatologische Liebe ist durch den Tod des Sohnes als Erhöhung und Erlösung (Joh 12,32) offenbart worden: τὴν ψυχὴν αὐτοῦ ἔθηκεν = Joh 10,11.15.17f; 15,13, wobei ὑπὲρ ἡμῶν = ὑπὲρ τῶν φίλων αὐτοῦ. Ein Aphorismus (zur Form vgl. J. D. Crossan, In Fragments. The Aphorisms of Jesus, 1983, 3–36, vgl. die ironische Verwendung Joh 13,37f) des Offenbarers ist zum Axiom der Offenbarungstradition geworden (vgl. V. 14a), das als Kennzeichen Jesu bzw. der joh christlichen Existenz verdoppelt wird (V. 16a u. b). Zur Verbindung mit der Empfehlung (καὶ ἡμεῖς κτλ.) vgl. 4,11 bzw. καθώς Joh 15,9ff u. καθὼς ἐκεῖνος 1 Joh 2,6; 3.3.7; 4,17 als Begründung und Vorbild. Ὀφείλειν: 2,6 (s. Komm.); 4,11. Eine ähnliche Begründung des Verhältnisses der Erwählten zueinander durch die Hingabe des Offenbarers findet sich in Ap. Jas., NHC I,2 13,17–25: *... be to yourselves as I myself am to you. For your sakes I have placed myself under the curse, that you may be saved.*

17 verfährt nicht mehr deduktiv, sondern überprüft das Prinzip des Liebesgebotes durch die Konfrontation seiner Nicht-Durchführung mit seiner theologischen Begründung (πῶς ἡ ἀγάπη κτλ. vgl. 2,14f; 3,9; 4,12.15f; μενεῖ [B² K L usw.] korrigiert den joh Dualismus, vgl. 1 Joh 3,7–10, durch die Vorstellung einer orthodoxen und unproblematischen Theodizee). V. 17a ist weder ein erbauliches Beispiel (Test Seb. 7,1ff: Νῦν ἀναγγελῶ ὑμῖν ἃ ἐποίησα· εἶδον θλιβόμενον ἐν γυμνότητι χειμῶνος, καὶ σπλαγχνισθεὶς ἐπ᾽ αὐτόν, κλέψας ἱμάτιον ἐκ τοῦ οἴκου μου κρυφαίως ἔδωκα τῷ θλιβομένῳ...; Lk 3,11ff) noch eine Empfehlung (Dt 15,7–9, so J. M. Court, Blessed Assurance? JTS 33 [1982] 508–517) noch ein konkreter Fall (Jak 2,15f, s. F. Vouga, L'épître de Saint Jacques, CNT XIIIa, 1984, 86f), sondern eine literarische Illustration (βίος vgl. 2,16; Mk 12,44; Lk 15,12.30; 21,4; χρείαν ἔχειν vgl. Eph 4,28; σπλάγχνα vgl. Prov 12,10; H. Köster, ThWNT VII, 548–559). Johanneisch sind τοῦ κόσμου, das die ironischen Züge durch die Entwertung überspitzt, und ἀδελφόν, das die esoterische Perspektive von V. 14 beibehält. Die kritische Prüfung zeigt: Soziale Aspekte gehören ggfs. zu den Vorstellungen der eschatologischen Gemeinschaft. Vgl. im Gegensatz dazu IgnSm 6,2: Die Ketzer kümmern sich nicht um die Liebespflicht.

1 Joh 3,18–24 Die Befindlichkeit des joh Glaubens

18Kinder, laßt uns nicht mit Wort noch Zunge lieben, sondern in Tat und Wahrheit. **19**Daran werden wir erkennen, daß wir aus der Wahrheit sind, und wir werden vor ihm unser Herz davon überzeugen, **20**daß, wenn uns das Herz verurteilt, Gott größer ist als unser Herz und alles erkennt. **21**Geliebte, wenn das Herz nicht verurteilt, haben wir Freimut zu Gott, **22**und was immer wir bitten, empfangen wir von ihm, weil wir seine Gebote halten und das vor ihm Wohlgefällige tun. **23**Und dies ist sein Gebot, daß wir dem Namen seines Sohnes Jesus Christus glauben und einander lieben, wie er uns das Gebot gegeben hat. **24**Und wer seine Gebote hält, bleibt in ihm und er in ihm. Und daran erkennen wir, daß er in uns bleibt, an dem Geist, den er uns gegeben hat.

Literatur: A. Wurm, Die Irrlehrer, 153–156. – W. Pratscher, Gott ist größer als unser Herz. Zur Interpretation von 1 Joh 3,19f, ThZ 32 (1976) 272–281. – I. de la Potterie, La Vérité dans Saint Jean I, AnBibl 73, 1977, 290–297; ebd., II, AnBibl 74, 1977, 663–673. – C. C. Richardson, The Exegesis of 1 John 3,19–20. An Ecumenical Misinterpretation?, in: D. F. Winslow (Hg), Disciplina Nostra. Essays in Memory of R. F. Evans, Patristic Monograph Series 6, 1979, 31–52. 190–199. – J. M. Court, Blessed Assurance? JTS 33 (1982) 508–517.

Die Empfehlung V. 18 greift direkt auf V. 14ff zurück und leitet eine Zusammenfassung des in der probatio (3,1–24) wiederholten Überzeugungssystems des Kreises des Senders und seiner Adressaten ein. Formal ist sie als Kette gegliedert: ἀλήθεια V. 18 u. 19; καταγινώσκειν V. 20 u. 21; τὰς ἐντολὰς τηρεῖν V. 22 u. 24a, vgl. die Erläuterung V. 23; μένειν V. 24a u. b. Die sachliche Logik ist durch axiomatische Aussagen (V.

19–20a, durch den V. 20b begründet; V. 24b), eine bekenntnisartige Explikation (V. 23) und einen als Offenbarungstradition zitierten Aphorismus (V. 22) gesichert. Die Erwählten (1. Pers. Plur., s. ad 1,4 u. 2,2) sollen das Liebesgebot in Tat und Wahrheit erfüllen (V. 18). Daß sie aus der Wahrheit sind, wird eben durch die eschatologische Einheit erkennbar sein (V. 19a). Deswegen werden sie sich überzeugen können vom Übermaß des Erkennens Gottes (V. 19bf, vgl. 2,1f; 5,5). Wem der eschatologische Zugang zu Gott gegeben worden ist, dem gilt auch die Verheißung der Erhörung, weil er in der eschatologischen Einheit steht (V. 21f). Forderungen dieser Einheit sind der Glaube an den Offenbarer und die Zugehörigkeit zu seiner Gemeinde (V. 23). Wer diese Bedingungen erfüllt, bleibt im Offenbarer, und der Offenbarer bleibt in ihm (V. 24a). Das Bleiben des Offenbarers in den Erwählten ist an der Gabe des Geistes erkennbar.

18 Imperativ und Anrede vgl. V. 1.7.13. Λόγῳ u. γλώσσῃ = Hendiadyoin. Ἐν ἔργῳ = im faktischen Verbleiben in der in 3,14ff definierten Brudergemeinschaft. Ἀλήθεια ist nicht im formalen Sinn, sondern wegen V. 19a als Wirklichkeit Gottes (vgl. 1,6.8; 2,4.21; 4,6; 5,6) zu verstehen.

19f Die Konstruktion ist von der Form der axiomatischen Aussagen her (ἐν τούτῳ + γινώσκειν mit Akkusativobjekt, s. Einleitung: 4. Argumentation) durchaus verständlich: Der erste ὅτι-Satz (ἐσμέν) bildet das Akkusativobjekt zu γνωσόμεθα. Καὶ πείσομεν führt γνωσόμεθα fort, und das zweite ὅτι ist Akkusativobjekt von πείσομεν. Das dritte ὅτι nimmt das zweite wieder auf. Daraus folgt: Ἐν τούτῳ bezieht sich auf den V. 18. Die eschatologische Einheit hat die Funktion des Wahrheitskriteriums (analoge These: 3,14; 4,6, mit einer parallelen Konstruktion. Anderer Vorschlag C. C. Richardson, Exegesis, 45–52: καί ist adverbiell und verstärkt ἔμπροσθεν; 3,19b (καὶ κτλ.) ist zu 3,16 bzw. 3,24 (ὅτι κτλ.) parallel, und die beiden ὅτι V. 20 sind kausal. Das Futurum γνωσόμεθα bestätigt wie das οἴδαμεν 3,1f das Selbstverständnis der Erlösten durch die Erkenntnis der ausstehenden Erscheinung. Ἔμπροσθεν = coram Deo, vgl. 2 Kor 5,10. Πείθειν τινά (τι) = jemanden von etwas überzeugen, Aischylos, Prometheus 1063f; Herodot I,163; Xenophon, Hieron 1,16. Mit Akk. könnte es aber auch den Sinn von ‚beruhigen‘ erhalten, Xenophon, Hellenika II, 7,7; vgl. MartPol 10,1; 2 Macc 4,45; Mt 28,14, s. W. Bauer, Wb[6], 1289. Wegen des unmittelbaren Folgens des zweiten ὅτι auf πείσομεν τὴν καρδίαν ἡμῶν ist das aber höchst unwahrscheinlich. Μείζων κτλ. (vgl. Test Gad 5,3: οὐχ ὑπ’ ἄλλου καταγινωσκόμενος ἀλλ’ ὑπὸ τῆς ἰδίας καρδίας): Die erlösende Erkenntnis Gottes ist stärker als die menschliche Selbstverurteilung. Καταγινώσκειν ist mit Gen. regelgerecht konstruiert (s. BDR 181; anders C. C. Richardson, Exegesis, 45–52: ἡμῶν bezieht sich in beiden Fällen auf καρδία, und Objekt von καταγινώσκῃ ist ἀλήθεια, V. 19). Γινώσκειν mit Gott als Subj.: 1 Kor 8,3; im JohEv ist der Offenbarer Subj., vgl. 1,48; 10,14.27 usw.

21 Ἐὰν κτλ. ist kein Gegensatz zu ὅτι ἐὰν κτλ. , V. 20a, sondern die Konsequenz aus μείζων ἐστὶν ὁ θεός V. 20b. Ein ähnlicher Gedankengang ist in 1,6ff.2,1f u. 3,3f.5 zu finden: Die Erlösung gewährt eschatologische Freiheit. Anders als 2,28; 4,17; 5,14 ist παρρησία hier als bereits vorhandene Freimütigkeit verstanden, vgl. V. 22.

22a stellt wie 3,14.16 als Tatsache fest, was im Aphorismus Jesu (Joh 14,13f; 15,7.16; 16,23f.26 und christologisch Joh 11,22.42; vgl. Mk 11,24 par.; Mt 7,7f par.; EvTh 92 = Gos. Thom., NHC II,2 48,26–31, s. J. D. Crossan, In Fragments. The Aphorisms of Jesus, 1983, 101–103) als Verheißung ausgesprochen ist.

22b Wie in Joh 15,7.16 wird die Erhörung durch die Bewahrung der Gebote begründet bzw. bedingt, vgl. zuletzt auch 1 Joh 3,14a. Zum Ausdruck τὰς ἐντολὰς τηρεῖν s. ad 2,3. Τὰ ἀρεστὰ ποιεῖν erscheint in den joh Schriften nur hier und in Joh 8,29, wo es jedoch den Offenbarer kennzeichnet: In der Bewahrung der eschatologischen Gemeinschaft durch die Bruderliebe gehören der Verfasser und seine Adressaten zur durch das Gebet in Joh 17,1ff offenbarten himmlischen Welt – deswegen V. 22a, s. Exkurs: Christologie und Soteriologie im 1 Joh. Mit der Fragestellung in Jak 1,6ff usw. hat die Stelle nichts zu tun (anders H. Windisch, 125f).

23 Hier liegt eine Definition des Gebotes vor (zum Wechsel Plur.-Sing. s. ad 2,7), die einerseits den Glauben an den Offenbarer (πιστεύειν im 1 Joh immer – auch metaphorisch, 4,16 – in christologischen Bekenntnissätzen, 5,1.5.10.13; vgl. Joh 3,36 und, mit εἰς τὸ ὄνομα, 1,12; 2,23; 3,18; Ausnahmen: 1 Joh 4,1; 5,10; zur epexegetischen Konstruktion ἵνα κτλ. s. BDR 394.3, vgl. Joh 15,8; 1 Joh 5,3; πιστεύωμεν [ℵ A C Ψ usw.] ist eine Angleichung an ἀγαπῶμεν; der Aorist ist komplexiv, vgl. BDR 332, oder futurisch, vgl. BDR 333) und andererseits die Bruderliebe (Einsetzung: Joh 13,34; zur Stelle parallele Durchführung des Themas: Joh 15,1–17; Aufnahme im 1 Joh, 2,7f usw.; zur Interpretation s. Exkurs: Das Gebot der gegenseitigen Liebe, ad 2,7–11) verlangt. Wie die beiden Sätze sachlich zusammengehen, wird schon in Joh 13,31ff deutlich (Hinweis: καθώς, vgl. Joh 13,34; 15,9.12).

24 Das beidseitige μένειν (2,24; 4,13.16) ist wie in 4,15 durch das Bekenntnis des Gottessohnes bzw. wie in 3,17; 4,12.16 durch das Liebesgebot bedingt; vgl. Exkurs: Μένειν, ad 2,28–29. Die Gemeinschaft wird durch die Zugehörigkeit zur Offenbarungstradition, also auf Grund einer Initiation (H. Windisch, 126: durch den Gehorsam, also ethisch) qualifiziert. Πνεῦμα als Kennzeichen des Im-Sohne- bzw. In-Gott-Bleibens, vgl. 4,13, wird durch seine Funktion in 5,6.8 mit dem Parakleten des JohEv gleichgesetzt. Das Bewußtsein des joh Kreises, seine eigene Entwicklung im Rahmen des Christentums durch den Geist zu garantieren (vgl. Joh 7,39 bzw. 14,17; 15,26; 16,13), erscheint sowohl in der Form der axiomatischen Aussage (V. 24b) als auch in der Forderung, unter den Geistern zu unterscheiden (4,1ff 7mal). Vgl. dazu R. Schnackenburg, 209–215; J. Lieu, The Second and Third Epistles of John, 174ff.

Christologie und Soteriologie im 1 Joh

Literatur: G. Klein, „Das wahre Licht scheint schon", ZThK 68 (1971) 261–326, bes. 284–291. – J. Lieu, Authority to become Children of God: A Study of 1 John, NT 23 (1981) 210–228.

Sowohl die Bekenntnisformeln (ὁμολογεῖν-, ἀρνεῖσθαι- u. πιστεύειν- Formeln, 2,22f; 4,2f.15; 5,1.5f, s. Einleitung: 4. Argumentation) als auch die christologische Titulatur (υἱὸς τοῦ θεοῦ: 3,8; 4,15; 5,5.10.13.20, vgl. 11; υἱός mit πατήρ verbunden: 1,3; 2,22.23.24; 4,14; χριστός: 2,22; 5,1 als Prädikatsnomen; Ἰησοῦς [Χριστός] als durch υἱός [τοῦ θεοῦ] qualifizierter Titel: 1,3; 3,23; 4,15; durch eine Bekenntnisformel als Akkusativobjekt bzw. als Apposition erläutert: 4,2f; 5,5f) und die Argumentationslogik, die den Glauben an bzw. das Bleiben im Offenbarer zur Bedingung für die eschatologische Existenz macht (3,24; 4,15), entwickeln die hohe Christologie der im JohEv bezeugten Offenbarungstradition weiter. Jesus, der Gottessohn, ist der Erlöser von den Sünden, der die Welt besiegt hat (1,7; 2,1; 3,5.8; 5,5): Gott hat ihn in die Welt gesandt, damit die Erwählten (1. Pers. Plur. s. ad 1,4 u. Exkurs: Ἁμαρτία, ad 1,5–10) durch ihn leben (4,9f.14). Der Glaube an ihn ist die Bedingung des In-Gott-Bleibens (2,24; 4,15), des ewigen Lebens (5,9–12) und der eschatologischen

Freimütigkeit (3,21), so daß der Christusglaube der Prüfstein des Aus-Gott-Seins ist (5,1) und das Bekenntnis der Einheit des Vaters und des Sohnes das Abgrenzungskriterium zu den Konkurrenten bzw. Antichristen bildet (2,22f). Fazit: Wer im Sohn bleibt, hat den Vater (2,23). Damit werden sowohl die argumentative Perspektive des JohEv, den Glauben an den Gottessohn zu fördern (vgl. Joh 20,30f), als auch sein sachliches Anliegen, den ausschließlichen Anspruch des Offenbarers zu betonen (vgl. R. Bultmann, Theol NT, 412–422), bewahrt.

Diese Hervorhebung der Christologie läßt sich jedoch mit der Tendenz vereinbaren, christologische Funktionen und Prädikate des JohEv auf Gott bzw. auf die Erwählten zu übertragen. Φῶς ist nicht mehr der Offenbarer (Joh 1,4ff; 8,12; 9,5; 12,35f.46; vgl. 3,19ff), sondern Gott (1 Joh 1,5) oder die himmlische Sphäre als offenbarte Deutung der menschlichen Existenz (1 Joh 1,7; 2,9.10, vgl. 2,8). Nur noch Gott ist (ὁ) ἀληθινός (5,20, vgl. Joh 7,28; 17,3, aber 1,9; 15,1). Die gegenseitige Liebe bzw. die Bruderliebe gründet nicht mehr auf der Liebe des Offenbarers (Joh 15,9–17), sondern auf der des Vaters (1 Joh 4, 7–21). Parallel dazu sind die Gebote bzw. das Gebot zwar auch auf den Sohn (1 Joh 2,3f.7f; Joh 13,34; 14,15.21; 15,10.12), aber immer deutlicher auf Gott bezogen (1 Joh 3,22ff; 4,21; 5,2f, was im JohEv nur für den Fall der Gebote bzw. des Gebotes gilt, die der Sohn zu erfüllen hat, Joh 10,18; 12,49f; 14,31; 15,10). Andererseits ist der eschatologische Sieger nicht mehr der Erlöser (Joh 16,33), sondern es siegen die Erlösten (1 Joh 2,13f; 4,4; 5,4f). Eigenschaft der Gemeinschaft des Verfassers und seiner Adressaten – und nicht mehr des Offenbarers – ist es auch, was wohlgefällig vor Gott ist zu tun (1 Joh 3,22; Joh 8,29). Die Gleichsetzung der Glaubenden mit dem Offenbarer wird durch das καθὼς ἐκεῖνος thematisiert (1 Joh 2,6; 3.3.7; 4,17). In 2,6 werden Werturteile begründet, indem ἐκεῖνος als Verhaltensmodell für die Erwählten vorgestellt wird (vgl. Joh 13,34; 15,9ff; 17,2ff). Diese Vorstellung entspricht dem auch sonst im NT belegten Aufruf zur Nachahmung (vgl. H. D. Betz, Nachfolge und Nachahmung Christi im NT, BHTh 37, 1967). In 3.3.7 hat die kasuistische Formulierung appellative Funktion. Vorausgesetzt ist jedoch, daß die Erlösten unter den angegebenen Bedingungen so (ἁγνός und δίκαιος) wie der Erlöser gemacht worden sind. 4,17 bestätigt und vollzieht die Abgrenzung. Der eschatologische Vorbehalt entspricht 3,1f.19f: Die Erscheinung der bereits vorhandenen eschatologischen Verhältnisse steht noch aus (s. Exkurs: Eschatologie, ad 2,12–17). Wie in 3,21 ist aber die (in 2,28 durch das μένειν bedingte) eschatologische παρρησία eine schon präsentische. Die Befindlichkeit der liebenden Geliebten ist insofern mit jener des Gottessohnes identisch. Das indikativische καθὼς ἐκεῖνος wird allerdings dadurch relativiert, daß der Erlöser schon nicht mehr ἐν τῷ κόσμῳ τούτῳ ist (vgl. Treat. Res., NHC I,4 45,14–46,2: *... Then, indeed, as the Apostle said, „We suffered with him, and we arose with him, and we went to heaven with him". Now if we are manifest in this world wearing his body, we are that one's beams, and we are embraced by him until our setting, that is to say, our death in this life...*).

Die im JohEv entwickelte Christologie, den Erlöser als Offenbarer zu interpretieren, ist konsequent weitergeführt worden. Der Sohn ist zwar als ἱλασμός gesandt worden (2,2; 4,10), um die Seinigen bzw. die Welt zu retten (4,9.14). Er hat sein Leben für die Erwählten gegeben (3,16), er reinigt sie von jeder Sünde (1,7.9) und hat sie von den Sünden bzw. von den Werken des Teufels befreit (3,5.8). Die Interpretamente sind aber jeweils durch die joh Tradition umgedeutet worden. Der Sühnegedanke ist durch die Vorstellung der Sendung des Erlösers bzw. durch die jener entsprechenden der Versöhnung durch die Erkenntnis interpretiert (4,10 bzw. 2,2). Die Hingabe war bereits im JohEv als Erhöhung und zugleich als Erlösung verstanden (Joh 10,11ff; 15,13; vgl. 12,32). Die präsentische Reinigung (1,7.9) ist auf dem Hintergrund von Joh 13,12–15 (s. ad 1,7) eine sakramentale, die auf die esoterische Initiationswelt der (beiden ausdrücklichsten) Bekenntnisformeln 4,2f u. 5,5f hinweist (s. Komm.). Das Heilsereignis ist so gedacht, daß die Verheißungen des JohEv erfüllt sind (vgl. 3,14a.21f): Der Kreis des Verfassers und seiner Adressaten ist bereits vom Tode ins eschatologische Leben hinübergeschritten, und die eschatologische Freimütigkeit gehört zu den festen Bestandteilen seiner Befindlichkeit. Durch den Offenbarer ist er dem Offenbarer gleich geworden (vgl. Corp. Herm. I,28ff; XIII,10ff).

Daß der Offenbarer seine Funktion erfüllt hat, nämlich die Erwählten das Göttliche erkennen zu lassen, entspricht der Logik der joh Argumentation: Anders als bei Paulus ist nicht die Theo-logie die Variable und die Christologie die Konstante, sondern umgekehrt. Der Gottesglaube ist nicht inhaltlich christologisch definiert (so Paulus; vgl. A. Lindemann, Die Rede von Gott in der paulinischen Theologie, ThGl 69 [1979] 357–376), sondern das Heil bzw. das In-Gott-Bleiben ist durch den Christusglauben (3,24; 4,15) – und zwar als Abgrenzungsprinzip interpretiert (2,22f; 4,2f.15; 5,1.5f) – und die Teilnahme an der gegenseitigen Liebe der Brüder (3,15.17; 4,12.16) bedingt. Der Gottessohn ist zur Initiations- bzw. Identifikationsfigur der gnostischen Tradition geworden, die sich selbständig weiterentwickeln kann.

1 Joh 4,1–6 Die Unterscheidung zwischen den Geistern

¹Geliebte, nicht jedem Geist glaubt, sondern prüft die Geister, ob sie aus Gott sind, weil viele falsche Propheten in die Welt ausgegangen sind. ²Daran erkennt ihr den Geist Gottes: Jeder Geist, der Jesus Christus als im Fleisch gekommen bekennt, ist aus Gott, ³und jeder Geist, der Jesus nicht bekennt, ist nicht aus Gott; und das ist der (Geist) des Antichrist, über den ihr gehört habt, daß er kommt, und jetzt ist er schon in der Welt. ⁴Ihr seid aus Gott, Kinder, und ihr habt sie besiegt, weil der in euch größer ist als der in der Welt. ⁵Sie sind aus der Welt; deswegen reden sie aus der Welt, und die Welt hört auf sie. ⁶Wir sind aus Gott; wer Gott erkennt, hört auf uns, wer nicht aus Gott ist, hört nicht auf uns. Daran erkennen wir den Geist der Wahrheit und den Geist der Täuschung.

Literatur: A. WURM, Die Irrlehrer. – O. PIPER, 1 John and the Didache of the Primitive Church, JBL 66 (1947) 437–451. – O. S. BROOKS, The Johannine Eucharist. Another Interpretation, JBL 82 (1963) 293–300. – P. S. MINEAR, The Idea of Incarnation in First John, Int 24 (1970) 291–302. – P. BONNARD, La chair dans le johannisme, et au-delà, in: Anamnesis. Recherches sur le NT, CRThPh 3, 1980, 187–193. – J. LIEU, Authority to become Children of God: A Study of 1 John, NT 23 (1981) 210–228. – B. D. EHRMAN, 1 Joh 4,3 and the Orthodox Corruption of Scripture, ZNW 79 (1988) 221–243.

Die konkrete Unterweisung des paränetischen Teiles (exhortatio: 4,1–21) ist eine Erläuterung der Bitte (propositio: 2,28f). Die Verbindung mit der Beweisführung bzw. Begründung (probatio: 3,1–24) erfolgt durch die Anknüpfung der Empfehlung μὴ παντὶ πνεύματι κτλ. 4,1 an die axiomatische Aussage ἐκ τοῦ πνεύματος κτλ. 3,24 (ähnliche Verknüpfung von μένετε 2,27 und 2,28).

Das Thema der Empfehlung ist durch den doppelten Imperativ (μὴ πιστεύετε, ἀλλὰ δοκιμάζετε, V. 1a u. b, vgl. 1 Thess 5,19–21; Did 11,1ff; andere Problematik: 1 Kor 12,4–11, vgl. R. E. Brown, 503f) angeführt und durch das Auftreten der Konkurrenten (V. 1c) begründet. Das Kriterium für die Unterscheidung zwischen den Geistern wird in der antithetischen axiomatischen Aussage gegeben (ἐν τούτῳ γινώσκετε: πᾶν πνεῦμα / καὶ πᾶν πνεῦμα, V. 2–3a, vgl. 1 Kor 12,3). V. 3b stellt die Verbindung her mit den in 2,18 bereits erwähnten und in 2,22 schon christologisch definierten Antichristen. Die antithetische Aussage V. 4f (ὑμεῖς / αὐτοί) nimmt durch die dualistische Vorstellung eine Bewertung vor: Die Adressaten sind aus Gott (mit der Begründung V. 4b, vgl. 2,13f; 5,4f) und die Konkurrenten aus der Welt (mit dem Beweis für die kritische Überprüfung V. 5b). V. 6a ist zu V. 4a bzw. 5a in formaler Hinsicht parallel. Er führt eine zweite axiomatische Aussage bzw. ein zweites Unterscheidungsprinzip ein, nämlich die Anerkennung der Autorität der Wir-Tradition (vgl. ad 1,1ff): Die doppelte bzw. positive u. negative Formulierung sichert die logische Gleichsetzung: Aus Gott sein ≡ die Wir-Tradition hören.

1 Πιστεύειν, sonst in Bekenntnisformeln (5,1.5; vgl. 5,10a) oder als Zustimmung zum Überzeugungssystem der Offenbarungstradition (3,23; 4,16; 5,10c.13) verwendet, ist hier durch ἀλλά κτλ. interpretiert. Das Thema ist wie 2 Kor 11,4 die als notwendig dargestellte Aufforderung zur Unterscheidung der Evangelien, i. e. des jeweils verkündigten Jesus. Πνεῦμα in 3,24; 4,13; 5,6.8 = der Geist aus Joh 3,5–8 usw. Eine Entgegensetzung der Geister wie in 1 Joh 4,1ff.6 ist in 1 Kor 2,12 zu finden. Vgl. Test Jud. 20,1: Γνῶτε οὖν, τέκνα μου, ὅτι δύο πνεύματα σχολάζουσι τῷ ἀνθρώπῳ, τὸ τῆς ἀληθείας καὶ τὸ τῆς πλάνης; Ap. John, NHC II,1 26,11–22: *(If) the Spirit (IV,1 40,24–25: descended upon them), they will in any case be saved and they will change (for the better). For the power will descend on every man, for without it no one can stand. And after they are born, then, when the Spirit of life increases and the power comes and strengthens that soul, no one can lead it astray with works of evil. But those on whom the counterfeit spirit descends are drawn by him and they go astray.* Δοκιμάζειν als ethischer Begriff vgl. Test Ass. 5,4; Lk 12,56; Röm 1,28; 2,18; 12,2 usw.; im Hinblick auf eine eschatologisch gedeutete Unterscheidung: 1 Thess 5,21; Did 12,1; Teach. Silv., NHC VII,4 97,20; 102,26: *Examine yourself (to see) whether you wholly have the light*; 117,30; Marsanes, NHC X,1 40,13.20. Der Grund für die Empfehlung ist das Auftreten konkurrierender Missionare. (Ἐξ)έρχεσθαι εἰς τὸν κόσμον ist ein joh Terminus technicus für die Sendung des Offenbarers (Joh 1,9; 3,19; 6,14; 11,27; 12,46; 16,28; 18,37) und der Antichristen (2 Joh 7; vgl. N. H. Cassem, NTS 19 [1973] 81–91). Ψευδοπροφήτης vgl. Sing. Apg 13,6; Apk 16,13; 19,20; 20,10; Plur. Mt 7,15; 24,11; Mk 13,22 par.; Lk 6,26; 2 Petr 2,1. Daß sie mit den Konkurrenten aus 2,18ff identisch sind, ist ausdrücklich in V. 3b erklärt (s. Exkurs: Die Frage der vermeintlichen Gegner, ad 2,18–27).

2–3a Kriterium ist das Bekenntnis (zu ὁμολογεῖν s. ad 1,9; zu den Bekenntnisformeln s. Einleitung: 4. Argumentation) von Ἰησοῦς Χριστός als ἐν σαρκὶ ἐληλυθότα. Die Trennungslinie liegt nicht im Christusbekenntnis, sondern in seinem Verständnis, d. h. in der Anerkennung der joh Tradition. Drei Konstruktionen sind grammatisch möglich: 1) ὁμολογεῖν ist mit einem doppelten Akkusativ – Ἰησοῦν Χριστόν bzw. ἐν σαρκὶ ἐληλυθότα konstruiert, so 2 Joh 7; vgl. BDR 416,3 u. A. 14; 2) ἐληλυθότα ist Attribut, vgl. BDR 412; 3) unwahrscheinlicher ist der doppelte Akkusativ mit Ἰησοῦν bzw. Χριστὸν κτλ.: Jesus bekennen als den Fleisch gewordenen Christus; s. dazu R. E. Brown, 492–494. Zum Christus- bzw. Jesusbekenntnis als Abgrenzungsprinzip s. Exkurs: Christologie und Soteriologie im 1 Joh, ad 3,18–24. Λύει ist schwach bezeugt (1739^mg vg; Ir^lat Lcf) und belegt die Rezeptionsgeschichte des Briefes (so B. F. Westcott, 163–166; A. E. Brooke, 110–114; H. Balz, 189f; H. Thyen, TRE XVII, 193; B. D. Ehrman, ZNW 79 [1988] 221–243; anders O. Piper, JBL 66 [1947] 443–444; vgl. Einleitung: 1. Der Text der Briefe). Μή betont anders als οὐ nicht das Faktische, sondern regelgerecht mit ὁμολογεῖν das Denkbare. Ἐκ τοῦ θεοῦ = eschatologische Bestimmung der Existenz, vgl. 2,29; 3,9f; 4,1.6f; 5,4.18f, vgl. Joh 1,13; 8,47. Der Verfasser faßt die christologischen Aussagen des JohEv zusammen: Ἐληλυθότα = Joh 3,19; 5,43; 12,46; 16,28; 18,37; ἐν σαρκί verweist auf Joh 1,14; 6,51ff. Wer Jesus als den Offenbarer der joh Offenbarungstradition bekennt, ist aus Gott.

Die Partizipialkonstruktion ἐν σαρκὶ ἐληλυθότα ist keine anti-gnostische bzw. antidoketische Formulierung (anders als PolPhil 7,1: ὁμολογεῖν mit einer Infinitivkonstruktion, vgl. J. Lieu, NT 23 [1981] 210–228; The Second and Third Epistles of John, 81f). Ähnlich W. A. Karl, Johanneische Studien I. Der erste Johannesbrief, 1898,

56–61; A. Wurm, Die Irrlehrer, 53–62; P. S. Minear, Int 24 (1970) 291–297. Vgl. aber IgnEph 7,2: Εἷς ἰατρός ἐστιν, σαρκικός τε καὶ πνευματικός, γεννητὸς καὶ ἀγέννητος, ἐν σαρκὶ γενόμενος θεός, ἐν θανάτῳ ζωὴ ἀληθινή, καὶ ἐκ Μαρίας καὶ ἐκ θεοῦ, πρῶτον παθητὸς καὶ τότε ἀπαθής, Ἰησοῦς Χριστὸς ὁ κύριος ἡμῶν; IgnSm 5,2: . . . μὴ ὁμολογῶν αὐτὸν σαρκοφόρον. Die Formulierung ist in den gnostischen Traditionen problemlos rezipiert bzw. integriert worden: Gos. Truth, NHC I,3 31,5; Treat. Res., NHC I,4 44,15: *How did the Lord proclaim things while he existed in flesh and after he revealed himself as Son of God?*; Tri. Trac., NHC I,5 113,38: *The Logos, who came into being in flesh*; 114,3.10: *the spiritual Logos . . . from whom the Savior received his flesh*; Gos. Phil., NHC II,3 56,29–57,14; Great Pow., NHC VI,4 42,1: *And he* [= the ruler of Hades] *found that the nature of his flesh could not be seized*; Melch., NHC IX,1 5,7: *He is unfleshly, though he has come in flesh;* Interpr. Know., NHC XI,1 12,18; Act. Pet., BG 4 138,9. Das Perfekt 1 Joh 4,2 ist ebensowenig wie das Präsens 2 Joh 7 als eindeutiger Verweis auf die – als historisches Ereignis verstandene – Menschwerdung Jesu zu lesen. Betont wird nicht der einmalige Augenblick, sondern der Zustand als Resultat bzw. ein duratives Phänomen (s. BDR 318 u. 340–342). Sieht man von der Antithese σάρξ / πνεῦμα Joh 3,6; 6,63; 8,15, wobei σάρξ negativ bewertet ist, und vom anthropologischen Sprachgebrauch Joh 1,13; 17,2; 1 Joh 2,16 ab, so wird die programmatische Aussage Joh 1,14a in Joh 6,51–58 entwickelt. Durch das in bezug auf das Abendmahl unübliche σάρξ wird die Menschwerdung als durch die sakramentale Initiation vermittelte Offenbarung interpretiert (wobei Zeichen und Dialog Joh 6,1–50 die Unterweisung Joh 6,51–58 vorbereiten). Der sakramentale Zusammenhang ist weiterhin durch die soteriologischen bzw. Bekenntnisformeln 1 Joh 1,7.9 (vgl. Joh 13,12–17) u. 1 Joh 5,5f (vgl. Joh 19,34) belegt. Zur Rezeption und späteren Entwicklungsgeschichte s. Gos. Phil., NHC II,3 56,26–57,22 (vgl. Joh 6,51ff; 1 Joh 4,2: *His flesh is the word, and his blood is the holy spirit . . . It is necessary to rise in this flesh, since everything exists in it*) u. 75,14–24 (vgl. Joh 19,34; 1 Joh 5,5f: *The cup of prayer contains wine and water, since it is appointed as the type of the blood for which thanks is given*), aber auch IgnRom 7,3: . . . ἄρτον θεοῦ ὅ ἐστιν σάρξ Ἰησοῦ Χριστοῦ; IgnPhld 4,1; IgnSm 7,1: Διὰ τὸ μὴ ὁμολογεῖν τὴν εὐχαριστίαν σάρκα εἶναι τοῦ σωτῆρος ἡμῶν Ἰησοῦ Χριστοῦ; 12,2. Fazit: Die Bedingung für die Zulassung von Missionaren ist ihre Bezugnahme auf die joh Initiations- bzw. Offenbarungstradition.

3b Die dualistische Vorstellung wird mit dem Verweis auf die in 2,18 erwähnte Offenbarungstradition (καθὼς ἠκούσατε κτλ., vgl. zur Form Einleitung: 4. Argumentation) ergänzt: Jeder Geist, der nicht aus Gott ist, ist des Antichristen. Ἀντίχριστος: s. ad 2,18ff. Καὶ νῦν (auch 2,18) deutet in einer metaphysischen Gegenüberstellung die historischen Verhältnisse der vom Verfasser vertretenen Wir-Tradition (vgl. V. 6) mit den in 2,18ff u. 4,2f qualifizierten Konkurrenten.

4f Feststellung (mit Appellfunktion?): Die Adressaten (τεκνία: vgl. 2,12.28; 3,7.18; 5,21) sind aus Gott (ἐκ τοῦ θεοῦ, sonst immer in kasuistischen Sätzen als Bedingung bzw. bedingte Verheißung) und haben die Konkurrenten (αὐτούς) besiegt, wobei das in 2,14; 5,4f ausgedrückte Überzeugungssystem auf die historische Konkurrenzsituation bezogen wird. Begründung: Gott (ὁ ἐν ὑμῖν, vgl. 3,24; 4,12f usw.) ist größer (vgl. 3,20) als der Herrscher der Welt (vgl. 2,14f; ὁ ἄρχων τοῦ κόσμου τούτου, Joh 12,31; 14,30; 16,11). Die Antithese bestätigt diesen Sachverhalt durch empirisch-kritische Betrachtungen. Anders als in den V. 1.3, vgl. 2,2; 4,9.14.17, ist κόσμος nicht als neutrale Realität, sondern als widergöttliche Gegenwelt wahrgenommen (vgl. 2,15ff; 3,1.13; 5,4f.19). Das eschatologische Erklärungsmodell von Joh 15,19; 17,6.14ff; 1 Joh 3,1.17 wird hier für die Bewertung der Konkurrenten verwendet. Als Voraussetzung gilt: Eine Gruppe von Gläubigen steht der Welt gegenüber, die ihrem Wesen nach zur Finsternis (vgl. 1,5) gehört (vgl. W. A. Meeks, The Man from Heaven in Johannine Sectarianism, JBL 91 [1972] 44–72).

6 Das in V. 2f sachbezogene Kriterium wird formal wiederholt: Das Unterscheidungsmerkmal zwischen den Geistern bildet die Zugehörigkeit zur joh Offenbarungstradition. Ἡμεῖς ist nicht Plur. communic. (anders: A. v. Harnack, „Wir", 100f), sondern bezeichnet den autorisierten Kreis (1 Joh 1,1ff; 4,14; Joh 1,14.16; 3,11; 9,4; 21,24). Ἀλήθεια s. ad 1,6. Zu πλάνη s. πλανᾶν 1,8; 2,26 u. Komm.; 3,7 bzw. πλάνος 2 Joh 7. Die Entgegensetzung πνεῦμα τῆς ἀληθείας / πνεῦμα τῆς πλάνης ist in Test Juda 20,1–5 belegt (Ἐπίγνωτε οὖν, τέκνα μου, ὅτι δύο πνεύματα σχολάζουσι τῷ ἀνθρώπῳ, τὸ τῆς ἀληθείας καὶ τὸ τῆς πλάνης…), letzteres in Test Rub. 2,1; 3,2; Test Sim. 3,1; 6,6; Test Levi 3,3; Test Juda 14,8; 25,3; Test Iss. 4,4; Test Seb. 9,7f; Test Dan 5,5; Test Naph. 3,3; Test Ass. 6,2. JosAs 8,9; ἀπὸ τῆς πλάνης εἰς τὴν ἀλήθειαν. Vgl. I QS 3,13 – 4,26; CD 2,12 bzw. 12,2; Thom. Cont., NHC II,7 140,1–5. Ἐκ τούτου bezieht sich auf ὁ γινώσκων κτλ. (parallele Konstruktion in 3,18–19a). Die Geister sind empirisch erkennbar. Eine Dialektik Interiorität/Exteriorität besteht nicht.

1 Joh 4,7–21 Empfehlung zur Liebe und Einheit

[7]**Geliebte, laßt uns einander lieben, weil die Liebe aus Gott ist, und jeder, der liebt, ist von Gott geboren und erkennt Gott.** [8]**Wer nicht liebt, hat Gott nicht erkannt, weil Gott Liebe ist.** [9]**Darin ist die Liebe Gottes in uns erschienen, daß Gott seinen einzigen Sohn in die Welt gesandt hat, damit wir durch ihn leben.** [10]**Darin besteht die Liebe, nicht daß wir Gott geliebt haben, sondern daß er uns geliebt hat und seinen Sohn als Versöhnung für unsere Sünden gesandt hat.** [11]**Geliebte, wenn Gott uns so geliebt hat, sollen wir auch einander lieben.** [12]**Niemand hat Gott je geschaut; wenn wir einander lieben, bleibt Gott in uns, und seine Liebe ist in uns vollendet.** [13]**Daran erkennen wir, daß wir in ihm bleiben und er in uns, daß er uns von seinem Geist gegeben hat.** [14]**Und wir haben geschaut und wir bezeugen, daß der Vater den Sohn als Erretter der Welt gesandt hat.** [15]**Wer bekennt, daß Jesus der Sohn Gottes ist, – Gott bleibt in ihm und er in Gott.** [16]**Und wir haben erkannt und geglaubt die Liebe, die Gott zu uns hat. Gott ist Liebe, und wer in der Liebe bleibt, bleibt in Gott, und Gott bleibt in ihm.** [17]**Darin ist die Liebe bei uns vollendet, daß wir Freimut haben am Tage des Gerichts, weil wie jener ist, sind auch wir in dieser Welt. Furcht ist nicht in der Liebe,** [18]**sondern die vollkommene Liebe treibt die Furcht aus, weil die Furcht Strafe (vor sich) hat; wer sich aber fürchtet, ist in der Liebe nicht vollendet.** [19]**Wir lieben, weil er uns als erster geliebt hat.** [20]**Wenn jemand sagt: ich liebe Gott, und seinen Bruder haßt, ist er ein Lügner; denn wer seinen Bruder nicht liebt, den er gesehen hat, kann Gott, den er nicht gesehen hat, nicht lieben.** [21]**Und dieses Gebot haben wir von ihm, daß, wer Gott liebt, auch seinen Bruder liebe.**

Literatur: A. WURM, Die Irrlehrer, 17–19.93f.156f. – E. SCHWEIZER, Zum religionsgeschichtlichen Hintergrund der „Sendungsformel" Gal 4,4f. Röm 8,3f. Joh 3,16f. 1 Joh 4,9, ZNW 57 (1966) 199–210. – T. C. G. THORNTON, Propitiation or Expiation? Ἱλαστήριον and Ἱλασμός in Romans and 1 John, ExpT 80 (1968–69) 53–55. – L. SCHOTTROFF, Der Glaubende und die feindliche Welt, WMANT 37, 1970, 286–288. – M. RESE, Das Gebot der Bruderliebe in den Johannesbriefen, ThZ 41 (1985) 44–58, bes. 51–54.

Die Aufforderungen zur gegenseitigen Liebe (V. 7 u. 11) sind die Kehrseite der Warnung vor den Konkurrenten. Die Einheit der eschatologischen Gemeinde soll bewahrt werden. Den Hintergrund der Argumentation bildet die Entwicklung von Joh 13,34f in Joh 15,1–17: Die Liebe des Vaters, der den Sohn gesandt hat, begründet das Liebesgebot als Voraussetzung des doppelten μένειν (vgl. 1 Joh 2,28f).

Die Empfehlung zur gegenseitigen Liebe des Absenders und der Adressaten (V. 7a) wird zunächst durch die Erklärung begründet, daß die Liebe aus Gott ist (V. 7b). Die durch die theologische These (V. 8b) nochmals begründete antithetische Formulierung kommentiert kasuistisch: Wer liebt, ist aus Gott, wer nicht liebt, kennt ihn auch nicht (V. 7c–8a). Die axiomatische Aussage des V. 9 beruft sich auf die Offenbarungserfahrung der Adressaten, um die theologische Ausgangsthese zu begründen: Daß Gott Liebe ist, hat sich durch die Sendung des Sohnes für ihre Erlösung erwiesen. Die zweite axiomatische Aussage präzisiert den Vorgang (V. 10).

Die Empfehlung des V. 11b wiederholt in der Form eines Soll-Satzes den Imperativ des V. 7a (vgl. R. M. Hare, The Language of Morals, 1952, dt. Die Sprache der Moral, 1972, Teil III). Anders als in V. 7b nimmt die Kausalverbindung nicht mehr auf die theologische These, sondern auf die Erfahrung der Erlösten Bezug (V. 11a). V. 12 verknüpft elliptisch Joh 1,18 (= V. 12a) mit einer um die Christologie gekürzten Fassung von Joh 15,10: Das μένειν Gottes in den Erlösten ist durch ihre gegenseitige Liebe bedingt. Die axiomatische Aussage des V. 13 hat wieder die Funktion einer Begründung, indem sie sich auf die Erfahrung des Senders und seiner Adressaten beruft (= 1 Joh 3,24). Die autoritative Wir-Aussage des V. 14 nimmt auf den in 1,1–4 bzw. 4,6 formulierten Anspruch der Offenbarungstradition und auf das begründende Element ihres Überzeugungssystems Bezug und gibt den Thesen der V. 7a.8b.11a bzw. den axiomatischen Aussagen der V. 9 u. 13 ihre erkenntnistheoretische Grundlage. Der Gedankengang kommt zu einem ersten Abschluß, indem das christologische Bekenntnis zur Bedingung des doppelten μένειν gemacht wird (V. 15a = das bekennende Äquivalent von V. 9, und V. 15b = V. 12c.13) und das Moment der Erfahrung des Absenders und seiner Adressaten nochmals betont wird (V. 16a, vgl. V. 9 u. 13).

Die These des V. 16b und ihr Korollarium in V. 16c wiederholen zunächst V. 8b bzw. V. 12b u. 15b. Die axiomatische Aussage des V. 17a nimmt auf die Erfahrung der Adressaten Bezug und argumentiert mit den Konsequenzen der Liebe Gottes. Die eschatologische Freiheit ist darin begründet, daß der Status der Erlösten in der Welt bereits der des Erlösers ist (V. 17b). Die Liebe schließt die Furcht aus (V. 18).

Die V. 19ff fassen den Appell zusammen: Der Verfasser und seine Adressaten sollen der Empfehlung der V. 7a.11 folgen, weil Gott sie zuerst geliebt hat (V. 19, vgl. V. 9f). Die Liebe zu Gott setzt die Bruderliebe voraus (V. 20a). Die Argumentation a fortiori (V. 20b, vgl. V. 12a) und die explikative Wiederholung des Liebesgebotes (V. 21) haben erläuternde Funktion (γάρ, V. 20b).

7ab Zur Anrede s. 2,7; 3,2.21; 4,1.11 u. Einleitung: 2. Form. Die Forderung des Liebesgebotes (vgl. Joh 13,34f; 15,9–17; 1 Joh 2,7–11; 3,11f.13–24) erscheint zum ersten Mal als reiner Imperativ und nicht im Rahmen der Unterweisungen. Zur Form und Funktion s. Exkurs: Das Gebot der gegenseitigen Liebe, ad 2,7–11. Die Begründung, die sich aus einer Verhärtung des in 3,7ff entfalteten Dualismus ergibt, qualifiziert die Liebe durch ihren göttlichen Ursprung.

7c.8 Die antithetische Formulierung verbindet die Metaphorik der göttlichen Erzeugung (γεννᾶσθαι: 2,29; 3,9; 5,1.4.18) mit der durch die Wir-Tradition vermittelten Erkenntnis (vgl. 4,6). Das Aus-Gott-Sein bzw. die Gotteserkenntnis setzen die brüderliche Einheit voraus (vgl. 2,3–6; 3,6). Die Forderung hat ihren Grund im Wesen Gottes (vgl. V. 16; Treat. Seth, NHC VII,2 62, 25–26: *He* [= the Father] *is the universal one and perfect love*; zur Metaphorik, R. Schnackenburg, 231–239). Sein Wirken für die Menschen wird in weiteren parallelen Definitionen beschrieben: Gott ist Licht (1,5); Gott ist ewiges Leben (5,20); Gott ist Geist (Joh 4,24, vgl. B. F. Westcott, 166–169). Die eschatologische Existenz ist durch die Selbstmitteilung Gottes wesenhaft als Liebe gekennzeichnet, weshalb Glaube und Bruderliebe nicht zwei zu addierende regulae sind.

9 begründet die Definition Gottes. Zur Form s. Einleitung: 4. Argumentation. Wie in 1,2 (s. Komm.); 3,5.8 bezeichnet φανεροῦσθαι die Sendung des Sohnes als Offenbarungsereignis. Ἀποστέλλειν, vgl. noch 4,10.14, ist joh Terminus technicus: Joh 3,17.34; 5,36.38; 6,29.57; 7,29; 8,42; 10,36; 11,42; 17,3.8.18.21.23.25; 20,21. Die Formel ist eine Variation von Joh 3,16 bzw. 17. Zum Sprachgebrauch, G. D. Kilpatrick, Two Johannine Idioms in the Johannine Epistles, JTS 12 (1961) 272–273. Μονογενής: Joh 1,14.18; 3,14.16, vgl. Sap 7,22: Ἔστιν γὰρ ἐν αὐτῇ [= ἐν τῇ σοφίᾳ] πνεῦμα νοερόν, ἅγιον, μονογενές, πολυμερές...; Hebr 11,17; Gos. Eg., NHC III,2 68,25: *The great, invisible, eternal Spirit, and his only begotten Son, and the eternal light...*; Dial. Sav., NHC III,5 121,6: *Hear us, Father, just as you heard your only-begotten son and received him...*; Val. Exp., NHC XI,2 24,33: *I for my part call the thought „Monogenes“. For now God has brought Truth*; 24,37: *Thus it is he who revealed himself in Monogenes*; 37,24; 39,24; 40, 34: *[This] is the fullness of the summary of knowledge which (summary) was revealed to us by our Lord Jesus Christ, the Monogenes.* Auch in 2,2 und 4,14 ist die Welt Adressat der Erlösung. Zur Vorstellung von κόσμος in 1 Joh s. Komm. ad 2,2. Ziel der Sendung ist in Joh 3,16: ἵνα πᾶς ὁ πιστεύων κτλ. Die Auffassung des 1 Joh ist dadurch gekennzeichnet, daß die Erlösten mit dem Kreis des Verfassers und seiner Adressaten identifiziert werden. Zur 1. Pers. Plur. s. ad 1,1.4 u. 2,2. Ζῆν erscheint nur hier in 1 Joh; vgl. Joh 5,25; 6,51.57f; 11,25; 14,19, im eschatologischen Sinn immer Futurum. Im 1 Joh qualifiziert das (ewige) Leben den gegenwärtigen Zustand der Erlösten (1,2; 2,25; 3,14f; 5,11.13.20, s. Exkurs: Eschatologie, ad 2,12–17).

10 Eine zweite axiomatische Aussage erläutert die erste durch eine Paraphrase. Die antithetische Form (ähnliche Wendungen: 2 Joh 5; Joh 6,38; 7,22; 12,6) betont das Moment der Sendung (ἠγάπησεν, Aor.) als Ursache der Erlösung: Die Liebe als Bestimmung der eschatologischen Existenz ist dem Menschen nicht zugänglich (ἠγαπήκαμεν, Perf.). Arist. 229: αὕτη (= ἀγάπη) γὰρ θεοῦ δόσις ἐστίν; Od. Sal. 3,3: *For I should not have known how to love the Lord, if He had not continuously loved me*; das Gegenteil: Joh 14,21b; Philo, Abr. 50: ἀγαπήσαντας τὸν ἀληθῆ θεὸν καὶ ἀνταγαπηθέντας πρὸς αὐτοῦ; vgl. Test Naph.8,4. Zu ἱλασμός s. 2,2 u. Komm. Die Sendung ist als

Befreiung des Menschen von seinen Sünden gedeutet (vgl. 3,3.5; s. Exkurs: Ἁμαρτία, ad 1,5–10).

11 Wie in 2,6 (s. Komm.) und 3,16 gründet die Empfehlung auf der Erfahrung der Erlösung. Anders als Joh 13,34 u. 15,9ff beruft sie sich nicht auf das Vorbild des Offenbarers (vgl. ἐκεῖνος, 1 Joh 2,6; 3,16), sondern unmittelbar auf die in V. 9f beschriebene Liebestat Gottes. Das Argument ist das der Reziprozität. Die Liebe Gottes hat allerdings ihre Entsprechung in der gegenseitigen Liebe der Brüder (so Joh 15,12; 1 Joh 3,16).

12f Zweite Begründung der Empfehlung: Die eschatologische Einheit ist die Voraussetzung der Gemeinschaft mit Gott. Die axiomatische Aussage verstärkt, indem sie sich auf das Überzeugungssystem der Offenbarungstradition beruft: Durch die Gabe des Geistes haben der Verfasser und die Adressaten bereits die Erkenntnis des In-Gott-Seins. V. 12 setzt Joh 1,14.18 bzw. 15,10 voraus, deren Perspektive jedoch konsequent modifiziert wird (s. Exkurs: Christologie und Soteriologie im 1 Joh, ad 3,18–24): V. 12a weist nicht auf den Offenbarer hin (so Joh 1,14.18), sondern auf die eschatologische Einheit der Bruderliebe; im V. 12b ist nicht vom Bleiben des Offenbarers in den Jüngern die Rede (so Joh 15,4ff.9f), sondern vom unmittelbaren Bleiben Gottes in den Erlösten (ἐν ἡμῖν). Zu τελειοῦσθαι s. 2,5; 4,17f (u. Komm).

13 = 3,24b. Unterschiede: Das gegenseitige μένειν, vgl. 3,24a, hat Gott zum Subjekt (statt Jesus, vgl. V. 12), und δέδωκεν ist Perf. (in bezug auf die Erfahrung), statt ἔδωκεν Aor. (auf Joh 14,16f.25f; 15,26f; 16,7–11 bzw. 20,22–23 als Gründungsereignis der Offenbarungstradition bezogen). Zur Konstruktion δέδωκεν ἐκ vgl. Joh 1,16; 6,11 und BDR 169.

14 Ἡμεῖς = die Zeugengruppe der Offenbarungstradition, vgl. 1,1–3.5; 4,6 (s. Komm. ad 1,1), der die Adressaten angeschlossen werden (vgl. die 1. Pers. Plur. im ganzen Abschnitt). Καὶ ἡμεῖς τεθεάμεθα κτλ. = der Anspruch der Offenbarungstradition, die die axiomatischen Aussagen V. 9f.13 und die darauffolgenden Empfehlungen begründet. Τεθεάμεθα καὶ μαρτυροῦμεν weist zunächst nicht auf V. 12a zurück, sondern auf 1,1 ὃ ἐθεασάμεθα bzw. 1,2 καὶ μαρτυροῦμεν; Joh 1,34; 3,11.32; 19,35. V. 14b = V. 9b. Σωτῆρα τοῦ κόσμου, s. Joh 4,42, vgl. 3,17; M. Dibelius – H. Conzelmann, HNT 13, 1966⁴, 74–77, faßt εἰς τὸν κόσμον ἵνα κτλ. zusammen.

15 Die christologische Bekenntnisformel (vgl. 2,22f; 4,2f; 5,1.5f; zur Form s. Einleitung: 4. Argumentation) bildet das Identifikationskriterium der eschatologischen Gemeinschaft bzw. des In-Gott-Seins. Υἱὸς τοῦ θεοῦ bezeichnet im JohEv den Offenbarer (Joh 1,34.49; 3,18; 5,25; 10,36; 11,4.27; 20,31, vgl. 19,7), in 1 Joh den Erlöser (3,8; 5,12f) bzw. den Bezugspunkt der Offenbarungstradition (5,5.10.20).

16a zitiert das Petrus-Bekenntnis Joh 6,69. Ἡμεῖς vertritt die jeweilige Gruppe der dem Offenbarer bzw. der Offenbarungstradition treu Gebliebenen (Joh 6,66f bzw. 1 Joh 2,18ff). Nach V. 11f ist nicht der Sohn bzw. der ἅγιος τοῦ θεοῦ Gegenstand des Bekenntnisses, sondern die Gottesliebe. Τὴν ἀγάπην ἔχειν, vgl. 1,3 u. Komm.

16b–18 Der Verfasser wiederholt V. 8b bzw. V. 12b u. 15b. Die Zusammenfassung führt zu einer Verschiebung des Themas, die Perspektive besteht aber weiterhin darin, den Imperativ des V. 7a bzw. die Empfehlung des V. 11 zu begründen. Die V. 16–18 entfalten die Verheißung des V. 12c; ihr Skopus ist: der eschatologische Vollzug der Liebe.

17a Ἐν τούτῳ wird durch den ἵνα – Satz expliziert (BDR 394; B. F. Westcott, 157;

zur Form s. Einleitung: 4. Argumentation). Τελειοῦσθαι: 2,5; 4,12, wird durch ἵνα κτλ. erklärt. Ἡ ἀγάπη μεθ᾽ ἡμῶν = V. 11a und 16a. Παρρησία bezeichnet die gegenwärtige (3,21; vgl. 5,14) bzw. eschatologische Freiheit der Erlösten (2,28, s. Komm.). Ἡμέρα und κρίσις kommen nur hier in den joh Briefen vor. Ἡμέρα τῆς κρίσεως kann sowohl die eschatologische Stunde meinen, die sich in der Begegnung mit der Offenbarung vollzieht (so κρίσις im JohEv: 3,19; 5,22ff; 8,16; 12,31; 16,8.11; ἡμέρα: Joh 8,56; 9,4; 11,9; vgl. 14,20; 16,23.26) als auch das künftige Gericht (Mt 10, 15; 11,22.24; 12,36; 2 Petr 2,9; 3,7; Barn 19,10; 21,6; 2 Clem 16,3; 17,6; ἡμέρα in Joh 6,39f.44.54; 11,24; 12,48).

17b Die Zuversicht wird durch das Vorbild des Offenbarers begründet. Καθὼς ἐκεῖνος: 2,6 als Begründung der Empfehlung; 3,3.7 mit doppeltem Indikativ und als Feststellung, s. Exkurs: Christologie und Soteriologie im 1 Joh, ad 3,18–24. Die hier zugrundeliegende Vorstellung ist in Joh 12,42 entwickelt. Ἐν τῷ κόσμῳ τούτῳ: Wie er (nicht: gewesen ist 2,6, sondern) jetzt im Himmel ist, so stehen der Verfasser und seine Adressaten in der Welt. Zur Problematik s. Joh 13,1 bzw. 17,11.16.18. Zum Ausdruck ὁ κόσμος οὗτος vgl. Joh 9,39; 11,9; 12,25.31; 13,1; 16,11; 18,36; 8,23.

17c–18 Zur Topik Furcht und Liebe s. Philo, Deus 69: Τὰς γὰρ διὰ τῶν νόμων εἰς εὐσέβειαν ὁρῶ παρακελεύσεις ἁπάσας ἀναφερομένας ἢ πρὸς τὸ ἀγαπᾶν ἢ πρὸς τὸ φοβεῖσθαι τὸν ὄντα. Τοῖς μὲν οὖν μήτε μέρος μήτε πάθος ἀνθρώπου περὶ τὸ ὂν νομίζουσιν, ἀλλὰ θεοπρεπῶς αὐτὸ δι᾽ αὐτὸ μόνον τιμῶσι τὸ ἀγαπᾶν οἰκειότατον, φοβεῖσ- θαι δὲ τοῖς ἑτέροις; Migr. 21: ... τὸ φοβεῖσθαι τὸν θεόν, εἰ καὶ μηδέπω γέγονεν ἀγαπᾶν ἱκανός; Somn. I,163; Spec. I,300: Ταῦτα δ᾽ ἐστὶν ἀγαπᾶν αὐτὸν ὡς εὐεργέτην, εἰ δὲ μή, φοβεῖσθαι γοῦν ὡς ἄρχοντα καὶ κύριον; Seneca, ep. mor. 47,18: *Hoc qui dixerit, obliuiscetur id dominis parum non esse, quod deo sat est. Qui colitur, et amatur: non potest amor cum timore misceri*; IgnEph 11,1. Folgende Logik liegt zugrunde: Die Furcht gehört nicht zur Liebe, sondern wird durch sie ausgeschlossen – Begründung: Die Furcht hat ihre Strafe, d. h. wer sich fürchtet, ist in die Liebe nicht miteinbezogen. Der Zusam- menhang zeigt: φόβος ist nicht Furcht vor dem Bruder (vgl. Joh 7,13; 19,38; 20,19; Orig. World, NHC II,5 118,18), sondern vor Gott (Röm 8,15; Apk 11,11; 18,10.15; vgl. Disc. 8–9, NHC VI,6 58,9), sei es, daß κόλασις eschatologisch (vgl. Mt 25,46; 2 Clem 6,7; Hermas Sim. IX,18,1; Tri. Trac., NHC I,5 96,6f; 101,28; Apoc. Peter, NHC VII,3 79,17) oder als Verhängnis in der Welt gemeint ist (vgl. Treat. Seth, NHC VII,2 52,29; Zost., NHC VIII,1 131,23; Interp. Know., NHC XI,1 10,20). Zu τέλειος bzw. τελειοῦσθαι s. 2,5; 4,12.17; 1 Clem 49,5; 50,3.

19ff Ἀγαπῶμεν (Ind. oder Konj., mit ἡμεῖς 1. Pers. Plur. communic.) hat appella- tive Funktion. Die Begründung (V. 19b = V. 10), die kasuistische Erläuterung mit ihrer eigenen Begründung (V. 20a bzw. 20b) und die Definition des Gebotes (V. 21) unterstreichen: Die Empfehlung wiederholt und faßt die Aufforderung zur Bruder- liebe zusammen (V. 7b.11a).

20 Ἐάν τις εἴπῃ..., ψεύστης ἐστίν vgl. 1,6.8.10; 2,4. Ὅτι κτλ. zitiert die Behaup- tung, die dadurch widerlegt wird, daß die Liebe zu Gott die Bruderliebe voraussetzt (ähnliche Verbindungen mit anderen Begriffen: 2,4–6; 3,17; 4,7f.12.16b). Τὸν ἀδελ- φὸν αὐτοῦ μισεῖν: s. 2,9 (u. Komm.).11; 3,15. Kennzeichen der Liebe zum Bruder ist die Liebe Gottes, und Kennzeichen der Liebe zu Gott ist die Liebe zum Bruder. Nur derjenige, der in diesem hermeneutischen Zirkel steht, kann ihn nachvollziehen. V. 20b verwendet V. 12 als weisheitliche Betrachtung; vgl. Philo, Decal. 120.

21 ist eine Variante von 3,23 (s. Komm.). Neu sind die Verbindung zwischen den beiden Liebesgeboten (καί, vgl. Mk 12,28–34 par.) und der Bezug des Gebotes auf Gott (vgl. V. 12f u. Komm.; Exkurs: Christologie und Soteriologie im 1 Joh, ad 3,18–24).

1 Joh 5,1–12 Zusammenfassung: Der Sieg über die Welt

[1]Jeder, der glaubt, daß Jesus der Christus ist, ist von Gott geboren, und jeder, der den Erzeuger liebt, liebt den aus ihm Gezeugten. [2]Daran erkennen wir, daß wir die Kinder Gottes lieben, wenn wir Gott lieben und seine Gebote tun. [3]Denn dies ist die Liebe Gottes, daß wir seine Gebote halten; und seine Gebote sind nicht schwer, [4]weil alles, was von Gott geboren ist, die Welt besiegt. Und dies ist der Sieg, der die Welt besiegt hat, unser Glaube. [5]Wer aber besiegt die Welt, wenn nicht derjenige, der glaubt, daß Jesus der Sohn Gottes ist? [6]Dieser ist es, der durch Wasser und Blut gekommen ist, Jesus Christus. Nicht im Wasser allein, sondern im Wasser und im Blut. Und der Geist ist es, der bezeugt, weil der Geist die Wahrheit ist. [7]Weil es drei sind, die bezeugen, [8]der Geist und das Wasser und das Blut, und die drei sind eins. [9]Wenn wir das Zeugnis der Menschen annehmen, das Zeugnis Gottes ist größer, denn dies ist das Zeugnis Gottes, daß er über seinen Sohn Zeugnis abgelegt hat. [10]Wer an den Sohn Gottes glaubt, hat das Zeugnis in sich. Wer Gott nicht glaubt, hat ihn zum Lügner gemacht, weil er an das Zeugnis nicht geglaubt hat, das Gott über seinen Sohn bezeugt hat. [11]Und dies ist das Zeugnis, daß Gott uns ewiges Leben gegeben hat, und dieses Leben ist in seinem Sohn. [12]Wer den Sohn hat, hat das Leben; wer den Sohn Gottes nicht hat, hat das Leben nicht.

Literatur: A. WURM, Die Irrlehrer. – T. W. MANSON, Entry into Membership of the Early Church, JTS 48 (1947) 25–33. – W. NAUCK, Tradition und Charakter, 147–182. – W. THIELE, Beobachtungen zum Comma Johanneum (1 Joh 5,7f), ZNW 50 (1959) 61–73. – O. S. BROOKS, The Johannine Eucharist. Another Interpretation, JBL 82 (1963) 293–300. – R. KITTLER, Erweis der Bruderliebe an der Bruderliebe?! Versuch der Auslegung eines „fast unverständlichen" Satzes im 1. Johannesbrief, KuD 16 (1970) 223–228. – P. S. MINEAR, The Idea of Incarnation in First John, Int 24 (1970) 291–302. – A. CARMINATI, E venuto nell'acqua e nel sangue; riflessione biblico-patristica, Studi Dehoniani, 1979. – J. C. COETZEE, The Holy Spirit in 1 John, Neotestamentica 13 (1979) 43–67, bes. 44–51. – H. J. DE JONGE, Erasmus and the Comma Johanneum, ETL 56 (1980) 381–389. – H. J. VENETZ, „Durch Wasser und Blut gekommen". Exegetische Überlegungen zu 1 Joh 5,6, in: Die Mitte des Neuen Testaments (Fs E. Schweizer), 1983, 345–361. – R. BORGER, Das Comma Johanneum in der Peschitta, NT 29 (1987) 280–284. – M. C. DE BOER, Jesus the Baptizer: 1 John 5,5–8 and the Gospel of John, JBL 107 (1988) 87–106.

Mit einem Appell (πᾶς ὁ, zweimal V. 1; vgl. die rhetorische Frage V. 5a und die Anwendung der im 1 Joh seltenen argumentativen Form des Enthymems, V. 9: εἰ λαμβάνομεν κτλ.) faßt die peroratio die Hauptthemen des Briefes zusammen mit der Perspektive, die Bitte des Briefes nochmals zu unterstützen: der joh Offenbarungstradition als eschatologischer Gemeinschaft weiterhin treu zu bleiben (2,28f). Als Kriterien des Aus-Gott-Seins gelten das Sich-Bekennen zum Offenbarer (V. 1a) und die gegenseitige Liebe der Brüder (V. 1b), die durch eine axiomatische Aussage (s.

Einleitung: 4. Argumentation) kommentiert wird (V. 2). Es folgt eine erste Erläuterung (αὕτη γάρ ἐστιν κτλ., V. 3–4a), die den Begriff der Liebe nochmals erklärt und ihre mögliche Durchführung durch den Sieg der Erlösten über die Welt begründet. Das führt zur zweiten Erläuterung (καὶ αὕτη ἐστὶν κτλ., V. 4bff): Der Sieg beruht auf dem Glauben der ‚Wir‘. Was darunter zu verstehen ist, wird durch die mit der rhetorischen Frage eingeleitete Bekenntnisformel genauer bezeichnet (V. 5–6b): Der Sieger ist derjenige, der an den Offenbarer der joh sakramentalen Initiation glaubt. Der Geist, der mit ihr verbunden ist, legt mit ihr zusammen Zeugnis ab (V. 6c–8). Als weiteres Moment der Aufforderung gilt die Argumentation a minori ad maius: Wenn schon die menschlichen Aussagen angenommen werden, dann um so mehr dieses göttliche Zeugnis für den Offenbarer (V. 9). Die antithetische Formulierung erweitert kasuistisch: Der Glaube bzw. der Unglaube, d.h. die Anerkennung der joh Offenbarungstradition bzw. ihre Ablehnung, ist Bedingung für die Wahrnehmung Gottes (V. 10). Eine letzte Erläuterung (καὶ αὕτη ἐστὶν κτλ., V. 11) vermittelt den Inhalt des V. 6c–8 besprochenen Zeugnisses: Durch den Offenbarer hat Gott den ‚Wir‘ das Heil bereits verliehen. V. 12 faßt das Vorliegende wieder antithetisch (vgl. V. 10) zusammen. Fazit: Das eschatologische Selbstbewußtsein der Offenbarungstradition wird gestärkt, indem die Teilhabe an ihrem Überzeugungssystem und an ihrer Gemeinschaft als notwendige u. hinreichende Heilsbedingung bezeichnet wird.

1 Πᾶς ὁ, sonst innerhalb axiomatischer Aussagen (2,29; 3,10; 4,2f) bzw. antithetischer Formulierungen (2,23; 3,6.9.15), stellt wie 3,3f vor die Entscheidung. Zum Bekenntnis Ἰησοῦς ἐστιν ὁ χριστός vgl. 2,22 u. Komm. Ἐκ τοῦ θεοῦ γεγέννηται als eschatologische Bestimmung der Existenz 2,29; 3,9; 4,7; 5,4.18; Joh 1,13, ist in Joh 3,3ff thematisiert. Mit Ausnahme von 1 Joh 5,18 u. Joh 18,37 ist γεννᾶσθαι in der joh Schule kein christologischer, sondern ein soteriologisch-existentialer (außer den bereits zitierten Stellen: 8,41; 16,21; vgl. H. Braun, Literar-Analyse, in: Gesammelte Studien, 227–231, mit Verweisen auf Corp. Herm. XIII) bzw. nicht-theologischer Begriff (9,2ff). Insofern bezeichnet τὸν γεγεννημένον V. 1b nicht den Sohn, sondern wie 1 Joh 2,29 usw. jenen, der aus Gott geboren ist, den Erlösten = den Bruder (s. Exkurs: Das Gebot der gegenseitigen Liebe, ad 2,7–11). Die Logik entspricht der in 1 Joh 4,7ff aufgrund von Joh 13,34;15,9ff entwickelten: Die eschatologische Existenz als Liebe zu Gott äußert sich in der Einheit der eschatologischen Gemeinde.

2 Das Gebot der Bruderliebe hat die Funktion einer Abgrenzung; begründet ist es durch die Gottesliebe als Gottesgemeinschaft (4,7f.20f). Das Merkmal, das die himmlische Gemeinde der von Gott erwählten (3,1f) τέκνα τοῦ θεοῦ kennzeichnet, besteht in ihrer Liebe zu Gott als Entscheidung gegen die Welt (2,15) und im τὰς ἐντολὰς ποιεῖν (s. dazu 2,3 u. 2,8.9ff bzw. Komm.).

3–4a Durch die erste Erläuterung werden die beiden Begriffe miteinander in Verbindung gesetzt. Abgesehen vom Ausdruck τὰς ἐντολὰς τηρεῖν ist ἐντολή in der joh Schule immer im Sing. verwendet (vgl. 2,7 u. Komm.). Die Ausnahme in V. 3b erklärt sich durch seinen Bezug auf V. 2. Anders als bei Philo (Spec. I,299: Αἰτεῖται γάρ, φησίν [= ὁ νόμος], ὦ διάνοια, παρὰ σοῦ ὁ θεὸς οὐδὲν βαρὺ καὶ ποικίλον ἢ δύσεργον, ἀλλὰ ἁπλοῦν πάνυ καὶ ῥᾴδιον; Abr. 5: Ἑνὸς μὲν βουλόμενος ἐπιδεῖξαι, ὅτι τὰ τεθειμένα διατάγματα τῆς φύσεως οὐκ ἀπάδει, δευτέρου δὲ ὅτι οὐ πολὺς πόνος τοῖς ἐθέλουσι κατὰ τοὺς κειμένους νόμους ζῆν; Praem. 80; vgl. H. Windisch, 131) weist die Erfüllbarkeit nicht auf eine Psychologie bzw. Theodizee, sondern auf den Status des Von-Gott-

Geborenen. Das Neutrum πᾶν bezieht sich wie in Joh 3,6; 6,37.39 (jeweils auch im Wechsel mit dem Mask. πᾶς); 17,2 auf die Erlösten, indem die generelle Eigenschaft betont ist (vgl. BDR 138,1). Νικᾶν τὸν κόσμον mit Perf. bezeichnet in Joh 16,33; 1 Joh 2,13f bzw. 4,4 (mit αὐτούς als Obj.) das bereits erworbene Heil bzw. die eschatologische Trennung von den Antichristen, die weiterhin zur Welt gehören. Das Präsens erklärt sich aus dem Kontext, der das Moment des Zurufes betont, der Aor. V. 4b vom ἐλθών V. 6 her.

4b–6b An die Stelle von ἐκ τοῦ θεοῦ γεγέννηται tritt in der zweiten Erläuterung der Glaube (einziger Gebrauch von πίστις in den joh Schriften), der mit der Präzisierung ἡμῶν und wegen der nächsten Verwendung von πιστεύειν als Einleitung der Bekenntnisformel V. 5, die Funktion von ὁμολογεῖν 2,23; 4,2f.15 übernehmend, das Selbstverständnis der joh Offenbarungstradition als Überzeugungssystem kennzeichnet. Die Frageform ist eher von ihrer appellativen Funktion als von der Gattung der Siegersprüche (heidnische u. christliche Akklamationen, so H. Windisch, 132; vgl. O. Weinrich, Neue Urkunden zur Serapisreligion, 1919, 19ff; E. Peterson, ΕΙΣ ΘΕΟΣ, 1926, 152–163) her zu deuten. Der Inhalt des Bekenntnisses (= 4,15) wird durch ein weiteres Moment der Abgrenzung kommentiert. Wie in 4,2ff; 2 Joh 7 wird eine allgemeine christliche Formel durch eine joh spezifiziert, die sich nicht nur auf die Taufe bezieht (οὐκ ἐν τῷ ὕδατι μόνον), sondern auf die joh Initiation (vgl. dazu C. H. Cosgrove, The Place where Jesus is: Allusions to Baptism and the Eucharist in the Fourth Gospel, NTS 35 [1989] 522–539). Statt Perf. (1 Joh 4,2) oder sogar Präs. (2 Joh 7) wird der Aor. ἐλθών als komplexiver (BDR 331f; auf den Herabstieg des Offenbarers als Anfangspunkt bezogen) verwendet. Δι' ὕδατος καὶ αἵματος berufen sich auf Joh 19,34; 7,38f; 3,5.8 (s. F. C. Baur, Die johanneischen Briefe, 301–308; anders die klassische – aber nicht joh – Deutung: ὕδωρ verweist auf die Taufe und αἷμα auf die Sühnewirkung des Todes Jesu bzw. das Herrenmahl [vgl. IgnSm 7,1: Εὐχαριστίας καὶ προσευχῆς ἀπέχονται, διὰ τὸ μὴ ὁμολογεῖν τὴν εὐχαριστίαν σάρκα εἶναι τοῦ σωτῆρος ἡμῶν Ἰησοῦ Χριστοῦ τὴν ὑπὲρ τῶν ἁμαρτιῶν ἡμῶν παθοῦσαν]; H.-J. Venetz, Mitte, 352–354: Das Wasser = das lebendige Wasser Joh 4,10.14; P. S. Minear, Int 24 [1970] 301–302: Das Wasser verweist auf 2,20.27 und das Blut auf 1,7.9; 2,2; A. Wurm, Die Irrlehrer, 63–84; ἐλθεῖν ἐν ὕδατι = Joh 1,31–34, vgl. IgnEph 18,2: Ὃς ἐγεννήθη καὶ ἐβαπτίσθη, ἵνα τῷ πάθει τὸ ὕδωρ καθαρίσῃ; Tertullian, bapt. 16,1–2). Abgesehen vom Semitismus in Joh 1,13 läßt sich αἷμα nur noch in Joh 6,53ff; 19,34 u. 1 Joh 1,7.9 finden. Joh 6,53ff gibt den Stoff vor, aus dem die beiden entwickelten christologischen Aussagen des Briefes (4,2f; 5,6; vgl. 2 Joh 7) gebildet sind. In 1 Joh 1,7.9 hat das Blut die Funktion, die Erlösten (1. Pers. Plur.) zu reinigen. Joh 19,34 verbindet αἷμα mit ὕδωρ. Der erzählte wunderbare Vorfall (s. W. Bauer, HNT 6, 226), der durch das Zitat 19,37 als Offenbarungszeichen interpretiert wird (vgl. Joh 8,28), erfüllt Joh 7,37ff, indem er die Funktion einer Ätiologie der sakramentalen Initiation, die mit der joh Soteriologie verbunden ist (vgl. mit ὕδωρ Joh 3,5.8; 7,38; 13,5), in der Offenbarungstradition übernimmt. Διά u. ἐν betonen lokal und instrumental die Vermittlung der Erlösung (Diskussion: R. Schnackenburg, 257–260). Daß das Wasser das Zeichen der Taufe und das Blut das des Abendmahls sei, kann von der Konstruktion 1 Joh 5,6ff her bezweifelt werden: Αἷμα und ὕδωρ zusammen haben in Joh 19,34 Offenbarungsfunktion und sind dem ὕδατι μόνον in 1 Joh 5,6 als Zusammenhang entgegengesetzt. Mit der Ersetzung der Einsetzung des Abendmahls durch Joh 13,6ff (s. 1 Joh 1,7 u.

Komm.) und der entsprechenden Uminterpretation, die in Joh 6,53ff das Fleisch und
das Blut weder auf Jesu zukünftiges Kommen noch auf sein Leidensschicksal, sondern
auf das Wort des Offenbarers bezieht, entwickelt die joh Schule ihre eigene sakramentale Tradition, die der hellenistisch judenchristlichen (1 Kor 11,23ff; Mk 14,22 par.
bzw. Röm 6,1ff; Mt 28,19) entgegengesetzt ist (1 Joh 5,6b. Dagegen vielleicht
IgnPhld 4: Σπουδάσατε οὖν μιᾷ εὐχαριστίᾳ χρῆσθαι· μία γὰρ σὰρξ τοῦ κυρίου ἡμῶν
Ἰησοῦ Χριστοῦ καὶ ἓν ποτήριον εἰς ἕνωσιν τοῦ αἵματος αὐτοῦ, ἓν θυσιαστήριον, ὡς εἷς
ἐπίσκοπος ἅμα τῷ πρεσβυτερίῳ καὶ διακόνοις, τοῖς συνδούλοις μου). Anders H. Windisch, 132: V. 6b ist gegen Juden bzw. Johannesjünger gerichtet (vgl. Apg 19,2ff; Joh
1,8; 3,25), die nur Wasserreinigungen und Taufen kannten, oder gegen Häretiker, die
die Heilsbedeutung des Todes Jesu verleugneten (vgl. IgnTrall 8,1; 10; IgnSm 2; 6,1).
Eine Weiterentwicklung der joh Vorstellungen ist allerdings in der sakramentalen
Initiationslehre des PhilEv zu finden (Gos. Phil., NHC II,3, bes. im 3. Teil,
67,27–86,18), wobei im Kelch Wein und Wasser enthalten sind (75,14–24: *The cup of
prayer contains wine and water, since it is appointed as the type of the blood for which thanks is
given. And it is full of the holy spirit, and it belongs to the wholly perfect man*).

6c–8 Für den Sieg (V. 4b, vgl. V. 11) legt der Geist Zeugnis ab. Πνεῦμα, 1 Joh 3,24;
4,13 als Kennzeichen des Im-Sohne- bzw. In-Gott-Bleibens, wird in 4,1ff durch die
Unterscheidung unter den Geistern thematisiert. Die Gleichsetzung mit ἀλήθεια, vgl.
Joh 4,23, ist aufgrund der Definition des Parakleten als Geist der Wahrheit möglich
(Joh 14,17; 15,26; 16,13). Im 1 Joh ist sonst die ‚Wir'-Tradition Subjekt von μαρτυρεῖν
(1,2; 4,14; vgl. Joh 3,11; 19,35; 21,24). V. 6c erklärt sich zwar auch aus der joh
Funktion des Geistes, zugunsten des Offenbarers auszusagen (Joh 15,26), aber wohl
eher aus der Verbindung der formalen Bedingung von Dt 19,15 = Joh 8,17; vgl.
5,31ff; 8,13ff, mit einer doppelten Bezugnahme auf Joh 3,5.8 u. 19,34. Wie in 1 Joh
2,20.27 beruft sich die Argumentation auf die esoterische Erfahrung der Adressaten
(Joh 3,5.8: ἐξ ὕδατος), die durch die Pneumatologie als eschatologische qualifiziert
wird (Joh 3,5.8: καὶ πνεύματος), so daß die Einheitlichkeit der drei Instanzen behauptet werden kann (anders W. Nauck, Tradition und Charakter, 147–182; I. de la
Potterie, La Vérité dans Saint Jean I, AnBibl 73, 1977, 310–328: Die Taufliturgie ist
mit Geistessalbung, Taufe und Abendmahl der Sitz im Leben der Initiation). Zum
Prädikatsnominativ τὸ ἕν mit εἰς vgl. BDR 145[2]; Texte: R. Reitzenstein, NGG 1919,
1ff, vgl. Ders., Die hellenistischen Mysterienreligionen, 1927[3], 313f; Philo, Leg.
III,124; Quaest. Gen. 4,2.

9 Die Argumentation übernimmt die Form, die in Joh 5,31ff; 8,16ff entwickelt ist.
Μείζων: vgl. 1 Joh 3,20 u. 4,4. Auf der Struktur des Wirklichen basierend (s. Ch.
Perelman – L. Olbrechts-Tyteca, Traité de l'Argumentation, 1970[2], 453ff), versucht
sie, den Unglauben – in der Fiktion des JohEv: den der Juden – zu überzeugen. In
beiden Fällen setzt sie aber die Anerkennung des Offenbarers – in der Erläuterung V.
9b so wie im JohEv, vgl. F. Vouga, Le cadre historique, 48–50 – bzw. der joh
Initiation als göttliche voraus. Ihre Funktion besteht insofern darin, an den Leser
gegen den Zweifel in ihm selbst zu appellieren. Joh 5,31ff: Durch Johannes den
Täufer, die Werke und die Schrift ist der Vater Zeuge für den Sohn. In 1 Joh 5,9
verengt sich der Skopus auf die Erfahrung in der joh Tradition: In der durch den Geist
garantierten Initiation ist Gott Zeuge. Vorausgesetzt und betont wird das eschatologische Bewußtsein der Schule. Träger der μαρτυρία sind in den joh Schriften außer-

dem der Offenbarer (Joh 3,32f), der Lieblingsjünger (21,24, vgl. 19,35) und die ‚Wir‘-Tradition (3,11).

10 Als Konsequenz gilt: In der Entscheidung für den Glauben bzw. den Unglauben wird die Wahrhaftigkeit Gottes anerkannt (vgl. Joh 3,33; αὐτῷ ist eine Angleichung an αὐτόν) bzw. zur Lüge gemacht. Zu ψεύστης vgl. 1,10 u. Komm. Ὅτι κτλ. hat begründende Funktion. Eine parallele Offenbarungsstruktur findet sich in Corp. Herm. IV,4. Richtig beobachtet R. Bultmann, Analyse, 156, daß μαρτυρία nicht als ein Zeugnis, auf das hin man glaubt, verstanden ist, sondern als der geglaubte Erlösungszustand (Gottes Wort bzw. Leben bzw. Liebe ἔχειν ἐν + Dat.: Joh 5,38f; 6,53; 13,35; 1 Joh 4,16, vgl. Joh 5,26; zu ἔχειν s. ad 1,3). Das gilt aber nicht nur für V. 10a, sondern hängt mit der in V. 6c–11 entwickelten Vorstellung zusammen: Das Zeugnis ist die eschatologische Erfahrung.

11 Anders als im JohEv ist die μαρτυρία nicht christologisch (auf den vom Sohn offenbarten Vater, Joh 3,32f, bzw. auf den herabgestiegenen Gottessohn bezogen, Joh 3,11; 5,31ff; 8,16ff; 19,35 u. 21,24), sondern soteriologisch gekennzeichnet. Zur Definition vgl. 2,25. Das ewige Leben ist wie in 1 Joh 3,14; vgl. 2,12ff, als schon verwirklichte Erlösung (Perf.) gedacht, vgl. bereits V. 4b (s. Exkurs: Eschatologie, ad 2,12–17). Die zweite Erläuterung erinnert an Joh 20,31; 3,36.

12 Mit der letzten antithetischen Formulierung ist der Leser vor das Entweder-Oder gestellt. Τὸν πατέρα bzw. τὸν υἱὸν ἔχειν für die eschatologische Zugehörigkeit (τὴν ζωὴν ἔχειν) als existentiale Bestimmung: 2,23; 2 Joh 9. Zum Sprachgebrauch vgl. 1,3 u. Komm.

1 Joh 5,13–21 Briefschluß und Anhang

[13]Das habe ich euch geschrieben, damit ihr wißt, daß ihr das ewige Leben habt, die ihr an den Namen des Sohnes Gottes glaubt. [14]Und dies ist der Freimut, den wir vor ihm haben, daß, wenn wir etwas bitten nach seinem Willen, er uns hört. [15]Und wenn wir wissen, daß er uns hört, was wir auch bitten, wissen wir, daß wir das Erbetene haben, die wir von ihm erbeten haben. [16]Wenn jemand seinen Bruder eine Sünde begehen sieht, die nicht zum Tode ist, soll er bitten, und er wird ihm das Leben geben, denen, die nicht zum Tode sündigen. Es gibt eine Sünde zum Tode; nicht von jener sage ich, daß er bitten soll. [17]Jede Ungerechtigkeit ist Sünde, und es gibt Sünde nicht zum Tode. [18]Wir wissen, daß keiner, der von Gott geboren ist, sündigt, sondern der von Gott Geborene bewahrt ihn und der Böse rührt ihn nicht an. [19]Wir wissen, daß wir aus Gott sind, und die ganze Welt liegt im Bösen. [20]Wir wissen aber, daß der Sohn Gottes gekommen ist, und er hat uns Einsicht gegeben, damit wir den Wahrhaftigen erkennen; und wir sind in dem Wahrhaftigen, in seinem Sohn Jesus Christus. Dieser ist der wahrhaftige Gott und das ewige Leben. [21]Kinder, hütet euch vor den Götzen.

Literatur: A. WURM, Die Irrlehrer, 100.121f. – R. BULTMANN, Die kirchliche Redaktion, in: Exegetica, 382–386. – W. NAUCK, Tradition und Charakter, 133–146. – A. SECOND, 1re Epître de Jean, chap. 5,18–20, RHPhR 45 (1965) 349–351. – J.-L. SKA, „Petits enfants, prenez garde aux idoles", 1 Jn 5,21, NRT 101 (1979) 860–874. – E. STEGEMANN, „Kindlein, hütet euch vor den Götterbildern", ThZ 41

(1985) 284–294. – J. N. Suggit, 1 John 5,21: *Teknia, phylaxate heauta apo tōn eidōlōn,* JTS 36 (1985) 386–390. – M. J. Edwards, Martyrdom and the First Epistle of John, NT 31 (1989) 164–171. – J. Hills, „Little children, keep yourselves from idols". 1 John 5,21 Reconsidered, CBQ 51 (1989) 285–310. – J. W. Taeger, Johannesapokalypse und johanneischer Kreis, BZNW 51, 1989, 195–199.

In formaler Hinsicht ist der Brief durch einen Anhang (C. H. Dodd, 134: postscript) abgeschlossen, der parallel zu Joh 20,31ff angefügt ist. V. 13 übernimmt – mit der Heilszusage und der christologischen Wendung – die Funktion des Segenswunsches bzw. der Grußformel eines Apostelbriefes, die aber dadurch umfunktioniert wird, daß ταῦτα ἔγραψα ὑμῖν κτλ. (vgl. Joh 20,31 u. 21,24) einen Kommentar bietet, der auf einer neuen Ebene das im Brief (wie Joh 21 das im JohEv) Mitgeteilte verbindlich zu machen sucht (vgl. K. Berger, Einführung in die Formgeschichte, 100). Mit καὶ αὕτη ἐστὶν ἡ παρρησία greift der Abschnitt auf 1 Joh 3,21f zurück. Zur Konstruktion vgl. 2,25 u. 3,11, die sich auf 1,5 (ἀγγελία) beziehen. In der Erläuterung ist aber das Thema der Erhörung (V. 14f) um die Bitte für den Bruder, der nicht zum Tode sündigt, erweitert (V. 16a). Die Unterscheidung zwischen Sünde zum Tode und nicht zum Tode hat ihren Sinn darin, daß der Verfasser ausdrücklich nur empfiehlt, für die zweite zu bitten (V. 16bf). Drei Erkenntnisaussagen fassen das Überzeugungssystem der durch den Brief bewahrten Offenbarungstradition zusammen (οἴδαμεν ὅτι dreimal). Wiederholt wird das Selbstbewußtsein des Absenders und seiner Adressaten (zur 1. Pers. Plur. als Plur. communic. vgl. ad 1,4 und A. v. Harnack, „Wir", 99f), daß jeder, der aus Gott ist, nicht sündigt (V. 18, vgl. 3,4ff), daß sie aus Gott sind (V. 19, vgl. 4,4ff) und daß der Offenbarer ihnen die Erkenntnis der Wahrheit und des Lebens gegeben hat (V. 20). Die abschließende Warnung vor den Götzen (V. 21) erklärt die Hervorhebung der Sünde zum Tode (V. 16f) und profiliert die Perspektive des Anhangs. Die Form der Verhaltensanweisungen gegenüber Abweichlern (briefliche Ketzerschlüsse: Röm 16,17f; 2 Thess 3,14f; 1 Tim 6,20f; Tit 3,9ff; Jak 5,19f; 2 Petr 3,17; Jud 22f; Hebr 13,9–16, vgl. K. Berger, Formgeschichte, 142–144) ist zu einer Absichtserklärung geworden, die die Intention des Schreibens – seiner propositio gemäß, 1 Joh 2,28f – ausspricht: die Leser aufzufordern, sich für die Offenbarungstradition zu entscheiden, die den Zugang zum wirklichen Gott und zum Heil (V. 20) vermittelt.

13 Zur brieftypischen Formel ἔγραψα vgl. 2,13f.21.26 u. Einleitung: 2. Form. Ταῦτα bezieht sich, der Funktion des Anhangs nach, auf den ganzen Brief. Wie in Joh 20,30f ist der Glaube die Bedingung der eschatologischen Existenz. Τοῖς πιστεύουσιν (// πιστεύοντες) interpretiert ὑμῖν. Die Voraussetzung (vgl. 2,12ff.21ff.27; 4,4ff) besteht darin, daß die Adressaten bereits zum Kreis der Erlösten gehören. Die Funktion ist hier – wie in Joh 20,31 – jene des Appells. Unterschied: Im JohEv stehen die impliziten Leser vor der Entscheidung; im 1 Joh soll an ihr eschatologisches Selbstbewußtsein erinnert werden: ἵνα εἰδῆτε. Zum eschatologischen Verständnis vgl. 3,14; 5,11f u. Exkurs: Eschatologie, ad 2,12–17. Πιστεύειν εἰς: vgl. 5,10. Der Inhalt des Bekenntnisses = 3,23, vgl. 2,12 (mit ὄνομα) u. 4,15; 5,5; Joh 1,12; 20,31.

14f Die Erläuterung wiederholt 3,21f (vgl. Joh 14,13f; 15,16b; 16,23f.26f; 9,31). Παρρησία im Zusammenhang der endzeitlichen Erscheinung: 2,28; 4,17. Die Bedingung κατὰ τὸ θέλημα αὐτοῦ = Joh 9,31, vgl. Mt 7,21. Der Ausdruck qualifiziert sonst den Offenbarer (Joh 4,34; 5,30; 6,38ff) und seine Anerkennung durch den Glauben (Joh 1,13; 7,17). Οἴδαμεν als Indikativ der Wirklichkeit (BDR 373[12] u. 372) kennzeichnet wie 1 Joh 3,2.14 u. 5,19f die Offenbarungstradition. Im argumentativen Syllogismus bildet es den Untersatz, der zur Folgerung οἴδαμεν ὅτι κτλ. führt. Die eschatologische Gemeinde hat die Erkenntnis, daß sie das Erbetene schon besitzt.

16f Die kasuistische Betrachtung führt eine Bedingung ein. Ἐάν τις wendet die grundsätzliche Regel auf die Bitte für den Bruder an. Zwei Fälle werden unterschieden. Daß der Erlöser vom Sündigen befreit (1,6ff; 2,1ff), so daß die Erlösten keine Sünde haben (3,4ff), gehört zum Überzeugungssystem (s. Exkurs: Ἁμαρτία, ad 1,5–10). Vorausgesetzt wird aber, daß die Sünde μὴ bzw. οὐ πρὸς θάνατον (V. 16a u. b bzw. 17) ist. Eine solche Unterscheidung unter den Sünden ist in den joh Schriften sonst unbekannt und findet nur im Logion Mk 3,28f // Lk 12,10 / Mt 12,32 Q eine neutestamentliche Entsprechung. Das Prinzip einer Abstufung ist weit verbreitet (Plato, Gorgias 525b–c; Leges 862c–874c; Aristoteles, Poetik 1449a; 1453a; vgl. A. Dieterich, Nekyia. Beiträge zur Erklärung der neuentdeckten Petrusapokalypse, 1893, 163–232): Die Strafenskala ist der Schuld angemessen. Wer das Blut vergießt bzw. das Heilige gefährdet, soll sterben (Lv 24,15–21; Num 18,22 usw.; vgl. Test Iss. 7,1: Καὶ οὐκ ἔγνων ἐπ' ἐμὲ ἁμαρτίαν εἰς θάνατον). Die argumentative Verwendung hervorgehobener Gebote mit Todesstrafe für die Absonderung bzw. die Trennung einer Trägergruppe von ihrer Umwelt ist im Buch der Jubiläen thematisiert (K. Berger, Das Buch der Jubiläen, JSHRZ II/3, 1981, 279–285). Der Sabbat wird u. a. zum Abgrenzungsprinzip gegen eine nivellierende Anpassung an den Hellenismus (Jub 2,17ff.26ff; 50). Wie in 1 Joh 5,16f wird die Sünde zum Tode mit der Abwehr der Götzen (Jub 11,4ff; 12,1ff; 1 Joh 5,21) und mit den Verführungen einer fremden Welt verbunden (Jub 17,15–18, vgl. K. Berger, 282). In Mk 3,28f par. (Gos. Thom., NHC II,2 40,27–31) hat die Unterscheidung dieselbe Funktion, nämlich das Selbstverständnis der Bewegung durch die Hervorhebung ihres hermeneutischen Gründungsprinzipes zu bewahren. Mit dem paränetischen Motiv der Unvergebbarkeit der bewußten Sünden nach der Bekehrung bzw. nach der Taufe (Hebr 6,4ff; 10,26ff; 12,14ff; vgl. H. Braun, HNT 14, 170–173 Exkurs: Die Ablehnung der zweiten Buße) hat 1 Joh 5,16f traditionsgeschichtlich nichts zu tun (Mit der Problematik ἄκων / ἑκών, vgl. Lv 4,2.13.22.27; 5,15; Num 15,22–31; Philo, Fug. 115; 117; Test Levi 3,5, betont Hebr 10,26 das subjektive Moment). Was die Sünde zum Tode bedeutet, ist sowohl aus dem Sprachgebrauch des Briefes als auch vom Zusammenhang her zu deuten. Θάνατος (zweimal 3,14) qualifiziert die Existenz außerhalb der Erlösung bzw. der eschatologischen Gemeinschaft (s. Exkurs: Das Gebot der gegenseitigen Liebe, ad 2,7–11). Daß der Verfasser auf Leute hinweist, die die Offenbarungstradition verlassen haben (vgl. 2,18ff; 4,1ff; Thom. Cont., NHC II,7 141,12–19; 142,26–143,7: *Truly I tell you* (pl.) *that he who will listen to [your] word and turn away his face or sneer at it or smirk at these things . . . they will not forgive*; Gos. Phil., NHC II,3 79,13–18: *He who is a slave against his will will be able to become free. He who has become free by the favor of his master and has sold himself into slavery will no longer be able to be free*; Act. Joh 107; Act. Thom 35), erklärt sich sowohl aus dem traditionsgeschichtlichen Hintergrund als auch aus dem V. 17, der auf 1,9 bzw. 3,4f verweist: Jede Ungerechtigkeit wird nämlich im Kreis des Verfassers und seiner Adressaten durch den Erlöser bereinigt bzw. hinweggenommen – und gilt insofern als ἁμαρτία οὐ πρὸς θάνατον. Οὐ περὶ κτλ. zeigt: Der Skopus ist nicht, daß die Leser für ausgetretene Brüder nicht beten dürfen (so auch P. Trudinger, Concerning Sins, Mortal and Otherwise. A Note on 1 John

5,16–17, Bib 52 [1971] 541–542). Vielmehr findet die Verheißung der V. 14f (vgl. Joh 14,13f usw.) ihre mögliche Erfüllung darin, daß die Erlösung durch die Fürbitte bewahrt werden wird. Δώσει ζωήν = die ermöglichte gegenwärtige Verwirklichung des Heils, vgl. 3,14; 5,11f.13 (καί explicativum, BDR 442,6a).

18 V. 18a wiederholt 3,9. Wie in 2,29; 3,9; 4,7; 5,1.4 ist ὁ γεγεννημένος Bezeichnung der erlösten Existenz. Dagegen ist ὁ γεννηθεὶς κτλ., vgl. Joh 18,37, der Gottessohn. Im JohEv ist es der Vater, der die Erwählten erhört (s. oben; Ausnahme: 14,13f) und sie bewahren soll (17,11.15); hier aber – wie in Joh 17,12 – tut es der Sohn selbst. Der Zusammenhang von V. 18b u. 18c ist von Joh 17,15 her zu erklären. Πονηρός ist wie dort und in 1 Joh 2,14; 3,12 Subst. Zu ἅπτεσθαι vgl. Ps 104,5; 1 Chr 16,22; Sach 2,12, vgl. Joh 20,17; W. Bauer, Wb⁶, 206f.

19 Der joh Dualismus liegt hier in seiner stärksten Ausprägung vor. Der göttliche Ursprung der Erlösten (ἐκ τοῦ θεοῦ ἐσμεν = 4,6; vgl. 3,10; 4,1ff.7) hat zur Folge eine Ablehnung der Welt nicht nur als Herkunftsort (2,14–17; 4,5f), sondern als Welt schlechthin (vgl. 3,1; 5,4f; vgl. Corp. Herm. VI,4).

20 Ὁ υἱὸς τοῦ θεοῦ ἥκει = 3,5.8; vgl. 4,2; 5,6). Ἥκει: Joh 8,42, aber auch 2,4; 4,47; 6,37; Josephus, Ant. XVIII,72. Δέδωκεν ἡμῖν διάνοιαν = sachlich 2,20.27. Διάνοια (Mk 12,30 par.; Hebr 8,10 u. 10,16 = Jer 38, 33 LXX, usw.) = aufgrund der stoischen Erkenntnistheorie: das Organ der Gotteserkenntnis als göttliches im Menschen (Philo, Virt. 57: Θεὸν ᾧ μόνῳ διάνοιαν ἔξεστιν ἀκριβῶς θεωρεῖν; Spec. I,20; Gig. 53; Corp. Herm. V,2; vgl. J. Behm, ThWNT IV, 961f). Mit dem Offenbarer als Subjekt von δέδωκεν kann τὸν ἀληθινόν als Objekt der Erkenntnis nur den Vater bezeichnen (vgl. Joh 7,28; 17,3 u. τῷ ἀληθινῷ, worauf sich αὐτοῦ bezieht, V. 20b; anders G. D. Kilpatrick, Two Johannine Idioms in the Johannine Epistles, JTS 12 [1961] 272–273: Das zweite ἐν τῷ fehlt in 61 206ᶜ 326 336 378 629 1758 1799 Did Bas Cyr-Al Ps-Ath Euthal Oec latt und ist eine Dittographie). Καὶ ἐσμὲν κτλ. = 2,24. Οὗτος kann sich sowohl auf τῷ ἀληθινῷ wie auf τῷ υἱῷ beziehen. Das Nächstliegende ist aber, daß das Pronomen das dominierende Subst. des Satzes vertritt, nämlich ὁ ἀληθινός, der durch die Apposition des Sohnes bestimmt ist (so B. F. Westcott, 196; ähnliche Konstruktion: 2,22; 2 Joh 7 usw.). Der durch den joh Offenbarer vermittelte Gott ist der Wirkliche und die Erlösung. Andere theologische Definitionen: 1,5 (Gott ist Licht); 4,8.16 (Gott ist Liebe). Ζωὴ αἰώνιος: s. Exkurs: Eschatologie, ad 2,12–17.

21 Fazit des Briefes. Τεκνία: vgl. 2,12.28; 3,7 usw., s. Einleitung: 2. Form. Φυλάσσειν ἀπό im NT nur noch Lk 12,15 u. 2 Thess 3,3; vgl. Test Sim. 4,5; 5,3. Εἴδωλον steht im NT sonst immer für die heidnischen Götter: Apg 7,41; 15,20; Röm 2,22; 1 Kor 8,4.7; 10,19; 12,2; 2 Kor 6,16; 1 Thess 1,9; Apk 9,20; hier ist es im übertragenen Sinn als Topos des Unglaubens verwendet (vgl. schon 2,22 u. Komm.), der mit dem betonten Gegensatz ὁ ἀληθινός (V. 20 dreimal) / εἴδωλον die Funktion der Aufwertung der joh Offenbarungstradition hat (H. Balz, 204: Die Separatisten sind wieder Welt geworden wie die Heiden; vgl. F. C. Baur, Die johanneischen Briefe, 323, nach welchem der angeblich asiatische montanistische Verfasser die Kirche in Rom warnen würde). Das Motiv des Abfalls in die Idolatrie als Thema der innergnostischen Polemik: Testim. Truth, NHC IX,3 56,2–9 : *He himself speaks about the Ogdoad, and his disciples resemble [the] disciples of Valentinus. They on their part, moreover, [...] leave the good, [but] they have [worship of] the idols.*

Die Redaktion des Anhangs

Literatur: R. BULTMANN, Die kirchliche Redaktion, in: Exegetica, 382−388. − W. NAUCK, Tradition und Charakter, 133−146.

Sowohl die Komposition von 5,13, die die Funktion (Ταῦτα ἔγραψα ὑμῖν ἵνα // ταῦτα δὲ γέγραπται ἵνα) und das inhaltliche Programm (s. Komm.) von Joh 20,31 übernimmt, als auch der argumentative Aufbau und der Sprachgebrauch von 5,14−21 lassen den Schluß des 1 Joh als Anhang erscheinen, der parallel zu Joh 20,30−21,25 das Schreiben selbst begleitet. Die im Brief sonst unbekannte Zusammenstellung der brieftypischen Wendung ταῦτα ἔγραψα ὑμῖν und der Erläuterungsformel καὶ αὕτη ἐστὶν κτλ. betont das Moment der Metakommunikation. Die erklärte Absicht ist, das durch die joh Offenbarungstradition vermittelte Überzeugungssystem zusammenzufassen (vgl. V. 18−20) und den Appell des Briefes zu wiederholen (vgl. V. 21). Auffallend ist aber sowohl die Einführung von neuen Themen (die Unterscheidung Sünde zum Tode / nicht zum Tode, die Warnung vor den Götzen) als auch die Anwendung einer neuen argumentativen Figur (das Enthymem V. 14−15). Diese stilistischen u. inhaltlichen Diskrepanzen geben Anlaß, den Anhang als Nachtrag anzusehen (so E. Schwartz, Aporien im vierten Evangelium, NGWG. PH Nr. 3, 1907, 367 A. 3; A. Loisy, 76f.575; R. Bultmann, Die kirchliche Redaktion, 192−196, usw.). Dazu ist folgendes zu bedenken: Was R. Bultmann in den V. 14 u. 18ff mit Recht als Imitationen des JohEv bzw. des Briefes betrachtet, gehört zum Stil der für den 1. Brief typischen Weiterentwicklung der joh Tradition (vgl. F. C. Baur, Die johanneischen Briefe, 295−312). Die für joh Verhältnisse neuen Begriffe, die in den V. 16ff eingeführt sind, gehören alle zu den Vorstellungen und zur Sprache der LXX und der hellenistisch-jüdischen bzw. christlichen Schriften (auch die Verwendung von ἅπτεσθαι, V. 18; κεῖσθαι, V. 19; διάνοια, V. 20; φυλάσσειν ἀπό, V. 21). Die Einsetzung einer neuen Sprachwelt impliziert eine mögliche Erweiterung der impliziten Adressaten. Sie fordert aber keine neue Interpretation des Briefes. Sowohl die Unterscheidung unter den Sünden V. 16f wie der abschließende Imperativ V. 21 verfolgen das eindeutige Ziel, die Bitte des Briefes (2,28f) zu verstärken und die Aufwertung der eschatologischen Gemeinschaft deutlich werden zu lassen. Der Verfasser hat lediglich die Form des Anhangs von Joh 20,30−21,25 übernommen. Im 1. Brief wie im JohEv entspricht diese der Absicht, der Vermittlung der Offenbarungstradition Autorität zu verleihen. Im JohEv geschieht dies im Verweis des Ichs (21,25) auf die ‚Wir‘ und den Lieblingsjünger (21,24). Im 1 Joh wird das protreptische Moment betont. Der autographe Epilog (vgl. G. Genette, Palimpsestes, 1982, 229ff) hat die appellative Funktion, einen Abfall in die konkurrierenden Bewegungen (s. Exkurs: Die Frage der vermeintlichen Gegner, ad 2,18−27) durch die Betonung des status confessionis (ὁ ἀληθινὸς θεὸς καὶ ζωὴ αἰώνιος vs εἴδωλα) und die Bestimmung eines Abgrenzungsprinzipes (ἡ ἁμαρτία πρὸς θάνατον) mit den Termini technici der hellenistisch-jüdischen bzw. christlichen Traditionen abzuwerten (vgl. E. Stegemann, ThZ 41 [1985] 284−294, der auf Plinius, ep. X,96,6 verweist: *Alii ab indice nominati esse se Christianos dixerunt et mox negauerunt; fuisse quidem sed desisse, quidam ante triennium, quidam ante plures annos, non nemo etiam ante uiginti. ⟨Hi⟩ quoque omnes et imaginem tuam deorumque simulacra uenerati sunt et Christo male dixerunt.* Ähnliche Interpretation, allerdings nur des Anhangs: K. Wengst, 224−226). Zur Form bietet das Ägypter-Evangelium eine auffallende Parallele (Gos.Eg., NHC III,2 68,1−69,21): Im Anhang (68,10−69,5) verbindet der Verfasser das Motiv der Autorisierung des Buches (so Joh 21,24) mit dem protreptischen Moment (so Joh 20,30f; 1 Joh 5,13ff). Ein Redaktor hat den Traktat verchristlicht, indem er einen zweiten Titel (69,5−17) vor dem ursprünglichen und einen dem autographen Epilog parallel gebauten Nachtrag (68,1−9) eingeschoben hat.

Der zweite Johannesbrief

2 Joh 1–3 Das Briefpräskript

¹Der Presbyter an die auserwählte Herrin und ihre Kinder, die ich in Wahrheit liebe – und nicht ich allein, sondern alle, die die Wahrheit erkannt haben – ²durch die Wahrheit, die in uns bleibt, und sie wird mit uns in Ewigkeit bleiben. ³Mit uns wird sein Gnade, Barmherzigkeit, Friede von Gott, dem Vater, und von Jesus Christus, dem Sohn des Vaters, in Wahrheit und Liebe.

Literatur: J. CHAPMAN, The Historical Setting of the Second and Third Epistles of St John, JTS 5 (1904) 357–368.517–534. – V. BARTLET, The Historical Setting of the Second and Third Epistles of St. John, JTS 6 (1905) 204–216. – B. BRESKY, Das Verhältnis des zweiten Johannesbriefes zum dritten, 1906, 2–16. – B. W. BACON, Marcion, Papias, and „The Elders", JTS 23 (1922) 134–160. – J. MUNCK, Presbyters and Disciples of the Lord in Papias, HTR 52 (1959) 223–243, bes. 238. – R. BERGMEIER, Zum Verfasserproblem des 2. und 3. Johannesbriefes, ZNW 57 (1966) 93–100. – K. P. DONFRIED, Ecclesiastical Authority in 2–3 Joh, in: M. DE JONGE (Hg), L'Évangile de Jean, EThL. B 44, 1977, 325–333. – C. C. BLACK II, The Johannine Epistles and the Question of Early Catholicism, NT 28 (1986) 131–158, bes. 137–145. – J. LIEU, The Second and Third Epistles of John, 64–70.

Die Form entspricht der des Präskriptes eines Apostelbriefes: Erwähnung des beauftragten Absenders und der durch die Heilstaten Gottes qualifizierten Addressaten (V. 1–2) sowie Segensspruch anstatt des üblichen hellenistischen Grußes χαίρειν (V. 3). Das Ganze stellt sich als eine Durchreflektion der durch den Brief vermittelten Kommunikation vor (s. K. Berger, Apostelbrief und apostolische Rede. Zum Formular frühchristlicher Briefe, ZNW 65 [1974] 190–231, u. Einleitung: 2. Form).

1 Der Absender nennt sich ὁ πρεσβύτερος. Zum Begriff selbst vgl. G. A. Deissmann, Bibelstudien, 1895, 153–155; H. Hauschildt, Πρεσβύτεροι in Ägypten im I–III Jahrhundert n. Chr., ZNW 4 (1903) 235–242; F. Poland, Geschichte des griechischen Vereinswesens, 1909, 373; G. Bornkamm, ThWNT VI, 652–655. Πρεσβύτερος ist kaum als Gemeindeamtstitel zu verstehen (gegen E. Haenchen, Neuere Literatur, in: Bibel, 307–311, der von einem ‚praeses presbyterii' spricht, und E. Käsemann, Ketzer und Zeuge, 174–178, der an einen wegen Ketzerei exkommunizierten Presbyter denkt): Es ist zuerst daran zu erinnern, daß die Presbyter als Gemeindeleiter als Gremium auftreten (Apg 11,30; 15,2ff; 16,4; 21,18; 1 Tim 5,1ff; Jak 5,14; 1 Petr 5,1ff; vgl. G. Bornkamm, ThWNT VI, 662ff). Dann bleibt es unverständlich, daß ein solcher Presbyter sich ohne weitere Bezeichnung (R. Bultmann, 95: ὁ πρεσβύτερος τῆς ἐκκλησίας ἐν...) und ohne besondere Würde an eine andere Gemeinde mit dem Anspruch der Vermittlung einer autoritativen Tradition richten würde. Das Wahrscheinlichste ist deswegen, daß ὁ πρεσβύτερος eine uns, ebenso wie der Lieblingsjünger, unbekannte, anerkannte Gestalt der joh Schule bezeichnet (s. Einleitung: 9. Die Problematik des Verfassers; vgl. H. v. Campenhausen, Kirchliches Amt und geistliche Vollmacht in den ersten drei Jahrhunderten, BHTh 14, 1953, 132: die Autorität eines Lehrers ohne institutionellen Rang; G. Bornkamm, ThWNT VI, 676–678; R. Bultmann, 95; Clemens von Alexandria, Stromata VI,106; Euseb, HE III, 39,3f). Adressatin ist die ἐκλεκτή κυρία. Ἐκλεκτός ist hier als Adj. gebraucht. Zum Begriff vgl. Mt 24,22.24.31; Mk 13,20.22.27; Röm 8,33; 16,13; Kol 3,12; Tit 1,1; 1 Petr 1,1; 2,9 als Terminus technicus für die Christen als Gottesgemeinschaft. In den joh Schriften bezeichnet ἐκλεκτός nur den Offenbarer (Joh 1,34, vgl. Lk 23,35 usw.). Das Selbstbewußtsein der joh Tradition findet aber im Verb ἐκλέγομαι seinen Ausdruck. Ἐκλεκτή ἀδελφή V. 13 zeigt, daß κυρία im übertragenen Sinn zu verstehen und auf eine Gemeinde zu beziehen ist (metaphorisch für die Kirche, vgl. Hermas, Vis.I,1,5; 2,2.3; 4,1.2; II,1,3 usw.). Zur Diskussion und zum in der griechischen Literatur belegten Ausdruck κυρία ἡ ἐκκλησία s. J. Chapman, JTS 5 (1904) 517–523; B. Bresky, Verhältnis, 2–16, bzw. H.-J. Klauck, Κυρία ἐκκλησία in Bauers Wörterbuch und die Exegese des zweiten Johannesbriefes, ZNW 81 (1990) 135–138. Behauptet wird entweder das enge Verhältnis des Verfassers zu dem Kreis der Adressaten (so κύριος bzw. κυρία POxy II 300; XII 1481; BGU II 423; PMich VIII 479; 491 in Familienbriefen des Endes des 1. und des Anfangs des 2. Jhdts., s. J. L. White, Light from Ancient Letters, 146ff, aber vgl. auch ἀδελφή V. 13) oder eher die den Erwählten verliehene Freiheit (so Aristophanes, Acharner 19; Demetrios, Fragm. 228). Mit den τέκνα V. 1 u. 13 sind die Mitglieder gemeint (im JohEv u. 1 Joh wird τέκνα immer als Zugehörigkeitsbestimmung verwendet: Gotteskinder Joh 1,12; 11,52; 1 Joh 3,1f.10; 5,2 bzw. Abrahamskinder Joh 8,39 bzw. Teufelskinder 1 Joh 3,10; anders τεκνία Joh 13,33; 1 Joh 2,1.12.28; 3,7.18; 4,4; 5,21, immer als Anrede gebraucht, vgl. noch 1 Kor 4,14.17; Gal 4,19 usw.). Zum Motiv der Liebe als briefliche captatio s. K. Berger, ZNW 65 (1974) 190–231, bes. 226. Ἀγαπᾶν gehört aber zum joh Wortschatz der Offenbarungstradition (s. Exkurs: Das Gebot der gegenseitigen Liebe, ad 1 Joh 2,7–11; vgl. noch 2 Joh 5 u. 3 Joh 1). Daß es sich um die eschatologische Gemeinschaft der bereits Erlösten handelt, ist durch den Zusatz (καὶ οὐκ ἐγὼ μόνος ἀλλὰ κτλ.) erklärt. Ἐν ἀληθείᾳ könnte wie in 1 Joh 3,18 einfach adverbial gemeint sein, sonst ist aber ἀλήθεια im 2 Joh wie im 1 Joh (s. 1 Joh 1,6 u. Komm.) und im JohEv die offenbarte – und von den Adressaten erkannte – Wirklichkeit des eschatologischen Heils (V. 1b.2.3.4, vgl. 3 Joh 1.3.3.4.8.12; vgl. I. de la Potterie, La Vérité dans Saint Jean II, AnBibl 74, 1977, 657–663). Ἐγνωκότες τὴν ἀλήθειαν vgl. Joh 8,32. Γινώσκειν Perf. als Grundlegung der Offenbarungstradition schon Joh 6,69; 14,7ff; 1 Joh 2,3f.13f; 3,16; 4,16, sonst nicht im 2 u. 3 Joh belegt.

2 Anders als in der paulinischen Form des Präskriptes begründet die Ergänzung διὰ κτλ. nicht das Amt des Absenders (1 Kor 1,1; 2 Kor 1,1; Gal 1,1; Eph 1,1; Kol 1,1; 2 Tim 1,1), sondern die briefliche Kommunikation. Die formale Verschiebung entspricht dem hermeneutischen Standpunkt, der schon im JohEv und im 1 Joh erkennbar ist: Die Autorität beruht nicht auf der amtlichen Funktion des Verfassers, sondern auf der (ursprünglichen) Offenbarungstradition selbst (s. Einleitung: 4. Argumentation). Anders als im JohEv und im 1 Joh ist das Subj. von μένειν nicht mehr Gott bzw. der Sohn bzw. das Heil (so 1 Joh 2,14; 3,9.15.17.24; 4,12.15), sondern die Wahrheit als überlieferte Offenbarungstradition (2 Joh 2; vgl. schon 1 Joh 2,24 u. Joh 14,16–17: der

Paraklet) bzw. die διδαχὴ τοῦ Χριστοῦ (2 Joh 9.9). Die Verdoppelung des Segensspruches (καὶ μεθ' ἡμῶν ἔσται / ἔσται μεθ' ἡμῶν κτλ.) findet in Joh 14,16–17 u. 1 Joh 1,3 f ihr Vorbild (ἵνα κτλ. / ἵνα κτλ.). Die sonst unübliche 1. Pers. Plur. entspricht den soteriologischen Vorstellungen des 1. Briefes, in welchem der Kreis der Erlösten mit jenem des Verfassers identisch ist (1 Joh 1,7.9; 2,2.12; 4,10, immer mit der 1. Pers. verbunden, s. ad 1 Joh 1,1.4 u. 2,2).

3 Die Formulierung ist aus den urchristlichen Apostelbriefen übernommen. Zu χάρις / ἔλεος / εἰρήνη s. K. Berger, ZNW 65 (1974) 190–201 (so auch in 1 u. 2 Tim). Paulus schreibt nur χάρις / εἰρήνη. Der joh Offenbarungstradition entsprechend ist ἀπό durch παρά ersetzt (vgl. παρὰ [τοῦ] πατρός Joh 6,45; 8,38; 10,18; 15,15.26; 16,27; παρὰ [τοῦ] θεοῦ 1,6; 6,46; 8,40; 9,16.33). Ἀπό bezeichnet den realen Sender der apostolischen Verkündigung, παρά den Ursprung der vermittelten Erkenntnis (s. 1 Joh 1,1 ff u. Komm.; J. A. Fitzmyer, Aramaic Epistolography, Semeia 22 [1981] 25–57; K. Berger, ZNW 65 [1974] 202–204). Ἰησοῦς wird joh nicht als κύριος, sondern als υἱὸς τοῦ πατρός bekannt (vgl. Joh 5,20 ff; 14,13; 1 Joh 2,22 ff usw.). Ἀλήθεια und ἀγάπη fassen das joh Überzeugungssystem plakativ zusammen. Für das Verständnis der beiden Begriffe ist die Vertrautheit mit dem JohEv und 1 Joh vorausgesetzt. Ἀλήθεια wird in 2 Joh nirgendwo erläutert. Der Verfasser beruft sich auf eine Autorität, die für schon bekannt gehalten wird (s. 1 Joh 1,6 u. Komm.). Ἀγάπη ist in V. 6 näher bestimmt, dort handelt es sich allerdings nur um eine Anspielung auf Joh 15,9 ff bzw. 1 Joh 2,1 ff; 5,3.

2 Joh 4 Danksagung

⁴Ich habe mich sehr gefreut, daß ich unter deinen Kindern gefunden habe, die in der Wahrheit wandeln, wie wir das Gebot vom Vater her empfangen haben.

Literatur: R. BERGMEIER, Zum Verfasserproblem des 2. und 3. Johannesbriefes, ZNW 57 (1966) 93–100. – R. W. FUNK, The Form and Structure of 2 and 3 John, JBL 86 (1967) 424–430. – I. DE LA POTTERIE, La Vérité dans Saint Jean II, AnBibl 74, 1977, 646–657. – U. C. VON WAHLDE, The Theological Foundation of the Presbyter's Argument in 2 Jn (2 Jn 4–6), ZNW 76 (1985) 209–224. – J. LIEU, The Second and Third Epistles of John, 71–76.

4 Die Ersetzung der formula valetudinis durch eine Danksagung, die die Funktion einer captatio benevolentiae erfüllt, ist für die Form des Apostelbriefes typisch: Vgl. Röm 1,8; 1 Kor 1,4; 2 Kor 1,3; Phil 1,3 usw. und die entsprechende negative Wendung in Gal 1,6 (vgl. PMich VIII,479). Εὕρηκα kann entweder auf einen Besuch Bezug nehmen oder im übertragenen Sinn gemeint sein. Die Wendung könnte auch eine Reminiszenz an Joh 1,41 ff sein. Die durch ἐκ τῶν τέκνων σου implizierte Spaltung bereitet die Bitte (V. 5) vor. Περιπατεῖν beschreibt im JohEv und im 1 Joh das Entweder-Oder der Existenz im Licht bzw. in der Finsternis (Joh 8,12; 11,9 f; 12,35; 1 Joh 1,6 f; 2,6.11). Die Herausforderung für das Sich-Verstehen der Adressaten vor der Offenbarung hat hier einem treuen Festhalten an der joh Tradition Platz gemacht (ἐν [τῇ] ἀληθείᾳ περιπατεῖν, 2 Joh 4; 3 Joh 3.4, wobei die Erkenntnis und die Anerkennung dieser autoritativen Wirklichkeit von den impliziten Lesern vorausgesetzt wird;

κατὰ τὰς ἐντολὰς αὐτοῦ, 2 Joh 6, s. Komm.). Καθὼς κτλ. ist eine Kombination aus Joh 10,18 (ταύτην τὴν ἐντολὴν ἔλαβον παρὰ τοῦ πατρός μου) und Joh 13,34 bzw. dem Wortlaut in 1 Joh 4,21.

2 Joh 5–6 Die Bitte

⁵Und nun bitte ich dich, Herrin, nicht als ob ich dir ein neues Gebot schriebe, sondern das, was wir von Anfang an hatten, daß wir einander lieben sollen. ⁶Und dies ist die Liebe, daß wir nach seinen Geboten wandeln; dies ist das Gebot, wie ihr es von Anfang an gehört habt, daß ihr darin wandeln sollt.

Literatur: H. Conzelmann, „Was von Anfang war", 198–199. – M. Rese, Das Gebot der Bruderliebe in den Johannesbriefen, ThZ 41 (1985) 44–58. – U. C. von Wahlde, The Theological Foundation of the Presbyter's Argument in 2Jn (2Jn 4–6), ZNW 76 (1985) 209–224. – J. Lieu, The Second and Third Epistles of John, 71–78.

Καὶ νῦν (vgl. 1 Joh 2,28) und die in den hellenistischen Briefen übliche Formulierung ἐρωτῶ σε (PTebt II 410; PRyl II 229; PMert I 12; BGU II 423; PMich VIII 475, 498; PAmh II 135; J. L. White, Light from Ancient Letters, 115ff) leiten den Anlaß des Briefes ein: ἵνα ἀγαπῶμεν ἀλλήλους (V. 5c). Die eigentliche Bitte wird dadurch kommentiert, daß sie als identisch mit der ursprünglichen Tradition vorgestellt wird (V. 5b) und daß die gegenseitige Definition der Liebe und des Gebotes wiederholt wird (V. 6a.6b, vgl. Joh 15,9ff; 1 Joh 2,1ff.7ff).

5 Der Imperativ der gegenseitigen Liebe in der 1. Pers. Plur., der dem eschatologischen Gebot des Offenbarers in der 2. Pers. Plur. entspricht (Joh 13,34), ist eine feste Form der Argumentation im 1 Joh (3,11.23; 4,7.11f; s. Exkurs: Das Gebot der gegenseitigen Liebe, ad 1 Joh 2,7–11), die die Einheit des Kreises des Verfassers und seiner Adressaten = der Gottesgemeinschaft der Erlösten zu bewahren versucht. Gegenstand des 2 Joh ist das treue Festhalten der vom Verfasser angesprochenen Gemeinde an der eschatologischen Offenbarungstradition. Indem die Dialektik aus 1 Joh 2,7f aufgehoben wird und das neue – eschatologische – Gebot (Joh 13,34 = 1 Joh 2,8) nur noch als das alte, das von Anfang war (1 Joh 2,7 = 2 Joh 5), wahrgenommen wird, hat sich die joh Schule zur konservativen bzw. reformatorischen Bewegung entwickelt.

6 Καὶ αὕτη ἐστίν, wie 1 Joh 1,5; 2,25; 3,11.23; 5,3.4.9.11.14, vgl. 3,4; 4,21, leitet als Erläuterung ein Zitat aus 1 Joh 5,3 ein, das mit περιπατεῖν kombiniert ist (s. V. 4 u. Komm.). Erst mit der Anwendung des durch den Bezug auf 1 Joh 3,11 bzw. 4,21 (αὕτη ἐστὶν ... ἣν ἠκούσατε ἀπ' ἀρχῆς bzw. ταύτην τὴν ἐντολὴν ἔχομεν) realisierten Arguments ist der Sinn der zweiten Explikation (αὕτη ἡ ἐντολή ἐστιν κτλ.) verständlich. Grammatisch kann allerdings ἐν αὐτῇ sowohl ἐντολή wie ἀγάπη meinen. Ἀπ' ἀρχῆς: 1 Joh 1,1; 2,7.13f.24; 3,8.11; s. Einleitung: 4. Argumentation.

2 Joh 7–9 Begründung

⁷Denn viele Irreführer sind in die Welt ausgegangen, die Jesus Christus als im Fleisch kommenden nicht bekennen; das ist der Irreführer und der Antichrist. ⁸Seht auf euch, daß ihr nicht verliert, was wir erarbeitet haben, sondern daß ihr vollen Lohn empfangt. ⁹Jeder, der weitergeht und nicht in der Lehre von Christus bleibt, hat Gott nicht; wer in der Lehre bleibt, der hat sowohl den Vater als den Sohn.

Literatur: H. LÜDEMANN, Zur Erklärung des Papiasfragments bei Euseb. hist. eccl. III,39, 3.4 (Schluß), JPTh 5 (1879) 537–576. – F. MIAN, Il contesto storico-religioso dell'annuncio cristiano nella 2 lettera di Giovanni, BibOr 26 (1984) 219–224. – J. LIEU, The Second and Third Epistles of John, 78–85. – G. STRECKER, Die Anfänge der johanneischen Schule, NTS 32 (1986) 31–47.

Die V. 7ff sind keine Warnung vor Irrlehrern, sondern beinhalten eine durch ὅτι eingeleitete Erklärung, die die Adressaten überzeugen soll, sich im Sinne der Bitte zu verhalten. Die durch die Offenbarungstradition geforderte Einheit ist von Konkurrenten bedroht, die die erwählte Herrin verführen könnten. Deswegen wird diese dazu ermahnt, das empfangene Heil nicht preiszugeben, sondern in der Offenbarungslehre zu bleiben. V. 7 ist eine Darstellung und eine Beurteilung der Situation und hat die Funktion einer narratio. Der Imperativ des V. 8 zieht die Konsequenzen für die Adressaten. Die beiden kasuistischen Partizipialkonstruktionen des V. 9 geben die theologischen Kriterien, nach denen die Entscheidung zu deuten ist.

7 Πλάνος nur hier in den joh Schriften; sonst πλανᾶν Joh 7,12.47; 1 Joh 1,8; 2,26; 3,7 (s. Komm. ad 1 Joh 2,26) u. πλάνη 1 Joh 4,6. (Ἐξ)έρχομαι εἰς τὸν κόσμον ist ein joh Terminus technicus für die Mission, Joh 1,9; 3,19; 6,14; 11,27; 12,46; 16,28; 18,37 auf Jesus positiv bezogen, 1 Joh 4,1; 2 Joh 7 auf die Pseudopropheten bzw. Irreführer (s. N. H. Cassem, NTS 19 [1972] 81–91). Als Kriterium wird mit οἱ κτλ. wie in 1 Joh das christologische Bekenntnis genannt (2,22f; 4,2f.15; 5,1.5f). Ὁμολογεῖν: 1 Joh 2,23; 4,2f.15. Die Formulierung ἐρχόμενον ἐν σαρκί verweist auf ἐν σαρκὶ ἐληλυθότα 1 Joh 4,2. Anders als in 1 Joh 2,22f; 4,15; 5,1 ist nicht nur die Anerkennung Jesu als des Offenbarers das Thema, sondern wie in 1 Joh 4,2, vgl. 5,5f, die Interpretation des Titels Ἰησοῦς Χριστός durch das joh Interpretament. Das Präs. ἐρχόμενος ist noch weniger als das Perf. (1 Joh 4,2) und der Aor. (1 Joh 5,6) als anti-doketischer Ausdruck der Menschwerdung zu verstehen. Die Hypothese, die Form sei als Fut. für eine fleischliche Parusia Jesu zu lesen (dazu C. H. Dodd, 149: Barn 6,9, „which is sometimes cited as a parallel, is nothing of the kind, as any attentive reader will see", denn die Weissagung der γνῶσις betrifft die Inkarnation: Τί δὲ λέγει ἡ γνῶσις; μάθετε. Ἐλπίσατε, φησίν, ἐπὶ τὸν ἐν σαρκὶ μέλλοντα φανεροῦσθαι ὑμῖν Ἰησοῦν. Ἄνθρωπος γὰρ γῆ ἐστιν πάσχουσα· ἀπὸ προσώπου γὰρ τῆς γῆς ἡ πλάσις τοῦ Ἀδὰμ ἐγένετο. Τί οὖν λέγει; Εἰς τὴν γῆν ἀγαθήν, γῆν ῥέουσαν γάλα καὶ μέλι), findet im Kontext keine Unterstützung (anders E. Schwartz, Über den Tod der Söhne Zebedaei, AGWG. PH 7 Nr. 5, 1904, 147; H. Windisch, 138f; G. Strecker, NTS 32 [1986] 35; vgl. H. Lüdemann, JPTh 5 [1879] 568–570, der den Verfasser mit dem Presbyter der Papias-Tradition identifiziert, vgl. Euseb, HE III, 39,3–4, und seine Warnung vor einem „fleischlosen Christentum" bzw. „gnostischen Spiritualismus" von seinem Chiliasmus her interpretiert, vgl. Irenäus, Adv. Haer. V,33,3–4). Der Verfasser hat viel-

mehr eine weitere Kombination des in 1 Joh 4,2 formulierten Bekenntnisses mit der joh christologischen Bezeichnung des Offenbarers als des Kommenden (ὁ ἐρχόμενος Joh 1,9.15.27; 3,31; 6,14; 11,27; 12,13, vgl. ἔρχομαι Joh 8,14, so J. Lieu, The Second and Third Epistles of John, 84–87, vgl. B. F. Westcott, 229) vorgenommen, um das Selbstverständnis der Offenbarungstradition mit dem Bekenntnis des bei den Erlösten präsenten Offenbarers zutreffend zu charakterisieren. Wie ἐν σαρκί mit dem Präs. zu verstehen ist, läßt sich im Zusammenhang mit Joh 6,51ff; 1 Joh 4,2 (s. Komm.) erklären. Ἀντίχριστος ist vom Kontext her unerklärbar, aber von 1 Joh 2,18ff; 4,3 (s. Komm. ad 2,18) her zu interpretieren. Durch diesen zum Schlagwort gewordenen Begriff ist über die Erscheinung der zahlreichen (πολλοί) konkurrierenden Missionare nur zu erfahren, daß sie sich nicht von der joh Tradition her verstehen.

8 Mit dem Imperativ wird die Bitte der V. 5f wiederholt. Sich verführen lassen = das Gebot und die Einheit nicht bewahren = die Offenbarung (ἐργάζεσθαι Joh 3,21; 5,17; 6,27ff; 9,4) und das eschatologische Heil (μισθός Joh 4,36; Röm 4,4; 1 Kor 3,8.14; 9,17f usw.) preisgeben (ἀπολλύναι Joh 3,16; 6,12.27.39; 10,10.28; 11,50; 12,25; 17,12; 18,9). Zum Ganzen vgl. auch Röm 4,4 u. 1 Kor 16,10. Die Lesart εἰργάσεσθε (so ℵ u. A; vgl. Joh 6,27ff) wäre ein Argument der Richtung (Ch. Perelman – L. Olbrechts-Tyteca, Traité de l'Argumentation, 1970², 379ff); die von B bezeugte Lesart εἰργασάμεθα ist hingegen ein Argument durch das Opfer (Ch. Perelman – L. Olbrechts-Tyteca, 334ff), das das apostolische Selbstbewußtsein des Verfassers bezeugen würde (vgl. Joh 4,36–39).

9 Zur Form vgl. die antithetischen Formulierungen 1 Joh 1,6f.8f; 2,4f.9f.23; 3,6.7f; 4,2f.7f; 5,10; 3 Joh 11. Προάγειν ist zwar als Terminus technicus in gnostischen Texten bezeugt (Clemens von Alexandria, ex Theod. 33,3: Ἡ μήτηρ αὖθις τὸν τῆς οἰκονομίας προηγάγετο ἄρχοντα; 41,2: Ὁ πρῶτον προήγαγεν, τουτέστι τὸν Ἰησοῦν; 41,4: Καὶ τὸν Ἀδὰμ ὁ Δημιουργὸς ἐννοίᾳ προσχών, ἐπὶ τέλει τῆς δημιουργίας αὐτὸν προήγαγεν; vgl. Hippolytus, Elenchos VI,18,6: Ὡς οὖν αὐτὸς [= ὁ πατήρ] ἑαυτὸν ἀπὸ ἑαυτοῦ προαγαγὼν ἐφανέρωσεν ἑαυτῷ τὴν ἰδίαν ἐπίνοιαν; Gos. Eg., NHC IV,2 50,4.13.29), aber nicht im Sinne von προκόπτειν 2 Tim 3,13 = nach höherer Erkenntnis streben. Hier ist es mit μένειν interpretiert: an der Offenbarungstradition vorübergehen. Die Argumentation ist eine Bearbeitung von 1 Joh 2,22ff; 5,10ff. Zu μένειν s. V. 2 u. Komm. (vgl. Exkurs: Μένειν, ad 1 Joh 2,28–29). Dem JohEv u. 1 Joh gegenüber ist der Begriff διδαχὴ τοῦ Χριστοῦ und διδαχή als überlieferte Lehre trotz Joh 7,16f; 18,19 neu, vgl. R. Bergmeier, Zum Verfasserproblem des 2. und 3. Johannesbriefes, ZNW 57 (1966) 96. Vgl. aber Joh 8,31. Die konservative Bewahrung der joh Tradition (τοῦ Χριστοῦ mag als gen. obj. oder als gen. subj. gelesen werden) ist die Bedingung der Gemeinschaft mit dem Vater: Die Reihenfolge Sohn – Vater (so 1 Joh), bei der die Christologie die Voraussetzung der Gottesgemeinschaft bildet, hat sich konsequenterweise umgedreht.

2 Joh 10–11 Die Unterweisung

[10]Wenn jemand zu euch kommt und diese Lehre nicht bringt, nehmt ihn nicht ins Haus auf, und den Gruß entbietet ihm nicht; [11]denn wer ihm den Gruß entbietet, hat Gemeinschaft mit seinen schlechten Werken.

Literatur: J. LIEU, The Second and Third Epistles of John, 95–98.

Das Briefkorpus ist mit den Imp. einer doppelten Maßnahme (μὴ λαμβάνετε u. μὴ λέγετε), die die im V. 8 erläuterte Bitte der V. 5f konkretisieren und die im V. 11 autoritativ und apodiktisch begründet werden (γάρ), abgeschlossen.

10 Mit εἴ τις ἔρχεται ist eher an wandernde Missionare (3 Joh 6 ff. 9f) als an die Gastfreundschaft überhaupt (Röm 12,13; Hebr 13,2; 1 Petr 4,9) oder an die Versammlung der Ortsgemeinde (3 Joh 15; οἱ φίλοι) gedacht. Ἔρχεσθαι: 1 Joh 2,18; 4,3; 3 Joh 3.10, ist, wenn nicht christologisch 1 Joh 4,2; 5,6; 2 Joh 7, entweder auf die Konkurrenten (vgl. V. 7) oder auf den Presbyter selbst bzw. auf seine Missionare bezogen. Sie sollen nach dem Maßstab der joh Offenbarungstradition überprüft werden (ταύτην τὴν διδαχήν). Zur Unterscheidung unter den Geistern s. 1 Joh 4,1 ff (und die dort angegebenen Texte); Apk 2,2; Did 11,1–2 usw. Gegebenenfalls sollen sie in den Häusern der Gemeinde nicht empfangen (s. P. Stuhlmacher, Der Brief an Philemon, EKK, 1975, 70–75; H.-J. Klauck, Hausgemeinde und Hauskirche im frühen Christentum, SBS 103, 1981; A. J. Malherbe, Social Aspects of Early Christianity, 1983[2], 60 ff) und sogar nicht einmal gegrüßt werden (χαίρειν als übliche griechische Grußformel: Apg 15,23; 23,26; Jak 1,1).

11 Die kasuistische Form ist dem 1 Joh entnommen (1 Joh 2,4.6.9). Κοινωνεῖν (vgl. 1 Tim 5,22) ist sonst in den joh Schriften nicht belegt. 1 Joh: κοινωνίαν ἔχειν, 1,3.7. Τὰ ἔργα πονηρά ist von Joh 3,19; 7,7; 1 Joh 3,12 her zu verstehen, wobei das Prädikatsnomen zum Attribut geworden ist.

2 Joh 12–13 Briefschluß

[12]Obwohl ich vieles euch zu schreiben habe, wollte ich nicht mit Papier und Tinte, sondern ich hoffe, zu euch zu kommen und von Mund zu Mund zu reden, damit unsere Freude erfüllt sei. [13]Es grüßen dich die Kinder deiner auserwählten Schwester.

Literatur: H. LÜDEMANN, Zur Erklärung des Papiasfragments bei Euseb. hist. eccl. III,39,3.4, JPTh 5 (1879) 537–576, bes. 569–571. – J. LIEU, The Second and Third Epistles of John, 98–100.

Die Form und weitgehend auch der Wortlaut sind zu 3 Joh 13–15 parallel (s. dort). Die Motive sind jene der hellenistischen Brieftopik: Sehnsucht nach einem Wiedersehen (H. Koskenniemi, Studien zur Idee und Phraseologie des Griechischen Briefes bis 400 n. Chr., 1956, 169–172; H. Lüdemann, JPTh [1879] 570 versucht, den V. 12a vom mündlichen Charakter der Lehre des Presbyters her [vgl. die Papias-Tradition in Euseb, HE III,39,4.7] historisch zu interpretieren); Gruß, der Gattung des Apostelbriefes gemäß zum Segen umfunktioniert (so K. Berger, Apostelbrief und apostolische Rede. Zum Formular frühchristlicher Briefe, ZNW 65 [1974] 204–207); schließlich sekundäre Grüße (J. L. White, The Greek Documentary Letter Tradition Third Century B.C.E. to Third Century C.E., Semeia 22 [1981] 89–106, bes. 95; P. Cugusi, Evoluzione e Forme dell'epistolografia latina nella tarda Repubblica e nei primi due secoli dell'Imperio con cenni sull'epistolografia preciceroniana, 1983, 56–67).

12 Ἵνα ἡ χαρὰ ἡμῶν πεπληρωμένη ᾖ ist eine Nachahmung des Segensspruches 1 Joh 1,4, der schon eine Variation von Joh 15,11; 16,24 darstellt. Formelhaft verwendet der Verfasser wie in V. 3 joh eschatologische Hauptbegriffe, die als Zitate geglättet erscheinen.

13 Ἀσπάζεται ist die übliche Formulierung in den Sekundärgrüßen der Familienbriefe (am Ende des 1. und im 2. Jahrhundert: Röm 16,3ff; 1 Kor 16, 19f; 2 Kor 13,12; Phil 4,21f; Kol 4,10ff; 1 Thess 5,26; 2 Tim 4,19ff; Tit 3,15; Hebr 13,24; 1 Petr 5,13f; vgl. J. L. White, Light from Ancient Letters, 156ff: BGU II 433; 632; PMich III 201; VIII 464; 466; 476; 479; 481; 490; 491; 498; 499). Als primärer Gruß: Sokrates, ep. 35 (A. J. Malherbe, The Cynic Epistles, SBL Sources for Biblical Study 12, 1977, 306). Als technischer Begriff der Gnosis: Gos. Truth, NHC I,3 26,30; 41,34 (ἀσπασμός); Ep. Pet. Phil., NHC VIII,2 140,14. Ἐκλεκτῆς = ἐκλεκτῇ V. 1. Mit ἀδελφή kommt die Verbundenheit der Gemeinden zum Ausdruck.

Der dritte Johannesbrief

3 Joh 1 Das Briefpräskript

[1]Der Presbyter an den geliebten Gaius, den ich in Wahrheit liebe.

Literatur: J. CHAPMAN, Historical Setting of the Second and Third Epistles of St John, JTS 5 (1904) 357–368.517–534. – V. BARTLET, The Historical Setting of the Second and Third Epistles of St John, JTS 6 (1905) 204–216. – B. W. BACON, Marcion, Papias and „The Elders", JTS 23 (1922) 134–160. – J. MUNCK, Presbyters and Disciples of the Lord in Papias, HTR 52 (1959) 223–243, bes. 238. – K. P. DONFRIED, Ecclesiastical Authority in 2–3 John, in: M. DE JONGE (Hg), L'Évangile de Jean, EThL. B 44, 325–333. – J. LIEU, The Second and Third Epistles of John, 101–102. – C. C. BLACK II, The Johannine Epistles and the Question of Early Catholicism, NT 28 (1986) 131–158. – B. BONSACK, Der Presbyteros des dritten Briefs und der geliebte Jünger des Evangeliums nach Johannes, ZNW 79 (1988) 45–62.

1 Der Absender = 2 Joh 1. Gaius ist ein verbreiteter Name. Willkürlich wäre es, den Adressaten mit Apg 19,29; 20,4; Röm 16,23; 1 Kor 1,14 zu identifizieren. Die Const. Apost. VII,46 lassen ihn zum Bischof von Pergamon werden. Das Briefpräskript besteht üblicherweise aus: Name des Absenders, Name des Adressaten, Gruß = χαίρειν. Ein Epitheton (φιλτάτῳ, PTebt II 410; POxy II 291; PRyl II 229; 230; 231; PLon III 893; PMert I 12; τιμιωτάτῳ POxy II 292; XII 1480, vgl. J. L. White, Light from Ancient Letters, 115ff) ist im 1.Jhdt nach dem Namen des Adressaten häufig zu finden. Ἀγαπητός: V. 1.2.5.11; Phlm 1, vgl. ἀγαπητοί 1 Joh 2,7; 3,2.21; 4,1.7.11, immer als Anrede. Wie in den Apostelbriefen üblich, ist der Gruß durch eine Segensformel ersetzt (s. Einleitung: 2. Form, u. 2 Joh 1 u. Komm.), die hier mit der Erläuterung οὓς ἐγὼ κτλ. 2 Joh 1 identisch ist. Zur kritischen Thematisierung der Ich-Problematik in der brieflichen bzw. schriftlichen Kommunikation s. Horaz, ep. I, 20,19–28; J. Svenbro, J'écris, donc je m'efface. L'énonciation dans les premières inscriptions grecques, in: M. Detienne, Les savoirs de l'écriture en Grèce ancienne, Cahiers de Philologie 14, Série Apparat critique, 1988, 459–479.

3 Joh 2 Formula valetudinis

[2]Geliebter, ich bete ständig dafür, daß es dir wohlgehe und du gesund seist, wie es ja deiner Seele wohl geht.

Literatur: J. LIEU, The Second and Third Epistles of John, 101f.

2 Zur Form s. H. Koskenniemi, Studien zur Idee und Phraseologie des Griechischen Briefes bis 400 n. Chr., 1956, 130—139, bes. 135. Die übliche Wendung ist πρὸ πάντων (H. A. Steen, Les clichés épistolaires dans les lettres sur papyrus grecques, Classica et Mediaevalia I, 1938, 119—176; J. L. White, Epistolary Formulas and Clichés in Greek Papyrus Letters, SBL 1978 Seminar Papers II, 289—319; Ders., The Greek Documentary Letter Tradition Third Century B.C.E. to Third Century C.E., Semeia 22 [1981] 89—106, bes. 101). Περὶ πάντων = stets, so Homer, Ilias I, 287. Die Form könnte aus der Danksagung der Apostelbriefe übernommen sein, die dort die formula valetudinis ersetzt hat (Röm 1,8; 1 Kor 1,4; Kol 1,3; 1 Thess 1,2; 2 Thess 1,3). Εὐοδοῦσθαι Röm 1,10; 1 Kor 16,2 immer Pass., aber nicht im eigentlichen Sinn (s. W. Bauer, Wb[6], 655). Καθὼς κτλ. ist durch V. 3ff erklärt: πιστὸν ποιεῖς. Ψυχή vgl. Joh 12,27, sonst = das Leben Joh 10,11.15.17.24; 12,25; 13,37f; 15,13; 1 Joh 3,16 (zweimal).

3 Joh 3—4 Danksagung

³Ich habe mich nämlich sehr gefreut, als Brüder kamen und für deine Wahrheit Zeugnis ablegten, wie du in der Wahrheit wandelst. ⁴Größere Freude als darüber habe ich nicht, daß ich höre, daß meine Kinder in der Wahrheit wandeln.

Literatur: B. BRESKY, Das Verhältnis des zweiten Johannesbriefes zum dritten, 1906, 24—31. — R. W. FUNK, The Form and Structure of 2 and 3 John, JBL 86 (1967) 424—430. — I. DE LA POTTERIE, La Vérité dans Saint Jean II, AnBibl 74, 1977, 646—657. — J. LIEU, The Second and Third Epistles of John, 103—110.

Formal (ἐχάρην λίαν κτλ.) und inhaltlich ist der V. 3 zur Danksagung 2 Joh 4 parallel: Die Adressaten bzw. der Adressat sind der Offenbarungstradition treu geblieben (zum Ausdruck ἐν ἀληθείᾳ περιπατεῖν s. 2 Joh 4 u. Komm.). Die Funktion ist die einer captatio benevolentiae. Anders als in 2 Joh ist sie pathetisch erläutert (χαρά V. 4 / ἐχάρην).

3 Σου τῇ ἀληθείᾳ ist durch καθὼς κτλ. erklärt, wobei ἀλήθεια wie 2 Joh 1.2.3.4; 3 Joh 1.4.8.12 die durch die Offenbarungstradition vermittelte göttliche Wirklichkeit bezeichnet (s. 2 Joh 1 u. Komm.). Ἀδελφοί V. 3.5.10 sind wandernde Missionare (ἔρχεσθαι s. 2 Joh 7.10 u. Komm.; vgl. προπέμπειν V. 6 u. ἐπιδέχεσθαι V. 10), die zur joh Bewegung gehören (ἀδελφός s. 1 Joh 2,9 u. Komm.). Zum gnostischen Verständnis der Mission vgl. Ep. Pet. Phil., NHC VIII,2 132,16 – 133,8; 137,20 – 138,3; 138,25 – 139,9; 140,3—27. Μαρτυρεῖν ist im JohEv u. im 1 Joh ein Terminus technicus der christologischen Offenbarungstradition (1 Joh 1,2; 4,14; 5,6f.9f), der hier innerhalb eines Empfehlungsbriefes umfunktioniert worden ist (V. 3.6.12 als indirekte bzw. V. 12 als direkte Empfehlung).

4 ist seiner Form nach eine Nachahmung von Joh 15,13. Der eschatologische Begriff χαρά Joh 15,11; 3,29; 16,20ff; 17,13; 1 Joh 1,4 ist wie 2 Joh 12 banalisiert übernommen, um ἐχάρην mit dem apostolischen Selbstbewußtsein des brieflichen ἐγώ Gewicht zu verleihen. Τέκνα als Gottes- bzw. Teufelskinder: 1 Joh 3,1f.10; 5,2 bzw. 3,10; τὰ ἐμὰ τέκνα sind entsprechend Mitglieder der Gemeinde 2 Joh 1.13 geworden (s. 2 Joh 1 u. Komm.).

3 Joh 5–6 Die Bitte

[5]**Geliebter, treulich handelst du in dem, was du an den Brüdern, und noch dazu an fremden, leistest,** [6]**die für deine Liebe vor der Gemeinde Zeugnis abgelegt haben; du wirst gut daran tun, sie in gotteswürdiger Weise für ihre Weiterreise auszurüsten.**

Literatur: J. CHAPMAN, The Historical Setting of the Second and Third Epistles of St John, JTS 5 (1904) 357–368, bes. 366ff. – J. LIEU, The Second and Third Epistles of John, 103–110. – B. LEONHARD, Hospitality in Third John, BibToday 25 (1987) 11–18.

Der Abschluß der captatio benevolentiae (πιστὸν ποιεῖν = etwas treulich tun) leitet das Thema der eigentlichen Bitte unmittelbar ein (καλῶς ποιήσεις): Gaius soll weiterhin tun (V. 6b), was er schon gemacht hat (V. 5a) und was als positiv bewertet wurde (V. 6a).

5–6a Πιστός: Joh 20,27 u. 1 Joh 1,9. Ἐργάζεσθαι beschreibt den Auftrag des Offenbarers (Joh 5,17; 6,30; 9,4; vgl. 2 Joh 8: die Vermittlung der Offenbarungstradition durch den Presbyter) bzw. den geforderten Glauben (Joh 3,21; 6,27f). Die durch die Anrede implizierte Teilhabe des Adressaten an den Werken der Offenbarung tritt formal an die Stelle der Bitte (vgl. 2 Joh 5), wodurch diese argumentativ verstärkt wird. Unterstützt wird sie außerdem noch durch das Argument a fortiori (Gaius hat seine Gastfreundschaft auch Missionaren, die nicht aus seiner Gemeinde stammten, erwiesen, vgl. A. J. Malherbe, Social Aspects of Early Christianity, 1983[2], 103f) und durch die Erinnerung an seine bezeugte ἀγάπη (zum Begriff s. 2 Joh 3 u. Komm. bzw. 1 Joh 2,5 u. Komm.). Ἐνώπιον ἐκκλησίας bezieht sich auf das schon V. 3 erwähnte Zeugnis. Ἐκκλησία = die Ortsgemeinde des Presbyters. Zur artikellosen Konstruktion s. BDR 255.

6b Καλῶς ποιήσεις ist die übliche Höflichkeitsformulierung in Bitt- und Empfehlungsbriefen (vgl. H. Koskenniemi, Studien zur Idee und Phraseologie des Griechischen Briefes bis 400 n. Chr., 1956, 134; J. L. White, Light from Ancient Letters, 28ff). Gegenstand der Bitte ist die weitere Versorgung der Missionare der joh Gemeinden. Προπέμπειν ist ein Terminus technicus der urchristlichen Mission (Apg 15,3; Röm 15,24; 1 Kor 16,6.11; 2 Kor 1,16; Tit 3,13, s. A. J. Malherbe, Social Aspects, 104ff). Ἀξίως τοῦ θεοῦ s. Röm 16,2; 1 Thess 2,12, vgl. Eph 4,1; Phil 1,27; Kol 1,10; M. Dibelius, HNT 11, 1925[2], 9.

3 Joh 7–8 Begründung

[7]**Denn für den Namen sind sie ausgezogen, ohne von den Heiden etwas anzunehmen.** [8]**Demnach sind wir verpflichtet, solche Leute aufzunehmen, damit wir Mitarbeiter der Wahrheit werden.**

Literatur: R. BERGMEIER, Zum Verfasserproblem des 2. und 3. Johannesbriefes, ZNW 57 (1966) 93–100. – I. DE LA POTTERIE, La Vérité dans Saint Jean II, AnBibl 74, 1977, 873–904. – H.-J. KLAUCK, Gemeinde ohne Amt? Erfahrung mit der Kirche in den johanneischen Schriften, BZ 29 (1985) 193–220. – J. LIEU, The Second and Third Epistles of John, 103–110.

Mit γάρ wird die Bitte durch die Beschreibung und die Bewertung der Tätigkeit der betreffenden Missionare und der Verpflichtungen, die sich daraus für den Kreis des Senders und des Adressaten ergeben (οὖν), begründet.

7 Zu ἐξέρχεσθαι s. 2 Joh 7 u. Komm. Ὄνομα = der Sohn, vgl. Joh 1,12; 2,23; 3,18; 14,13f.26; 15,16.21; 16,23ff; 20,31; 1 Joh 2,12; 3,23; 5,13, absolut Apg 5,40f; Jak 2,7; IgnEph 3,1 usw. (s. W. Bauer/H. Paulsen, HNT 18, 1985, 28) auch eher der Sohn als der offenbarte Vater (Joh 5,43; 10,25; 12,13.28; 17,6ff; zur Dialektik der beiden, Gos. Truth, NHC I,3 38,6 – 43,25). Ἐθνικοί (sonst in der joh Literatur nicht zu finden) sind entweder die Heiden = die heidnischen Hörer der Predigt (Mt 5,47; 6,7; 18,17; die Missionare sind deshalb auf die Unterstützung der Gemeinden angewiesen) oder sogar Christen, die nicht zum joh Verband gehören (so F. C. Baur, Die johanneischen Briefe, 332).

8 ist eine zur parallelen Unterweisung 2 Joh 10 umgekehrte Bitte (τοιούτους / αὐτόν). Ὑπολαμβάνειν Hapax NT, vgl. Xenophon, Anabasis I,1,7; Diodorus Siculus XIX,67,1; Josephus, c. Apionem I,247. Συνεργοί (vgl. ἐργάζεσθαι V. 5) Röm 16,3.9.21; 1 Kor 3,9; 2 Kor 1,24; 8,23; Phil 2,25; 4,3; Kol 4,11; 1 Thess 3,2; Phlm 1.24, mit τῇ ἀληθείᾳ Ps Clem Hom 19,7ff (vgl. R. Bergmeier, ZNW 57 [1966] 98; R. Bultmann, 98). Ἀλήθεια als die durch die joh Offenbarungstradition vermittelte Wirklichkeit: 2 Joh 1.2.4; 3 Joh 3.4.12.

3 Joh 9–10 Erklärung des Zwischenfalles mit Diotrephes

⁹Ich habe der Gemeinde etwas geschrieben; aber Diotrephes, der unter ihnen der Erste sein will, empfängt uns nicht. ¹⁰Deshalb werde ich, wenn ich komme, an seine Werke erinnern, die er tut, indem er uns mit bösen Worten verleumdet und, damit nicht zufrieden, er selbst die Brüder nicht empfängt und die dazu Willigen daran hindert und sie aus der Gemeinde ausstößt.

Literatur: J. CHAPMAN, The Historical Setting of the Second and Third Epistles of St John, JTS 5 (1904) 357–368, bes. 357–364. – V. BARTLET, The Historical Setting of the Second and Third Epistles of St John, JTS 6 (1905) 204–216. – B. BRESKY, Das Verhältnis des zweiten Johannesbriefes zum dritten, 1906, 16–23. – E. KÄSEMANN, Ketzer und Zeuge, in: EVB I, 173f.178. – E. HAENCHEN, Neuere Literatur, in: Bibel, 283–311. – A. J. MALHERBE, Social Aspects of Early Christianity, 1983², 103–112. – P. PERKINS, Koinōnia in 1 John 1,3–7: The Social Context of Division in the Johannine Letters, CBQ 45 (1983) 631–641. – H.-J. KLAUCK, Gemeinde ohne Amt? Erfahrungen mit der Kirche in den johanneischen Schriften, BZ 29 (1985) 193–220. – C. C. BLACK II, The Johannine Epistles and the Question of Early Catholicism, NT 28 (1986) 131–158. – J. LIEU, The Second and Third Epistles of John, 110–115. – B. J. MALINA, The Received View and What it Cannot Do: 3 John and Hospitality, Semeia 35 (1986) 171–194. – J.-W. TAEGER, Der konservative Rebell. Zum Widerstand des Diotrephes gegen den Presbyter, ZNW 78 (1987) 267–287.

Die Funktion dieses Berichtes ist einerseits, den Anlaß des Vorstoßes bei Gaius zu erklären; andererseits ist er aber auch von der Warnung μὴ μιμοῦ V. 11 her zu verstehen: Diotrephes soll für Gaius und für seinen Kreis (οἱ φίλοι, V. 15) nicht zum Vorbild werden. Ἡ ἐκκλησία V. 9.10 kann kaum mit V. 6 identisch sein. Fraglich bleibt aber, inwiefern Gaius zu ihr gehört. Ein Indiz für seine Zugehörigkeit wäre, daß der Verfasser ἡ ἐκκλησία ohne nähere Bestimmung erwähnen kann. Auffallend ist aber, daß der Bericht keine Apologie darstellt, die eine Kenntnis der Zusammenhänge seitens des Adressaten voraussetzen würde, sondern über die Vorgänge informieren muß. Deswegen ist zu vermuten, daß Gaius und Diotrephes zu zwei verschiedenen Kreisen gehören. Die Verhältnisse sind in diesem Rahmen so zu deuten, daß der Verfasser Gaius gegenüber autoritativ argumentieren kann (vgl. τέκνα V. 4), während er zu Diotrephes in einem Verhältnis relativer gegenseitiger Anerkennung steht: Faktisch betrachtet er dessen Kreis als ἡ ἐκκλησία, wobei er seine Autorität grundsätzlich nicht bestreitet (kritisiert wird nur die Art, sie zu üben). Andererseits darf er den Anspruch erheben, von Diotrephes empfangen zu werden mit dem Recht, ihn auch dann tadeln zu dürfen (διὰ τοῦτο κτλ.), wenn seine Boten nicht empfangen worden sind. Zur Hypothese einer historischen Rekonstruktion s. Einleitung: 8. Das Verhältnis zwischen 2 u. 3 Joh.

9 Ἔγραψα bezieht sich entweder auf einen verlorengegangenen Empfehlungsbrief, dessen Inhalt den V. 3–8 entsprach, oder auf 2 Joh (so F. C. Baur, Die johanneischen Briefe, 329; B. Bresky, Das Verhältnis, 31–47): Die Bitte um Solidarität wurde von Diotrephes abgelehnt, so daß der Verfasser eine Unterstützung für seine Gesandten auf anderem Wege finden muß. Φιλοπρωτεύειν = der Erste sein wollen, ist eine Schöpfung des Briefes (im Hellenismus sind φιλόπρωτος u. φιλοπρωτεία bekannt, vgl. A. E. Brooke, 188f; W. Bauer, Wb⁶, 1716; nach R. Bultmann, 99, vermeidet bzw. ersetzt er herabsetzend den wirklichen Titel des Diotrephes, nämlich ἐπίσκοπος). Ἐπιδέχεσθαι (nur hier zweimal im NT) entspricht dem λαμβάνειν 2 Joh 10 bzw. ὑπολαμβάνειν 3 Joh 8. A. Ehrhardt, Christianity before the Apostles' Creed, HTR 55 (1962) 74–119, bes. 91, deutet theologisch: die Lehre empfangen. Ob ἡμᾶς für die Boten des Presbyters oder die joh Offenbarungstradition steht (vgl. 1 Joh 1,1ff; so A. v. Harnack, „Wir", 104), macht keinen sachlichen Unterschied.

10 Der Presbyter kontrolliert aber (angeblich) die Situation. Seine Autorität gegenüber Diotrephes spielt er vor Gaius aus, indem er seinem Bericht die Form seiner angekündigten Mahnung gibt. Ὑπομιμνῄσκειν als Vorwurf bzw. Warnung: Herodot VII,171; Sophokles, Philoktet 1170; 2 Tim 2,14; 1 Clem 62,3. Τὰ ἔργα ἃ κτλ. s. Joh 3,19; 8,41; 1 Joh 3,12; 2 Joh 11. Diotrephes treibt Polemik gegen ihn (vgl. z. B. im NT: 1 Tim 6,3ff) und verwirft nicht nur die Brüder, sondern schließt die Kirchenmitglieder aus, die sie unterstützen wollen. Ἐκβάλλειν Joh 2,15; 6,37; 9,34f; 10,4; 12,31. Zur historischen Rekonstruktion s. Einleitung: 8. Das Verhältnis zwischen 2 u. 3 Joh.

3 Joh 11–12 Die Empfehlung

[11]**Geliebter, ahme nicht das Böse nach, sondern das Gute. Wer Gutes tut, ist aus Gott; wer Schlechtes tut, hat Gott nicht gesehen.** [12]**Dem Demetrius ist Zeugnis abgelegt von allen und von der Wahrheit selbst; auch wir bezeugen es und du weißt, daß unser Zeugnis wahr ist.**

Literatur: J. CHAPMAN, The Historical Setting of the Second and Third Epistles of St John, JTS 5 (1904) 357–368, bes. 364–366. – B. BRESKY, Das Verhältnis des zweiten Johannesbriefes zum dritten, 1906, 24–31.55–63. – E. KÄSEMANN, Ketzer und Zeuge, in: EVB I, 179–180, bes. A. 38. – T.

HORVATH, 3 Jn 11b: An Early Ecumenical Creed? ExpT 85 (1973–74) 339–340. – R. BERGMEIER, Zum Verfasserproblem des 2. und 3. Johannesbriefes, ZNW 57 (1966) 93–100. – J. LIEU, The Second and Third Epistles of John, 115–121.

Der Verfasser greift auf die Bitte des Briefes zurück (V. 5f mit der Wiederholung ἀγαπητέ): Gaius soll das Verhalten des Diotrephes nicht nachahmen. Der grundsätzliche Imperativ wird durch die beiden Partizipien V. 11b begründet und leitet die eigentliche Empfehlung für Demetrius ein (V. 12a), die sich auf die beiden Zeugnisse V. 12a u. b beruft.

11 Die allgemeine Regel deutet pragmatisch die Situation. Zur Form und Funktion der antithetischen Formulierungen s. 1 Joh 1,6f.8f; 2,4f.9f.23; 3,6.7f; 4,2f.7f; 5,10; 2 Joh 9. Die Argumentation beruft sich auf die Autorität des 1 Joh durch die Definitionen ἐκ τοῦ θεοῦ εἶναι 1 Joh 3,10; 4,1ff vgl. Joh 8,47 bzw. τὸν θεὸν ὁρᾶν 1 Joh 3,2 vgl. 6; 4,20.

12 Mit der doppelten Empfehlung erhält die Bitte des Briefes ihre Konkretisierung bzw. sogar ihren Anlaß. Demetrius gehört wahrscheinlich zu den Brüdern (V. 3.5ff) und ist möglicherweise der Überbringer des Briefes. Ihm wird von allen (die in Frage kommen, vgl. οἱ φίλοι V. 15; 2 Joh 1) über sein treues Festhalten an der Offenbarungstradition (ὑπὸ αὐτῆς τῆς ἀληθείας, s. V. 3) ein gutes Zeugnis ausgestellt. Das Ganze wird autoritativ durch καὶ ἡμεῖς κτλ. authentifiziert. Zur 1. Pers. Plur. s. 1 Joh 1,1 u. Komm.; 3 Joh 9f; A. v. Harnack, „Wir", 98. Die mit dem ἡ μαρτυρία ἡμῶν κτλ. beanspruchte Autorität hängt mit dem Selbstbewußtsein des Presbyters zusammen, nach der Augenzeugenschaft des Lieblingsjüngers (Joh 21,24, vgl. 19,35) die Kontinuität der joh Offenbarungstradition noch auf der literarischen Ebene der Fiktion zu bewahren.

3 Joh 13–15 Briefschluß

[13]**Vieles hätte ich dir zu schreiben, aber ich will nicht mit Tinte und Feder schreiben.** [14]**Ich hoffe, dich bald zu sehen, und wir werden von Mund zu Mund reden.** [15]**Friede sei mit dir. Es grüßen dich die Freunde. Grüße die Freunde namentlich.**

Literatur: E. KÄSEMANN, Ketzer und Zeuge, in: EVB I, 179. – J. LIEU, The Second and Third Epistles of John, 121–124.

Zur Form und zu den Motiven s. 2 Joh 12–13. Neben stilistischen Variationen sind folgende sachliche Unterschiede zu erwähnen: Die joh Form des Segensspruches 2 Joh 12; 1 Joh 1,4; Joh 15,11; 16,24 ist durch den Gruß εἰρήνη σοι (Joh 20,19.21.26; 1 Petr 5,14; LXX: 2 Sam 2,6; Ri 6,23 usw.) ersetzt worden. Φίλοι Plur. Joh 15,14f wird als Terminus technicus für die Bezeichnung bzw. Selbstbezeichnung religiöser bzw. philosophischer Gemeinschaften (Pythagoreer, Epikureer, die Akademie, s. G. Stählin, ThWNT IX, 146; R. A. Culpepper, The Johannine School, 272) verwendet. Κατ' ὄνομα im (hier zweiten) sekundären Gruß s. PMich VIII 476; 479; 481; J. L. White, Light from Ancient Letters, 173ff; H. Koskenniemi, Studien zur Idee und Phraseologie des Griechischen Briefes bis 400 n. Chr., 1956, 150.